Olivier Steiner, Hector Schmassmann, Ueli Mäder

Lebensweltliche Gewalterfahrungen Jugendlicher

Über das Buch

Die Gewaltanwendung Jugendlicher ist in den letzten Jahren zum Brennpunkt öffentlicher Debatten avanciert. Worin liegen die Gründe für die verstärkte Aufmerksamkeit? Sind Jugendliche gewalttätiger geworden oder werden sie kriminalisiert? Wer nimmt die Gewalt wie wahr? Und wie erleben straffällige Jugendliche die Gewalt?
Das vorliegende Buch nähert sich dem komplexen Geflecht der gesellschaftlichen und individuellen Gewalt und versucht im Anschluss Grundsätze für die Intervention und Prävention von Jugendgewalt zu beschreiben.

Über die Autoren

Olivier Steiner ist wissenschaftlicher Mitarbeiter an der Hochschule für Pädagogik und Soziale Arbeit beider Basel.
Hector Schmassmann ist Dozent für Betriebswirtschaft und Soziologie an der Fachhochschule beider Basel Nordwestschweiz (FHBB), Departement Bau, Abteilung Bauingenieurwesen.
Ueli Mäder ist Professor für Soziologie an der Universität Basel und an der Hochschule für Pädagogik und Soziale Arbeit beider Basel.

Olivier Steiner, Hector Schmassmann, Ueli Mäder

Lebensweltliche Gewalterfahrungen Jugendlicher

Eine empirische Studie über delinquente Jugendliche

edition gesowip
Basel 2005

Die Deutsche Bibliothek - CIP-Einheitsaufnahme
Ein Titeldatensatz für diese Publikation ist bei Der Deutschen Bibliothek erhältlich

Die Deutsche Bibliothek - CIP-Cataloguing-in-Publication-Data
A catalogue record for this publication is available from Die Deutsche Bibliothek

Originalausgabe

Herstellung: SDL, Berlin

Printed in Germany

ISBN 3-906129-28-4

Inhalt

Vorwort **9**

1 Einführung **11**

1.1 Fragestellung 11

1.2 Methodisches Vorgehen 13

1.3 Theoretische Bezüge 14

1.4 Vorgehen und Aufbau der Studie 22

2 Aktenanalyse **23**

2.1 Einleitung 23

2.2 Variablen der Untersuchung 25

2.3 Vorgehen bei der Aktenanalyse 26

2.4 Definitionen und Formen delinquenten Handelns bei Jugendlichen 28

2.5 Hauptergebnisse nach Lebensbereichen 29

2.5.1 Wohnort 29

2.5.2 Wohnortswechsel 31

2.5.3 Straftatbestand (StGB) 32

2.5.4 Deliktsort 33

2.5.5 Täterschaft 34

2.5.6 Tatvorgehen 35

2.5.7 Gender/Geschlecht 36

2.5.8 Alter (Geburtsjahr) 37

2.5.9 Geburtsort 39

2.5.10 Haushaltszusammensetzung 40

2.5.11 Zivilstand der Eltern 41

2.5.12 Geschwister, inklusive Halbgeschwister 42

2.5.13 Staatsangehörigkeit 44

2.5.14 Taschengeld 45

2.5.15 Freizeitaktivitäten 47

2.5.16 Beruf des Vaters 47

2.5.17 Beruf der Mutter 49

2.5.18 Gesetzlicher Vertreter 49

3 Interviews mit delinquenten Jugendlichen **51**
3.1 Ablauf der Erhebung 51
3.2 Methodologie und Methoden 52
3.3 Gewalt als Sinngebiet: Theoretische Grundlagen zu den qualitativen Interviews 56
3.4 Interviewanalysen: Gewalt und Inklusion 60
3.4.1 Alois: "Dann geht man rein und dann fängt es an". Darstellung der Fallstruktur 60
3.4.2 Alois: "Das ist fast normal". Hermeneutisch wissenssoziologische Fallanalyse 68
3.4.3 Zusammenfassende Fallrekonstruktion 75
3.4.4 Jovan: "Ein bisschen Probleme gemacht". Darstellung der Fallstruktur 77
3.4.5 Jovan: "Das ist normal, das kann nie normal sein". Hermeneutisch wissenssoziologische Fallanalyse 86
3.4.6 Zusammenfassende Fallrekonstruktion 90
3.4.7 Vlado: "Will nicht einer sein, der sich alles gefallen lässt". Darstellung der Fallstruktur 93
3.4.8 Vlado: "Ich bin jetzt auch nicht voll anständig geworden". Hermeneutisch wissenssoziologische Fallanalyse 101
3.4.9 Zusammenfassende Fallrekonstruktion 108
3.4.10 Zusammenfassende Fallrekonstruktionen: Adrian 109
3.4.11 Zusammenfassende Fallrekonstruktionen: Mirjana 113
3.4.12 Zusammenfassende Fallrekonstruktionen: Nikola 116
3.5 Erste Schlussfolgerung: Gewalt und Inklusion 120
3.5.1 Sozialisation und Gewalthandeln 125
3.6 Interviewanalysen: Gewalt und Identität 131
3.6.1 Yasar: "Dann ist er selbst Schuld gewesen". Darstellung der Fallstruktur 132
3.6.2 Yasar: "Dass ich nicht alles runter schlucke". Hermeneutisch wissenssoziologische Fallanalyse 140
3.6.3 Zusammenfassende Fallrekonstruktion 145
3.6.4 Andric: "Vor etwa 100 Zuschauern". Darstellung der Fallstruktur 146
3.6.5 Andric: "Jeder hat eigentlich gewusst gehabt wie ich bin". Hermeneutisch wissenssoziologische Fallanalyse 154
3.6.6 Zusammenfassende Fallrekonstruktion 161

3.6.7 Jasmina: "wie man es sieht, so macht man es auch". Darstellung der Fallstruktur 163
3.6.8 Jasmina: "Mach etwas aus deinem Leben". Hermeneutisch wissenssoziologische Fallanalyse 174
3.6.9 Zusammenfassende Fallrekonstruktion 181
3.6.10 Zusammenfassende Fallrekonstruktionen: Roberto 182
3.6.11 Zusammenfassende Fallrekonstruktionen: Ronja 185
3.6.12 Zusammenfassende Fallrekonstruktionen: Conradin 187
3.7 Zweite Schlussfolgerung: Gewalt und Identität 189
3.7.1 Von der abgelehnten zur Erarbeiteten, Balancierenden Identität 191
3.8 Schluss: Das Strukturelle der individuellen Gewalt 196
4 Kriterien für Präventions- und Interventionsansätze 199
4.1 Einleitung 199
4.2 Primärprävention: Das Sinngebiet der Gewalt in der Gesellschaft 201
4.2.1 Gesellschaftlicher Friede: Beispiel Friedenserziehung in der Schule 203
4.2.2 Gesellschaftlicher Friede: Beispiel Sozialraum 207
4.3 Sekundärprävention: Die Funktion der Netzwerke Familie, Peers und Schule 209
4.3.1 Primäre Sozialisation: Das Netzwerk der Familie 211
4.3.2 Peers: Das Netzwerk der Gleichaltrigengruppen 216
4.3.3 Das Netzwerk der Schule 221
4.4 Schluss: Familie – Peers – Schule, Prävention als integrale Netzwerkförderung 225
5 Literaturverzeichnis 227
6 Tabellen- und Abbildungsverzeichnisse 238
6.1 Tabellenverzeichnis 238
6.2 Abbildungsverzeichnis 239
7 Anhang 240

Vorwort

Das Institut für Soziologie der Universität Basel hat in den Jahren 2003 und 2004 zusammen mit der Hochschule für Pädagogik und Soziale Arbeit beider Basel (HPSA-BB) im Rahmen des Makro-Forschungsschwerpunktes der Universität Basel untersucht, wie sich Aspekte des Sozialen Wandels und des Gewaltdiskurses bei Jugendlichen dokumentieren, die im Jahre 2001 in Basel-Stadt delinquiert haben. Welche geschlechtsbezogenen Überzeugungen und Verhaltensmuster lassen sich bei gewalttätigen Jugendlichen erkennen? Wie hängen diese Muster mit der Sozialisation bzw. gesellschaftlichen Bedingungen zusammen?

Das soziologische Projekt von Ueli Mäder und Matthias Drilling ging von einer Aktenanalyse (Cate Müller; Hector Schmassmann) delinquenter Jugendlicher aus und konzentrierte sich – unter Einbezug der Sozialisationsfelder Familie und Schule – auf biographische Verläufe von gewalttätigen Jugendlichen (Olivier Steiner). Die Ergebnisse der empirischen Untersuchung zeigen die sozialstrukturellen Besonderheiten gewalttätiger Jugendlicher auf. Zwei von drei der angezeigten Jugendlichen delinquieren in ihrer Peer-Gruppe. Die Akten belegen weiter, dass die angezeigten männlichen Jugendlichen fünf Mal mehr als weibliche Jugendliche Delikte begehen. Es zeigt sich, dass Jugendliche mit einem komplexen Migrationshintergrund für delinquentes Handeln besonders empfänglich sind. Der Schluss, dass Staatsangehörigkeit an sich ein kriminogener oder ein kriminoresistenter Faktor sei, kann daraus jedoch nicht gezogen werden.

Die mit der Methode der hermeneutischen Wissenssoziologie analysierten Interviews gehen insbesondere auf die Lebensweltkonstruktionen der gewalttätigen Jugendlichen und die der Gewalt zugehörigen Legitimationen ein. Der Versuch geht dahin, das von den Jugendlichen kommunizierte Gewalthandeln als Sinngebiet der Gewalt zu beschreiben, welches gesellschaftlich breit abgestützt ist. Die Analyse der Interviews zeigt, dass alle befragten Jugendlichen eine Hinwen-

dung zur institutionalen Ordnung vollziehen (Erwerbsintegration). In einigen Fällen ist jedoch zu befürchten, dass es sich dabei nur scheinbar um die Übernahme staatlich legitimer Normen handelt, während das Sinngebiet Gewalt fortbesteht.
Präventionsstrategien zur Verhinderung von Jugendgewalt sollten breitenwirksam sein und nebst Risikogruppen oder delinquenten Jugendlichen gesamtgesellschaftliche Veränderungsprozesse sowie die Re- oder Dekonstruktion des gesellschaftlichen Sinngebietes der Gewalt einbeziehen. Partizipation und gewaltfreie Diskurse an Schulen, sozialräumliche Entwicklung in belasteten Quartieren, Integrationschancen und eine tragende Sozialpolitik sind Eckpfeiler einer gesellschaftlichen Entwicklung, die einen konstruktiven Umgang mit Konflikten anstrebt.

1 Einführung (Ueli Mäder)

1.1 Fragestellung

"Was hat eine Ohrfeige mit Gewalt zu tun?", fragt eine junge Frau irritiert. Sie taxiert "ein paar blaue Flecken" nicht als Gewalt, "wenn sonst nichts gebrochen ist". Ihr Selbstverständnis mag erstaunen. Andere Menschen verharmlosen die psychische oder die strukturelle Gewalt. Das Institut für Soziologie der Universität Basel untersuchte zusammen mit der Hochschule für Pädagogik und Soziale Arbeit beider Basel, wie sich Aspekte des Sozialen Wandels und des Gewaltdiskurses bei Jugendlichen manifestieren, die im Jahre 2001 in Basel-Stadt delinquiert haben. Das soziologische Projekt ist Teil eines interdisziplinären Makro-Forschungsschwerpunktes "Jugend und Gewalt" der Universität Basel, das, vom erziehungswissenschaftlichen Institut koordiniert, aus mehreren Teilprojekten besteht.

Das angeblich neue Phänomen der so genannten "Jugendgewalt" rückt derzeit wieder stärker ins Blickfeld der öffentlichen und wissenschaftlichen Diskussion. Fremdenfeindliche und rechtsextreme Gewalt werden als Phänomene betrachtet, die verstärkt von Kindern, Jugendlichen und jungen Erwachsenen ausgehen. Seit den 70er Jahren des 20. Jahrhunderts scheint es unter den Heranwachsenden eine wachsende Gruppe zu geben, die sich gewalttätig verhält. Das reale Ausmass und mögliche Hintergründe werden allerdings sehr kontrovers diskutiert. Moderne Gesellschaften lassen sich durch den Verzicht auf private Gewalt zugunsten des staatlichen Gewaltmonopols kennzeichnen. Wenn soziale Gruppen diese grundlegende Norm verletzen, dokumentieren sie ein ernst zu nehmendes zivilisatorisches Defizit. Dabei interessiert, was diese Gruppen charakterisiert, entstehen lässt und wie sich gesellschaftliche Entwicklungen (Individualisierung, Pluralisierung, Globalisierung) im Bewusstsein und Verhalten der Jugendlichen manifestieren. Diese komplexen Fragen reichen weit. Sie werden im Rahmen des Makro-Forschungsschwerpunktes "Jugend und Gewalt" interdisziplinär untersucht.

Welche geschlechtsbezogenen Muster lassen sich bei gewalttätigen Jugendlichen mit rechtsextremen Haltungen[1] erkennen? Wie hängen diese Muster mit der Sozialisation bzw. gesellschaftlichen Bedingungen zusammen? So lauten die zentralen Ausgangsfragen des soziologischen Teilprojekts, das wir hier näher vorstellen. Unter rechtsextrem verstehen wir zunächst die Einstellungen, Verhaltensweisen und Aktionen, die, organisiert oder nicht, von der rassisch oder ethnisch bedingten sozialen Ungleichheit der Menschen ausgehen. Sie postulieren die Homogenität von Völkern, lehnen das Gleichheitsgebot der Menschenrechts-Deklarationen ab, betonen häufig den Vorrang der rückwärts gewandten Gemeinschaft und kritisieren Wertepluralismus und Demokratisierung. Was die gesellschaftlichen Bedingungen betrifft, gelten die Individualisierung, Pluralisierung und Globalisierung als Kennzeichen des sozialen Wandels. Sie führen teilweise zu Verunsicherungen, die wiederum autoritäre Verhaltensweisen verstärken können. Ob sie auch die Bereitschaft fördern, verbindlichere soziale Beziehungen einzugehen, wird kontrovers diskutiert. Analysen der sozialen Differenzierung müssen sich auf konkrete Lebenslagen beziehen. Da besteht ein grosser Forschungsbedarf. Das soziologische Projekt setzt da an. Wir versuchen, Gewaltmuster bei delinquenten Jugendlichen mit Kennzeichen des sozialen Wandels zu verknüpfen. Dabei interessiert uns, welche Bezüge zwischen rechtsextremen Haltungen, den Lebenslagen und der kulturellen Zugehörigkeit gewalttätiger Jugendlicher bestehen. Wir untersuchen diese mit dem Ziel, Anhaltspunkte für eine differenzierte Präventions- und Interventionsstrategie zu finden.

---

[1] Die Ausgangsfragestellung wurde während des Forschungsprozesses aufgrund nur geringer Fallzahlen mit rechtsextremistischem Hintergrund im Sample erweitert.

1.2 Methodisches Vorgehen

Der Makro-Forschungsschwerpunkt "Jugend und Gewalt" der Universität Basel besteht aus mehreren Teilprojekten. Das erziehungswissenschaftliche von Anton Hügli, Wassilis Kassis und Michèle Thommen untersucht die Jugendgewalt in Bezug auf die zentralen Sozialisationsfelder Familie, Schule und Nachbarschaft. Im Vordergrund steht eine quantitative Umfrage bei 900 Basler Schülerinnen und Schülern des 9. Schuljahres sowie bei deren Eltern und Lehrpersonen. Die zusätzliche qualitative Auswertung von 120 Aufsätzen basiert ebenfalls auf der Arbeitshypothese, dass ein enger Zusammenhang zwischen dem Ausmaß und der Qualität sozialer Ressourcen, der individuellen Lebensführung und der Jugendgewalt besteht. Das theologische Projekt von Ekkehard Stegemann und Nico Rubeli spürt neue zeitgenössische Quellen auf, die es einer sprachlichen und wirkungsgeschichtlichen Analyse hinsichtlich der rechtsextremen-judenfeindlichen Substanz unterzieht. Die Arbeit konzentriert sich auf rechtsextreme Webpages und elektronische Foren, an denen sich rechtsextreme Jugendliche relativ spontan beteiligen. Das ethnologische Teilprojekt von Rebekka Ehret bezieht sich diskursanalytisch auf den Kontext der Migration, das juristische von Jonas Weber unterstützt die übrigen Forschungsgruppen beim Umgang mit strafrechtlichen Bestimmungen. Das psychiatrische Teilprojekt von Joachim Kuechenhoff und Puspa Agarwalla erhebt die Einstellungen zu Gewalt und Aggression beim Personal der Psychiatrischen Universitätsklinik Basel. Das Projekt evaluiert ferner die Wirksamkeit bestehender Kurse zum Umgang mit Gewalt. Ein theoretisches Modell versucht das Auftreten von Gewalt auf verschiedenen Ebenen (physisch, verbal etc.) und aus der Perspektive unterschiedlicher InteraktionspartnerInnen (ÄrztInnen, PflegerInnen, PatientInnen zu beschreiben. Das soziologische Projekt von Ueli Mäder und Matthias Drilling geht von einer Aktenanalyse (Cate Müller; Hector Schmassmann) delinquenter Jugendlicher aus und konzentriert sich – unter Einbezug der Sozialisationsfelder Familie und Schule – auf biographische Verläufe von gewalttätigen Jugendlichen (Olivier Steiner). Fragen nach gesellschaftlichen Voraussetzungen und der Motivation erhellen, was für die Prävention wichtig ist.

1.3 Theoretische Bezüge

Rechtliche Ansätze betrachten Gewalt als physischen Eingriff in die Privatsphäre von andern. Soziologische Theorien bezeichnen die Ausübung oder Androhung von physischem und psychischem Zwang gegenüber Personen und Gruppen als Gewalt. Hector Schmassmann und Cate Müller (2003: 130) unterscheiden in Anlehnung an Johan Galtung zwischen direkter und indirekter Gewalt, potenzieller und manifester, kollektiver und individueller, physischer und psychischer, personaler und struktureller. Die personale Gewalt steht bei aktuellen Debatten im Vordergrund. Sie lässt sich fassen, benennt Täter und manchmal auch Opfer. Als strukturelle Gewalt bezeichnet Konfliktforscher Johan Galtung (1975) gesellschaftliche Bedingungen, die Menschen so beeinflussen, dass ihre körperliche und geistige Verwirklichung geringer ist als ihre potenzielle. Nach diesem Verständnis beinhaltet Gewalt auch soziale Ungerechtigkeit, was umstritten ist.

Was Gewalt ist, hängt davon ab, wer was darunter versteht. Der deutsche Begriff ist umfassend. Ursprünglich unterschied er sich von jenem der Herrschaft und Macht. Macht bedeutet laut Soziologe Max Weber die Chance, innerhalb einer sozialen Beziehung den eigenen Willen auch gegen Widerstreben durchsetzen zu können. Michel Foucault (1994) weitet dieses Verständnis aus. Er kritisiert, wie die Zivilisation die Optimierung der Gewalt humanitär kaschiert. Die Aufklärung zielt auf eine Disziplinierung ab, die selbst geringe Abweichungen ahndet und jene ausschliesst, die nicht der Norm entsprechen. Dieser Ansatz ist für die Soziale Praxis bedeutend, die in vielfältiger Weise diszipliniert. Foucault regt an, selbst gewählte Subjektformen zu stärken, die sich den Herrschaftstechniken der Kontrollgesellschaft

entziehen. Das verlangt Anstrengungen bezüglich Individuum, Gesellschaft und Sozialisation.
Der angelsächsische Sprachgebrauch differenziert die manifeste Gewalt (violence), die eine Person oder Sache schädigt, von der generellen Gewalt (power), die umfassend die Kraft und Fähigkeit beinhaltet, etwas zu erwirken. Das individuelle Vermögen hängt wesentlich von der Ausstattung mit ökonomischem Kapital (Geld), sozialem Kapital (Beziehungen) und kulturellem Kapital (Ausbildung) ab, so Soziologe Pierre Bourdieu (1977). Er weist auch auf die symbolische Gewalt hin. Diese dokumentiert mit sprachlichen Feinheiten und kleinen Unterschieden verborgene Herrschaftsverhältnisse, die kulturell unterschiedliche Formen der Legitimation beinhalten.

Gewalt findet einen Nährboden, wenn ein Machtgefälle die Beziehung prägt, Kommunikationsformen fehlen, die Konfliktfähigkeit eingeschränkt ist, Männlichkeit veridealisiert wird, Gefühle unterdrückt werden und Gewalt geduldet wird. Als Ursachen der Gewalt können zudem überkommene Normen, soziale Entwurzelung und erhöhte Mobilität bedeutsam sein. Diese Aspekte finden sich, unterschiedlich gewichtet, auch in gesellschafts-, sozialisations- und situationsbezogenen Theorien zur Gewalt. Seit 1968 führt der Gewaltdiskurs tendenziell von strukturellen zu individuellen Bezügen, die zunehmend das ins Auge fassen, was sichtbar ist. Der gesellschaftliche Ansatz relativiert hingegen diese subjektive Fokussierung, die Gewaltakte als charakterliche Defizite ausweist. Der gesellschaftliche Ansatz kontrastiert auch schuldbezogene Täter-Opfer–Muster. Das trägt ihm den Vorwurf ein, die manifeste Gewalt zu verharmlosen.
Stark vereinfacht gibt es drei verschiedene theoretische Ansätze zur Gewalt. Der erste betont die Bedeutung der gesellschaftlichen Voraussetzungen; er knüpft an das Konzept der strukturellen Gewalt an. Der zweite Ansatz gewichtet die familiäre und schulische Sozialisation. Der dritte Ansatz hebt situative und affektive Momente hervor. "Wenn die blöde Kuh nicht so dumm geguckt hätte, wäre sie nicht im Spital gelandet", erklärte uns eine junge Frau, die

zugeschlagen hat und ihren Angriff als "quasi zufällig" hinstellt. Sie hat weder das Opfer gekannt, noch die Schläge geplant. Alles habe sich einfach ergeben. Also ist die Tat affektiv und situativ begründet? Die "doofe Gans" habe das verdient, fährt die junge Frau fort. Sie würde wieder so handeln und fühlt sich in ihrem Verhalten durch ihren Vater bestärkt. Er habe ihr stets gesagt: Du darfst Dir nichts bieten lassen; wer sein Terrain nicht markiere, werde von andern traktiert. Solche Leitsätze sind verbreitet. Sie deuten an, wie die männlich geprägte Sozialisation bei der Gewalt mitspielt. Die junge Frau befand sich vor der Tat in einer Umbruchphase. Sie fand keine Lehrstelle. Die Zeit drängte. Wunsch und Realität klafften auseinander. Die Vorstellung, acht Stunden am Tag zu nähen, wirkte nicht sehr motivierend. Die ungewisse berufliche Aussicht bedeutete Stress. Andere schienen es einfacher zu haben, mehr Unterstützung zu erhalten und dank privilegierter Herkunft über bessere Karten zu verfügen. Offenbar geht es bei der Gewaltfrage auch um gesellschaftliche Bedingungen.

Wir jagen immer schneller in ungebremster Steigerungsdynamik den scheinbar selbst entworfenen Plänen nach. Wirtschaft und Technik setzen uns in Bewegung. Sie rufen dauernde Unruhe hervor. Die verdichtete Zeit drängt. Wer nicht mithält, ist out. Soziologe Peter Gross (1999) beschreibt die Ich-Jagd in der Multioptionsgesellschaft, die Soziologe Ulrich Beck (1986) als komplexe Risikogesellschaft darstellt. Die unübersichtliche Individualisierung bringt einerseits Chancen, andererseits Verunsicherung. Wilhelm Heitmeyer (2002: 17) führt weiter aus, was die Bereitschaft zur Gewalt erhöht: die Ohnmacht (durch forcierte Konkurrenz), die Verunsicherung (durch häufige Biographiebrüche) und die Vereinzelung (durch die Auflösung familiärer und kultureller Milieus). Desintegration, Desorientierung, und fehlende Perspektiven lassen Konflikte eskalieren. Der rasche Wandel überfordert die Individuen. Er verleitet zu autoritärem Verhalten. Aber aufgepasst, sollten Heitmeyers Thesen zutreffen, müssten fast alle Menschen gewalttätig sein, lautet ein Einwand. Ein weiterer wendet sich dagegen, Gewalt immer erklären und verstehen zu wollen.

Trutz von Trotha (1997) wehrt sich dagegen, jeder Gewalt einen Sinn zu geben. Das führe dazu, irrationale Momente und die pathologisierte Lust an Gewalttätigkeit zu verkennen, die ein stark verbreitetes und legitimiertes Bedürfnis sei. Heute wird Gewalt jedenfalls oft personalisiert und situativ fokussiert. Die Theorie der strukturellen Gewalt scheint passé zu sein. Sie geht auf die Kritische Konfliktforschung der 1970er-Jahre zurück und thematisiert, wie Gewalt mitten aus der Gesellschaft kommt und sich in ungleichen Machtverhältnissen und Lebenschancen äussert.

Je nach Erklärung ergeben sich auch andere Lösungsansätze. Franz Josef Krafeld (1996) postuliert eine akzeptierende Jugendarbeit. Er leitet die Bereitschaft zur Gewalt aus Sozialisationserfahrungen ab, die wiederum wichtige Hinweise für die Intervention und Prävention beinhalten. Wir lernen von Kindesalter an, wie wir von Schwächen anderer profitieren. Jugendcliquen bieten demgegenüber Geborgenheit als Familienersatz. Sie vermitteln ein Wir-Bewusstsein, das Anerkennung durch Abgrenzung gewährt. Psychologe Allan Guggenbühl (21.1.2003) deutet die Gewalt von Jugendlichen als Suche nach männlicher Identität und als Lust auf Grenzüberschreitung. Er führt die Gewalt auch auf die verunsichernde Adoleszenz und auf fehlende Vorbilder zurück. Geschlechterforscher Walter Hollstein (1999) knüpft daran an und beschreibt, wie sich die männliche Sozialisation an Härte, Macht, Distanz, Konkurrenz und Leistung orientiert. Die Fixierung auf äussere Werte (Geld, Erfolg) schränkt das Gefühlsleben ein. Sie fördert die Leere, die Entfremdung und den Autoritarismus, der auch aus Ohnmacht und aus Kooperationsdefiziten entsteht. Buben werden früh darauf getrimmt, Körperkontakte zu meiden, Schmerzen zu kontrollieren und Probleme selber zu lösen. Sie müssen sich ständig beweisen und leiden an Beziehungsfähigkeit. Gewalt entsteht aus fehlgeleiteter Bedürftigkeit. Wichtig sind demnach konstruktive Formen der Auseinandersetzung, die den Jugendlichen Beachtung schenken und Halt vermitteln.

Eine inhaltliche Vertiefung erfahren sozialisationsbezogene Ansätze durch psychoanalytische. Arno Gruen (1996) betrachtet die Angst vor Autonomie als Verrat am Selbst. Gehorsam führt dazu, sich selbst abzulehnen und Gewalt auch gegen andere zu richten. Erich Fromm (1980) deutet die Furcht vor Freiheit als Unterwerfung unter internalisierte Autoritäten. Er verknüpft sozialpsychologische und soziologische Gesichtspunkte. Die Gesellschaft dokumentiert sich sowohl im Einzelwesen als auch im Gruppenverhalten. Die frühe Unterdrückung kritischen Denkens fördert die Anpassung und einen zwanghaften Konformismus. Sie disponiert bedeutungslos gewordene Individuen dazu, Gewalt zu akzeptieren und auszuüben. Je mehr wir uns nach anonymen Autoritäten richten, desto ohnmächtiger fühlen wir uns. Die Verzweiflung schürt die Gewalt. Es gilt daher, sich vertieft mit eigenen sowie gesellschaftlichen Mechanismen der Anpassung zu befassen, diese zu erhellen und zu egalisieren.

Die Kontroverse über Ursachen der Gewalt dokumentiert sich auch in unterschiedlichen Ansätzen der Prävention. Ein erstes Konzept zielt darauf ab, die Persönlichkeit zu stärken. Ein zweites plädiert dafür, die geschlechtsbezogene Sensibilisierung von Jugendcliquen zu fördern. Ein drittes setzt beim sozialen Ausgleich an. Nach der Aktenanalyse und den Gesprächen mit Jugendlichen befassen wir uns im dritten Teil der Studie mit den Implikationen, die sich bezüglich der Intervention und Prävention ergeben. Soviel vorweg: wir erachten es als unsinnig, diese Ansätze gegeneinander auszuspielen. Es geht um kein Entweder-oder, sondern vielmehr darum, die individuellen, sozialisationsbezogenen und strukturellen Aspekte der Gewalt miteinander zu verknüpfen. Menschen sind soziale Wesen. Es gibt keine Individuen ohne Gesellschaft und auch keine Ohrfeige ohne Gewalt. Daher gehen wir in unserer Studie auch auf die strukturelle Gewalt und den sozialen Wandel ein. Dabei interessiert uns, wie die Rahmenbedingungen die individuellen Dispositionen prägen.

Die Kluft zwischen Arm und Reich nimmt sowohl in der Schweiz als auch im globalen Kontext zu. Soziale Ungleichheit liegt vor, wenn

Mitglieder einer Gesellschaft oder verschiedener Gesellschaften dauerhaft in unterschiedlichem Mass über notwendige oder begehrte Güter verfügen Es geht dabei nicht um individuelle Unterschiede wie Grösse, Hautfarbe oder körperliche Kraft, sondern um die Verteilung von Wohlstand, Ansehen und Macht. Die Verschärfung sozialer Ungleichheit im Einkommens- und vor allem im Vermögensbereich erhöht das Konfliktpotenzial. Gleichwohl ist bei soziologischen Analysen in westlichen Industriestaaten ein Wandel von vertikal-geschichteten zu horizontal-gegliederten Betrachtungen feststellbar. Soziale Ungleichheiten werden individualisiert, strukturelle Rahmenbedingungen vernachlässigt. Parallelen zur Entwicklung der Gewaltdebatte sind unverkennbar.

In stark individualisierten Gesellschaften wie der Schweiz wahren viele sozial Benachteiligte nach aussen den Schein, alles sei, wie es sein müsse. Sie strecken sich nach der Decke und geben den Stress, den sie bei der Arbeit, auf der Stellensuche oder auf dem Sozialamt erleben, teilweise weiter. Dies nach dem Muster des Tretens nach unten. Wer sich ohnmächtig fühlt, empfindet das Bessere zuweilen als Bedrohung. Es fordert zum Handeln auf, von dem befürchtet wird, dass es scheitern und weitere Defiziterfahrungen mit sich bringen könnte. Konsumorientierte Verhaltensmuster bieten, kultürlich gefestigt, imaginäre Sicherheiten an (Richter, 2002: 119). Sie stützen die Konformität. Knappheit verstärkt auch die rivalitätsbezogene Sozialisation. Sie ist ein Nährboden für Ressentiments. Ständiger Aktivitätsdruck entspricht dem dominanten Leistungsideal: Was helfen könnte, macht Angst. So halten auch viele Familien mit niedrigen Einkommen an den Normen der expansionistischen Konkurrenz fest. Sie verteidigen die illusionären Vorbilder ihrer Angepasstheit. Doch wenn die Normerfüllung zum wichtigsten Inhalt wird, gerät die emotionale Basis in Gefahr. Die Überforderung erhöht die Labilität des Selbstwertes. Der Normenkodex, an dem das heranwachsende Kind sein Verhalten misst, übersteigt seine realen Möglichkeiten. Ängste der Eltern übertragen sich. Das sind Mechanismen, die wir im Rahmen der Basler Armutsstudie (Mäder, Biedermann, Fischer & Schmassmann, 1991) ausgeprägt und teilweise auch in der Untersuchung über "Working poor in der Schweiz" (Kutzner, Mäder & Knöpfel, 2004) feststellten. Bei den jüngsten Gesprächen mit erwerbstätigen Armen fiel uns indes auf, wie viele working poor die zunehmende soziale Ungleichheit kritisieren. Sie beanstanden insbesondere die hohen Löhne der Manager. Die geäusserte Empörung und Wut lassen sich als Zeichen einer zu überprüfenden Veränderung deuten, die näher am Handeln liegt als die Resignation.

Grössere Unzufriedenheit ist auch bei den zunehmenden Kreisen des Kleingewerbes und des Mittelstandes zu erwarten, die materielle Einbussen erleben. Der offenbar mobilisierend wirkenden Lohndiskrepanz und -transparenz steht eine Verschleierung sozialer Ungleichheit gegenüber, wie sie durch Sozialstrukturanalysen betrieben wird, die sich einseitig auf individuelle Ausprägungen und soziale Milieus konzentrieren und dabei den Blick für die vertikale Gliederung und die massive Reichtumskonzentration vernachlässigen. Wichtig ist daher Bourdieus Habituskonzept, das gesellschaftliche und individuelle Voraussetzungen bzw. Prägungen integrativ verknüpft und die Debatte über die soziale Ungleichheit dynamisiert. Soziostrukturelle Daseinsbedingungen prägen nach Bourdieu (1993: 99) die Habitusstrukturen, die als System relativ dauerhafter, sich wandelnder und übertragbarer Dispositionen zu verstehen sind. Das verinnerlichte (und auch inkorporierte) habituelle Dispositionssystem ist Grundlage für den sozialen Sinn, der die sozialen Akteure leitet. Der Habitus beeinflusst den Lebensstil, der mit feinen Unterschieden die Zugehörigkeit zu sozialen Klassen dokumentiert, die sich im sozialen Raum positionieren (Bourdieu, 1984: 212). Merkmale sozialer Klassen sind ökonomische, kulturelle und soziale Bedingungen sowie daraus hervorgehende Habitusformen, Lebensstile (Wälte, 2003: 45) und Konflikte.

Johan Galtung definiert Konflikte als "Eigenschaft eines Systems, in dem es miteinander unvereinbare Zielvorstellungen gibt, so dass das Erreichen des einen Zieles das Erreichen des anderen ausschließen würde" (Galtung, 1971). Entscheidend ist dabei, wie Konflikte ausgetragen werden - mit oder ohne Gewalt. Was Gewalt ist, diskutiert Anton Hügli (2005). Er bezieht sich dabei auf den Essay "On Violence" (1970: 44), in dem Hannah Arendt die Schlüsselbegriffe Macht, Stärke, Kraft, Autorität und Gewalt unterscheidet. Gewalt ist zunächst da, wo es Opfer gibt. Sie ist körperlich spürbar, kann sich aber auch gegen unsere Freiheit und Identität wenden. Wer was wie als Gewalt erlebt, hängt vom Kontext und vom subjektiven Empfinden ab. Gewalt ist nicht einfach Gewalt. Das gilt auch bezüglich der intentionalen Gewaltausübung. Sie ist von gewaltsamen Verletzungen zu unterscheiden, die wir anderen versehentlich zufügen. Zentral ist, was wir überhaupt zur Gewalt zählen. Etwa das Zusehen von Gewalt oder das Geschehenlassen von Gewalt gegen sich selbst? Und wie steht es mit der Androhung von Gewalt? Wer andere bedroht, gewinnt dauerhafte Bindungsmacht (Popitz, 1992). Er kann auch Druck über Versprechungen ausüben und subtil mit der Gewalt spielen. Gewalt gibt es auch als institutionelle Gewalt, die über gesetzliche Regelungen wirkt und besondere Formen der personalen Gewalt legitimiert. Die strukturelle Gewalt reicht über die institutionelle hinaus. Sie verkörpert die politische und ökonomische Ordnung, die beispielsweise soziale Ungleichheiten oder ökologische Ungleichgewichte zulässt. Galtung unterscheidet zudem zwischen symbolischer und kultureller Gewalt. Je nach gesellschaftlicher Konstellation und kultürlichem Hintergrund haben Sterne und Kreuze eine mehr oder weniger gewaltige Bedeutung. Gewalt, die das Individuum konkret (be)trifft, kann auch von einem abstrakten Machtapparat ausgehen. Und die Gewalt, die das Individuum ausübt, kann sehr machtkonform sein und gängige Normen und Konventionen der Gesellschaft ausdrücken. Konformität kann sich auch in einem Konkurrenzverhalten äussern, das mit harten Bandagen operiert. Die Legitimierung von Gewalt nimmt oft eine selbstreferenzielle Begründung an. Die Gewaltanwendung wird aus sich heraus begründet. Die Verbreitung der Vorstellung vom "Leben als Kampf" dient je nachdem dazu, Übergriffe und ausgrenzende Verschwörungstheorien zu rechtfertigen, die eine Zwangsgemeinschaft konstituieren, wobei (laut Heitmeyer) auch bei der Abnahme von sozialen

Bindungen mit steigender Gewalt zu rechnen ist. Erfahrungen der Desintegration verstärken die (nicht nur geschlechtsbezogene) Tendenz der Dominanz (Rommelspacher, 1998: 20).

1.4 Vorgehen und Aufbau der Studie

Für die quantitative Analyse der Akten der Jugendanwaltschaft führten wir eine Erhebung und Auswertung der soziologisch relevanten Daten der Jugendlichen, gegen die ein Strafverfahren eingeleitet wurde, durch (Kap. 2). Unser Interesse galt einer Reihe zentraler Lebensbereiche (Variablen) mit den dazugehörigen Dimensionen (Ausprägungen). Mit diesem statistischen Instrument versuchten wir auf empirischem Wege die Lebenslage der betroffenen Jugendlichen zu erfassen.

Die Fragestellung der qualitativ orientierten Studie erforderte der differenzierten Beschreibung des Gegenstandes angemessene Methoden. Zwei Methoden zur Analyse des Interviewmaterials erwiesen sich als geeignet, zugleich verstehensorientiert die Biographien der Jugendlichen nachzuzeichnen und die soziologische Interpretation individueller Repräsentationen anzugehen: Grounded Theory und die Methode der hermeneutischen Wissenssoziologie. Die Ergebnisse des qualitativen Studienteils werden in Kapitel 3 beschrieben. Dabei wird insbesondere den Aussagen der Jugendlichen im Textkorpus breiten Raum gegeben, um mittels Methodentriangulation eine grösstmögliche Fülle an dichten Beschreibungen und Analysen zu gewinnen.
In Kapitel 4 versuchen wir auf die Ergebnisse der vorangegangenen Untersuchungen aufbauend, Kriterien zur Entwicklung von Präventions- und Interventionskonzepten zu beschreiben. Ausführlicher erläutert werden einzelne Präventions- und Interventionsbereiche insbesondere in der Netzwerkperspektive. Angestrebt wird eine Zusammenführung der Ergebnisse der qualitativen und quantitativen Untersuchung mit Präventionskonzepten, wie sie in der Literatur zum Thema beschrieben sind. Ziel ist es, grundlegend Möglichkeiten zur Prävention von Jugendgewalt aufzuzeigen.

2 Aktenanalyse (Hector Schmassmann)

2.1 Einleitung

Die vorliegende Aktenanalyse ist als strukturelle Querschnittsanalyse angelegt. Grundlage bilden Daten, welche die Jugendanwaltschaft Basel-Stadt im Jahr 2001 angelegt hat. Es handelt sich um Aufzeichnungen über Tatverdächtige und Verurteilte: Die eingegangenen Anzeigen betragen 1786, die registrierte Delikte 2421, die behandelten Delikte 1255. Die Angaben beziehen sich auf Kinder (7-14 Jahre) und Jugendliche (15-18 Jahre)[2]. In den Akten finden sich lebensgeschichtliche Informationen und Berichte, die einen biographischen Einblick erlauben. Einstellungen, Wahrnehmungen und Vorstellungen der Jugendlichen werden allerdings nur selten dargestellt. Für die Jugendanwaltschaft sind die Akten – neben mündlichen Verhandlungen und Gesprächen – wichtige Grundlagen, um sich ein Bild vom Hergang der Handlungen und den beteiligten Personen zu machen. Im Hinblick auf unsere Auswertung ist es wichtig, die beschränkte Reichweite der in den Akten zusammengefassten Dokumente zu sehen. Sie relativiert den Erkenntniswert der Aktenanalyse, die ergänzende Untersuchungen erfordert, wie die ausführlichen Gespräche, die wir mit den delinquenten Jugendlichen führten (vgl. Kap. 3).
Aus dem Total der von der Jugendanwaltschaft behandelten Delikte (Entscheide/Strafbefehle; N=467), die das Schweizerische Strafgesetzbuch (StGB) betreffen, haben wir eine Auswahl von 142 Akten gezogen und von der ursprünglichen Zufallsauswahl (N=231) folgende

[2] Jugendanwaltschaft (2001), Jahresbericht. Die meisten von Jugendlichen begangenen Delikte nach Schweizerischem Strafgesetzbuch sind Vermögensdelikte (344), es folgen dann: die Widerhandlungen gegen das Strassenverkehrsgesetz (332), die Widerhandlungen gegen das Transportgesetz (215), die Widerhandlungen gegen das Betäubungsmittelgesetz (90) und die Widerhandlungen gegen das Bundesgesetz über den Aufenthalt und die Niederlassung der Ausländer (ANAG) (57).

Aktengruppen aussortiert: Vermögens- und Eigentumsdelikte, Übertretungen (vor allem Nichtbezahlung von Bussen, Alkoholkonsum in der Öffentlichkeit) und nicht zugängliche Akten. Im Vergleich zur Häufigkeitsverteilung der Grundgesamtheit der Jugendanwaltschaft haben wir die Delikte der physischen, psychischen und sexuellen Gewalt stärker gewichtet und diese einer Vollerhebung unterzogen. Wir sind dabei davon ausgegangen, dass Delikte gegen die Freiheit, Gewalt gegen Personen oder Verletzung der Sittlichkeit Merkmale aufweisen, die für den Zusammenhang von Gewalt und rechtsextremen Einstellungen beziehungsweise Fremdenfeindlichkeit wichtig sein können (Boehnke, Fuss & Hagan, 2002).

Tabelle 1: Vergleich der Häufigkeit der Deliktsfälle nach Deliktsgruppen zwischen der Grundgesamtheit* und der Stichprobe**

Deliktsgruppe	Grundgesamtheit	Stichprobe
Eigentums-/Vermögensdelikte	73,7%	43,0%
Delikte physischer Gewalt	6,6%	21,1%
Delikte psychischer Gewalt	6,2%	9,2%
Delikte der Sexualgewalt	1,1%	3,5%
Übrige Delikte	12,4%	2,1%
Keine Angabe	--	21,1%
Total	100% (N=467)	100% (N=142)

* Die Vergleichsdaten der Grundgesamtheit stammen aus dem Jahresbericht 2001 der Jugendanwaltschaft BS.

** vgl. die entsprechenden Rohdaten im Anhang Tabelle 26.

Der Vergleich zwischen den beiden Verteilungen zeigt, dass die Prozentzahlen für die jeweiligen Deliktsgruppen stark differieren. Da die Zahl der Delikte der physischen und psychischen Gewalt sowie der sexuellen Gewalt in der Stichprobe und in der Grundgesamtheit gleich ist, erweist sich unsere Stichprobe als zuverlässig.

2.2 Variablen der Untersuchung

Nach Durchsicht der Akten begannen wir unsere Erhebung und Auswertung der soziologisch relevanten Daten der Jugendlichen, gegen die ein Strafverfahren eingeleitet worden war.[3] Dabei griffen wir auf das in Theorie und Praxis der Sozialen Arbeit diskutierte und umgesetzte Lebenslagenkonzept zurück (Amann, 1983). Unser Interesse galt primär den äusseren Bedingungen und Dimensionen, die eine empirische Beschreibung gesellschaftlicher Bezüge erlauben. Individuelle Wahrnehmungen, Deutungen und Handlungen, die sich wechselseitig zu den externen Lebenslagefaktoren entwickeln, liessen sich kaum aus den Akten gewinnen. Interpretationen der alltäglichen Deutungen und Praktiken jugendlicher Delinquenter enthält der Interviewteil unserer Studie (vgl. Kap. 3). Die Bearbeitung der Akten förderte eine grössere Zahl zentraler Lebensbereiche (Variablen) mit den dazugehörigen Dimensionen (Ausprägungen) zutage. So versuchten wir, die Lebenslagen der betroffenen Jugendlichen annäherungsweise zu erfassen. Wir definierten achtzehn Variablen aus folgenden sechs Bereichen: dem Wohnen, dem Straftatbestand (nach StGB), der Demografie, der sozialen Herkunft, den Finanzen und der Freizeit[4]. Andere Lebensbereiche wie die Erwerbsarbeit oder die Schule konnten wir nicht berücksichtigen. Sie waren zwar in den Akten aufgeführt, aber in zu geringen Fallzahlen. Daten zum subjektiven Wohlbefinden und zur Wahrnehmung des Gesundheitszustandes erwiesen sich als äusserst fragil und lückenhaft. Auch andere Angaben wie zum Bei-

---

[3] In Zusammenarbeit mit Catherine Müller.

[4] Die einzelnen Variablen lauteten: 1/Wohnort (Quartier); 2/Wohnortswechsel; 3/Deliktsort; 4/StGB-Tatbestand; 5/Täterschaft; 6/Tatvorgehen; 7/Geschlecht; 8/Lebensalter (Geburtsjahr); 9/Geburtsort; 10/Haushaltszusammensetzung; 11/Zivilstand der (biologischen) Eltern; 12/Anzahl Geschwister (inkl. Halbgeschwister); 13/Staatsangehörigkeit; 14/Taschengeld; 15/Freizeitaktivitäten; 16. Beruf Vater; 17/ Beruf Mutter, 18/Gesetzlicher Vertreter.

spiel der Konsum von Alkohol oder von illegalen Drogen waren nur unzureichend dokumentiert und inkohärent, so dass wir sie weglassen mussten.

2.3 Vorgehen bei der Aktenanalyse

Unsere Aktenanalyse orientiert sich am mehrfaktoriellen Paradigma[5]. Es geht dabei weniger um die Individuen als Akteure, sondern vielmehr um die Untersuchung statistischer Beziehungen zwischen Variablen. Damit verknüpft sich die Erwartung, dass sich wichtige kausale Faktoren für delinquentes Verhalten finden lassen. Wir sind uns aber bewusst, dass die beobachteten Kausalitäten keine Determinismen im engeren Sinn repräsentieren, sondern eher Risikofaktoren und Tendenzen, deren Wirkung selten 100 Prozent erreicht. Die Kumulierung mehrerer Risikofaktoren erhöht zwar die Wahrscheinlichkeit für Delinquenz, erlaubt aber stets nur beschränkte Gewissheit.
In einem ersten Schritt analysierten wir die Häufigkeiten der einzelnen Variablen und deren Merkmalsverteilung. In einem zweiten Schritt ermittelten wir Zusammenhänge der einzelnen erklärenden Variablen mit der zu erklärenden Variable "Strafrechtlicher Tatbestand" (Artikel StGB). Auch wenn es offensichtlich ist, dass zwischen den einzelnen strafrechtlichen Tatbeständen komplexe wechselseitige Abhängigkeiten existieren, mussten wir uns hier aus pragmatischen Gründen auf den Hauptanklagepunkt – gemäss Einzelakte der Jugendanwaltschaft – beschränken. Wir teilten die strafrechtlichen Gegenstände in vier grosse Deliktskategorien ein:

I Vermögens- und Eigentumsdelikte (Diebstahl, Sachbeschädigung)
II Delikte der physischen Gewalt (Gewaltdelikte gegen Personen wie Fusstritte, Ohrfeigen, Würgereien, Raufereien)

---

5 Eine ausführliche Auseinandersetzung mit dieser Denkweise im Bereich der Delinquenzforschung findet sich in Fillieule (2001: 153ff.).

III Delikte der psychischen Gewalt (Delikte gegen die Freiheit wie Nötigung, Drohungen, Einschüchterungen / Beschimpfungen)
IV Delikte der sexuellen Gewalt (Sittlichkeitsdelikte mit Gewaltanwendung wie sexuelle Nötigung, Vergewaltigung).

Die anderen strafrechtlichen Tatbestände, hier unter der Kategorie "übrige Delikte" (vor allem gemeingefährliche Delikte) zusammengefasst, wurden nicht einzeln erfasst, da sie entweder keine Gewaltdelikte darstellen oder wegen ihrer geringen Auftretenswahrscheinlichkeit nicht auswertbar sind. Andere Deliktsgruppen wie Widerhandlungen gegen das Betäubungsmittelgesetz, das Strassenverkehrsgesetz, das Transportgesetz oder das Gesetz über Aufenthalt und Niederlassung der Ausländer (ANAG) wurden vernachlässigt, da sie für rechtsextreme Orientierungen und Gewalttätigkeit bei jugendlichen Straffälligen nicht aussagekräftig genug sind und häufig – insbesondere bei Vergehen gegen das Strassenverkehrsgesetz – Daten geringer Qualität enthalten.

Doch statistische Beziehungen sind für die Delinquenzforschung erst dann von Nutzen, wenn die Analyseergebnisse – im Sinne von Max Weber – verstehbar sind[6]. Aus diesem Grunde wurden zur Interpretation Eckdaten aus der Eidgenössischen Volkszählung 2000 (Statistisches Amt des Kantons Basel-Stadt, 2003b; 2003c) sowie aus dem Jahresbericht der Jugendanwaltschaft (2001) – soweit verfügbar – miteinbezogen. Wir griffen ferner auf relevante Konzepte und Perspektiven der Delinquenzsoziologie zurück, um die empirische Evidenz durch theoretische Überlegungen zu stützen. Ein spezielles Augenmerk schenkten wir dem Geschlechterabstand im Hinblick auf Deliktshandlungen; es kommt ein spezielles "gender ratio" (Anzahl Männer auf Frauen) zur Anwendung. So sind Aussagen zur Geschlechterverteilung in Bezug auf verschiedene Deliktskategorien möglich. Zur Interpretation des "gender gap" beziehen wir Argumente aus der neueren Geschlechterforschung ein.

[6] In diesem Sinne auch Boudon & Bourricaud (1982: 58).

2.4 Definitionen und Formen delinquenten Handelns bei Jugendlichen

Unter dem Begriff der Delinquenz verstehen wir strafbare Handlungen nach dem Schweizerischen Strafgesetzbuch. Einer der auffallendsten Aspekte der gegenwärtigen Jugenddelinquenz zeigt sich im Verschwimmen der Grenzen zwischen Normanforderungen und Normerfüllung in den jeweils unterschiedlichen symbolischen und sozialen Welten der Jugendlichen. Der Reiz, Grenzen zu überschreiten, Potenziale und Möglichkeiten zu entdecken, verleiht dem Erlaubten und dem Verbotenen neue Bedeutung. Dadurch bietet sich eine breite Palette von Vergehen an, die situativ legitimiert oder sogar normalisiert werden. Delinquentes Handeln von Jugendlichen ist somit durch eine Vielfalt von Verhaltensweisen gekennzeichnet.
In Anlehnung an den französischen Soziologen Hugues Lagrange (2001) lassen sich zwei Hauptkategorien innerhalb der von Jugendlichen begangenen Delikte unterscheiden. Eine erste umfasst expressive Verhaltensweisen. Diese zielen in erster Linie auf keine materiellen Gewinne ab. Sie stellen keine Mittel dar, sondern Ziele per se. In gewissen Fällen kommt eine rebellische Absicht hinzu. Sie äussert sich im Vandalismus (Zerstörung von Fahrrädern und/oder Mofas, Schmierereien, Brandstiftung). Auch kollektive Schlägereien zwischen Jugendlichen und Zusammenstösse mit Trägern von Uniformen (Polizisten, Beamte, Militärpersonen) gehören dazu. In all diesen Fällen tragen Jugendliche den Konflikt mit intendierter Gewalt aus. Eine zweite Art delinquenten Verhaltens ist gekennzeichnet durch Beschaffungsaktivitäten und/oder instrumentelle Aggressionen, um eine Leistung zu erzwingen. Ihr Gewaltcharakter tritt nicht deutlicher als bei den Verhaltensweisen der vorhergehenden Kategorie hervor. Sie unterscheiden sich jedoch durch ihre Entschlossenheit. Den Kern dieser Deliktskategorie bilden: Raubdiebstähle, Einbrüche, "Racket", Dealen mit Drogen, sexuelle Gewalt und Nötigung.
Unsere Studie fokussiert die Gewaltdelinquenz. Damit sind Sachverhalte gemeint, die potenziell Eingang finden in die Strafurteilsstatistik der Jugendanwaltschaft. Es geht also um die alltägliche ungesetzliche

Gewalt im öffentlichen Raum. Wir stellen fest, dass unter den strafrechtlichen Tatbeständen die Eigentums- und Vermögensdelikte (vor allem Diebstähle) die grösste Deliktsgruppe ausmachen. Der Anteil der Gewaltdelikte beläuft sich in unserer Stichprobe auf 34% (in der Grundgesamtheit 19%); davon betreffen fast zwei Drittel die Delikte physischer Gewalt (vor allem Körperverletzungen). Psychische und sexuelle Gewalt sind weniger präsent.

2.5 Hauptergebnisse nach Lebensbereichen

2.5.1 Wohnort

Das Wohnen prägt die Entwicklung Jugendlicher. Die Grösse und das Prestige einzelner Stadtteile sind vor allem historisch bedingt. Die demografische und ökonomische Zusammensetzung werden wesentlich von der Industrie- und Migrationsgeschichte der Nachkriegszeit bestimmt. Mit Hilfe verschiedener wohnungsrelevanter statistischer Daten ergibt sich eine Typologie der Stadtteile (vgl.: Scholz, 2003). Danach unterscheiden wir vier Stadtteiltypen mit unterschiedlichem Charakter: 1/Typ A (gentrifizierte Altstadt) mit den Stadtteilen Altstadt Grossbasel, Vorstädte; die Quartiere liegen im Stadtzentrum, weisen eine unterdurchschnittliche Bevölkerungsdichte auf, sind durch einen tiefen AusländerInnenanteil gekennzeichnet und verfügen über viele alte Wohnungen; die Menschen kommen hierher mehr, um zu arbeiten als zu wohnen; 2/Typ B (innerstädtisch-durchmischte, mittelständische Quartiere) mit den Stadtteilen Am Ring, Breite, St. Alban, Bachletten, Gotthelf, Iselin, Altstadt KB, Clara, Wettstein; die Quartiere liegen rund um das Stadtzentrum; weisen eine überdurchschnittliche Bevölkerungsdichte auf, sind durch einen hohen RentnerInnenanteil sowie niedrigen AusländerInnenanteil gekennzeichnet und verfügen über wenig neue Wohnungen; 3/Typ C (gründerzeitliche Arbeiterquartiere) mit den Stadtteilen Gundeldingen, St. Johann, Rosental, Matthäus, Klybeck, Kleinhüningen; die Quartiere liegen auch zentrumsnah; weisen einen hohen Jungenanteil (bzw. einen niedrigen RentnerInnenanteil) auf, sind durch eine sehr hohe Bevölkerungsdichte und einen sehr hohen AusländerInnenanteil gekennzeichnet und verfügen über viele kleine Wohnungen; 4/Typ D (vorstädtische, gutsituierte Wohnquartiere) mit den Stadtteilen Bruderholz, Hirzbrunnen, Riehen; die Quartiere liegen etwas abseits vom Stadtzentrum, weisen den grössten Jungen- sowie RentnerInnenanteil auf, sind durch die geringste Bevölkerungsdichte und den geringsten AusländerInnenanteil gekennzeichnet und verfügen über viele grosse – auch neugebaute – Wohnungen; es sind vorwiegend Wohnquartiere.

Tabelle 2: Anzahl und Anteil (in Prozent) jugendlicher Delinquenter nach Stadtteiltyp*

Stadtteiltyp	Anzahl jugendlicher Delinquenter	Anteil jugendlicher Delinquenter
Typ A	5	3,5%
Typ B	41	28,9%
Typ C	64	45,1%
Typ D	23	16,2%
Ausserhalb Basel-Stadt	9	6,3%
Total	142	100%

* vgl. die entsprechenden Rohdaten im Anhang Tabelle 27.

Die These, dass dort, wo die meisten Jugendlichen wohnen, auch die meisten jugendlichen Delinquenten ihren Wohnsitz haben, wird von den statistischen Daten bestätigt. Fast die Hälfte der jugendlichen Delinquenten (45%) kommt aus dem Stadtteiltyp C. Dieser Typus setzt sich aus Stadtteilen zusammen, die einen überdurchschnittlichen Anteil an Personen unter 18 Jahren aufweisen, über kleine Wohnungen verfügen und eine hohe Bevölkerungsdichte sowie einen grossen AusländerInnenanteil aufweisen.

Nach unserer Auswertung sind alte Arbeiterquartiere überrepräsentiert, in denen sich kulturelle Heterogenität und prekäre Wohnverhältnisse ausbreiten. So wurden beispielsweise im Gundeldinger Quartier, das einen AusländerInnenanteil von 50% aufweist, von den dort wohnenden 860 Jugendlichen im Jahre 2001 immerhin 22 straffällig. In derselben Höhe bewegen sich die Zahlen für die anderen Stadtteile, die in Bezug auf Altersstruktur, kulturelle Durchmischung und Wohnbedingungen mit dem Gundeldinger Quartier vergleichbar sind.

2.5.2 Wohnortswechsel

Tabelle 3: Anzahl jugendlicher Delinquenter nach Deliktsgruppe und Art des Wohnortswechsels

	Art des Wohnortswechsels					
	Keiner	Lokal*	Regional*	National*	K. A.	Total
Deliktsgruppe						
Eigentums-/Vermögensdelikte	12	10	12	10	17	61
Delikte physischer Gewalt	9	6	4	9	2	30
Delikte psychischer Gewalt	6	1	--	2	4	13
Delikte der Sexualgewalt	5	--	--	--	--	5
Übrige Delikte	3	--	--	--	--	3
Keine Angabe	5	2	6	8	9	30
Total	40	19	22	29	32	142

* Art des Wohnortswechsels

- Lokal=innerhalb des Quartiers und der Stadt
- Regional=innerhalb der Region Nordwestschweiz
- National=zwischen Ländern

Wir stellen fest, dass der Wohnortswechsel zwischen Ländern, bei sog. Zuwanderern und Rückkehrern, in den zwei Kategorien (physische Gewaltdelikte und Eigentumsdelikte), gemessen an ihrem Bevölkerungsanteil, übervertreten sind und zwar unabhängig von ihrer Nationalitätszugehörigkeit. Es ist davon auszugehen, dass grossräumige kulturüberschreitende Wanderungen Jugendliche besonders stark belasten und leider in den meisten Fällen Prozesse der Akkulturation und Integration erschweren (vgl. entsprechende Rohdaten im Anhang Tabelle 28).

2.5.3 Straftatbestand (StGB)

Tabelle 4: Anzahl und Anteil (in Prozent) strafrechtlicher Gegenstände nach Strafgesetzbuch*

Deliktsgruppe	Anzahl strafrechtlicher Gegenstände	Anteil strafrechtlicher Gegenstände
Eigentums-/Vermögensdelikte	61	43,0%
Delikte physischer Gewalt	30	21,1%
Delikte psychischer Gewalt	13	9,2%
Delikte der Sexualgewalt	5	3,5%
Übrige Delikte	3	2,1%
Keine Angabe	30	21,1%
Total	142	100%

*vgl. entsprechende Rohdaten im Anhang Tabelle 29.

Der Überblick in Tabelle 4 zeigt, dass straffällig gewordene Jugendliche primär Eigentums-/Vermögensdelikte (Ladendiebstähle, Einbrüche) begehen. Der Anteil der Gewaltdelikte liegt bei 34 %: Meistens handelt es sich um physische Gewalt (vor allem Schläge), die Ausübung psychischer und sexueller Gewalt ist eher selten.

Tabelle 5: Anzahl strafrechtlicher Tatbestände nach Deliktsgruppe und Wohnort jugendlicher Straffälliger

	Stadtteiltyp				
	Typ A	Typ B	Typ C	Typ D*	Total
Deliktsgruppe					
Eigentums-Vermögensdelikte	3	19	24	15	61
Delikte physischer Gewalt	--	8	17	5	30
Delikte psychischer Gewalt	--	2	7	4	13
Delikte sexueller Gewalt	--	4	1	--	5
Übrige Delikte	--	1	1	1	3
Keine Angabe	2	4	14	10	30
Total	5	38	64	35	142

* im Stadtteiltyp D ist auch der Wohnort "ausserhalb Basel-Stadt" enthalten

In Bezug auf Delikte physischer Gewalt ist wiederum der Stadtteiltyp C überrepräsentiert: Über die Hälfte dieser Deliktskategorie (57%) findet in Quartieren statt, die kulturell sehr durchmischt sind und deren Bewohnerinnen und Bewohner in überbelegten Wohnungen leben (zum Beispiel: St. Johann, Matthäus, Klybeck). Auch im Bereich der psychischen Gewalt ist derselbe Stadtteiltyp davon stark belastet. Sexuelle Gewaltdelikte kommen fast ausschliesslich im Stadtteiltyp B, also in Quartieren, die sozial zwar gut durchmischt zu sein scheinen, aber deren Bewohnerinnen und Bewohner wegen der engen Wohnverhältnisse psychische Deprivationen erleiden.

2.5.4 Deliktsort

vgl. entsprechende Rohdaten im Anhang Tabelle 30.

Im Hinblick auf den Deliktsort fällt auf, dass physische Gewaltdelikte vor allem auf dem Schulareal bestimmter Weiterbildungsschulen (WBS) stattfinden. Eine mögliche Erklärung für diesen Zusammenhang vermittelt die kriminologische Raumwahltheorie, nach der sich die Gewalt, das Schulklima und die Architektur der Gebäude gegenseitig beeinflussen (Brantingham & Brantingham, 1984).

2.5.5 Täterschaft

Jugenddelinquenz ist vor allem ein Peergruppenphänomen. Dabei sind die Dyade und die Gruppe (3 Personen und mehr) mit fast zwei Dritteln der Fälle vertreten, während die Einzeltäterschaft rund ein Viertel der Fälle ausmacht. In Bezug auf Delinquenzverhalten in der Peergruppe unterscheiden sich männliche und weibliche Jugendliche deutlich voneinander: Während Jungen eher in der Dyade (29%) oder in der Gruppe (29%) straffällig werden, ziehen es Mädchen vor, innerhalb der Dyade (52%) delinquent zu handeln (vgl. Tabelle 32 im Anhang).

Tabelle 6: Anzahl und Anteil (in Prozent) delinquenter Jugendlicher nach Art der Täterschaft

Art der Täterschaft	Anzahl jugendlicher Delinquenter	Anteil jugendlicher Delinquenter
Einzeln	35	24,6%
Dyade: feste Clique	41	28,9%
Dyade: lockere Clique	2	1,4%
Gruppe: feste Clique	46	32,4%
Gruppe: lockere Clique	1	0,7%
Keine Angabe	17	12,0%
Total	142	100,0%

Wir stellen fast, dass vor allem physische Gewaltdelikte (z.B. Rache und Ehrverletzung) in der Gruppe oder Alleine begangen werden. Eigentumsdelikte haben keine eindeutige Tendenz gegenüber der Anzahl der TäterInnen (vgl. entsprechende Rohdaten im Anhang

Tabelle 31). Dabei unterscheiden wir zwischen festen Cliquen und spontanen zielorientierten Zusammenschlüssen, deren Zusammensetzung je nach Art des Objekts und der Gelegenheit wechseln kann. Auch in Bezug auf Gewalthandeln werden geschlechtliche Unterschiede sichtbar: In unserer Stichprobe üben gewalttätige Mädchen ihre Tat meistens innerhalb der Dyade (75%) aus, wogegen Jungen Gewalt entweder allein (35%) oder in der Gruppe (32,5%), seltener in der Dyade (17,5%) ausüben.

2.5.6 Tatvorgehen

vgl. entsprechende Rohdaten im Anhang Tabelle 33.

Die Gruppen gehen vorwiegend geplant vor. Das Phänomen "sisters in crime" (Adler, 1975) bestätigt sich. Damit ist gemeint, dass weibliche Delinquente bei allen Deliktsgruppen in der Regel nicht als Einzeltäterinnen vorgehen. In den Akten der Jugendanwaltschaft fanden wir keine einzige Einzeltäterin bei Gewaltdelikten, und im Bereich der Vermögensdelikte nur wenige.

Wir stellen fest, dass Jugendliche im Bereich der physischen Gewalt (Körperverletzungen) und psychischen Gewalt (Drohungen, Nötigungen) in den meisten Fällen geplant vorgehen. Die Kategorie "Weder/Noch" zeigt, dass zwischen Spontaneität und Planung keine klaren Grenzen bestehen. Wir glauben aber, dass in diesen Fällen der Planungsaspekt auch eine Rolle spielt, sodass wir sie eher zu den geplanten Aggressionen zählen. Bei Eigentumsdelikten und Sachbeschädigungen ist das Gelegenheitsmoment (Spontaneität, Impulsivität, Hass) ausschlaggebender.

Tabelle 7: Anzahl delinquenter Jugendlicher nach Deliktsgruppe und Art des Tatvorgehens

	Art des Tatvorgehens				
	Geplant	Spontan	Weder/Noch	K.A.	Total
Deliktsgruppe					
Eigentums-/Vermögensdelikte	34	12	4	11	61
Delikte physischer Gewalt	10	6	12	2	30
Delikte psychischer Gewalt	3	2	4	4	13
Delikte der Sexualgewalt	4	--	1	--	5
Übrige Delikte	--	--	3	--	3
Keine Angabe	11	17	2	--	30
Total	62	37	26	17	142

2.5.7 Gender/Geschlecht

Tabelle 8: Anteil (in Prozent) delinquenter Jugendlicher nach Geschlecht und Deliktsgruppe

	Geschlecht		
	Männer	Frauen	Gender Ratio (M/F)
Deliktsgruppe			
Eigentums-/Vermögensdelikte	77%	23%	3:1
Delikte physischer Gewalt	80%	20%	5:1
Delikte psychischer Gewalt	100%	--	--
Delikte der Sexualgewalt	100%	--	--
Total	82%	18%	5:1

Von den 142 delinquenten Jugendlichen sind 117 männlich und 25 weiblich. Männliche Jugendliche begehen fünf Mal mehr Delikte als weibliche. Die Akten belegen, wie sich der Geschlechterabstand nur bei Eigentums- und Vermögensdelikten verringert. Vor allem bei schwereren Delikten (Körperverletzungen, Nötigungen, Drohungen/Einschüchterungen) sind männliche Jugendliche involviert. Sexuelle Gewaltdelikte werden ausschliesslich von Jungen begangen. Zur Interpretation dieses Unterschieds hilft die Marginalisierungsthese von Robert Connell (2000), nach der hegemoniale Männlichkeit das delinquente Verhalten junger Männer (vor allem aus unteren Gesellschaftsklassen) beeinflusst. Unterschiedliche Kontextbedingungen – wie psychische Störungen, risikobelastete Sozialisationswelten, Medikamenten- und Drogenmissbrauch, wirtschaftliche Randständigkeit – wirken zudem auf die beiden Geschlechter ungleich: bei Frauen sind kriminogene Einstellungen nicht so offensichtlich. Sie bringen auch dann mehr Selbstkontrolle auf, wenn delinquentes Verhalten nahe liegen würde (Gottfredson & Travis, 1990). Weiter ist eine kulturelle Komponente zu berücksichtigen: Weibliche Jugendliche aus der Türkei waren in unserer Stichprobe in keinem einzigen Gewaltdelikt involviert, während sich Mädchen aus Serbien-Montenegro oder Mazedonien (und anderen Nationen) entsprechend ihrem Anteil an der Gewaltdelinquenz an physischen Gewalthandlungen beteiligten. Eine Erklärung für diesen kulturellen Unterschied könnte sein, dass Mädchen aus der Türkei, auch wenn sie denselben Risikofaktoren für delinquentes Handeln (wie Impulsivität, Schulversagen usw.) ausgesetzt sind, mehr überwacht und kontrolliert werden als die Mädchen aus den westlichen Balkanländern.

2.5.8 Alter (Geburtsjahr)

vgl. entsprechende Rohdaten im Anhang Tabelle 34.

Delinquentes Verhalten äussert sich vorwiegend im Jugendalter. Die Delinquierenden verteilen sich gehäuft in der Altersspanne zwischen 14 und 16 Jahren. Ältere (15-16-Jährige) sind öfters physisch gewalttätig. Jüngere (13-14-Jährige) begehen vermehrt Eigentums- und Vermögensdelikte.

Tabelle 9: Anzahl delinquenter Jugendlicher nach Alter und Deliktsgruppe

	Alter in Lebensjahren								
	10-11	12	13	14	15	16	17	18	Total
Deliktsgruppe									
Eigentumsdelikte	6	7	10	11	8	7	7	5	61
Physische Gewalt	1	1	1	4	7	9	3	4	30
Psychische Gewalt	--	1	3	--	2	2	3	2	13
Sexuelle Gewalt	--	1	2	--	--	1	1	--	5
Übrige Delikte	--	--	--	--	1	2	--	--	3
Keine Angabe	4	--	1	6	6	6	4	3	30
Total	11	10	17	21	24	27	18	14	142

Wir stimmen mit der These von Terrie Moffit (1993) überein, welche signifikante Unterschiede zwischen delinquenten Mädchen und bestimmten delinquenten Knaben bezüglich des Alters postuliert. Mädchen unterscheiden sich bezüglich gleichaltrigen Jungen im Alter, bei dem sie mit delinquenten Handlungen beginnen, und bezüglich der Schwere und Dauer ihrer Kriminalkarrieren. Sie unterscheidet zwischen "persistent Delinquenten" und "Jugenddelinquenten". Erstere manifestieren vor dem 14. Lebensjahr delinquentes Verhalten und weisen somit vermehrte Risiken für chronisches Deliktshandeln im Erwachsenenalter auf. Letztere beginnen mit Deliktshandlungen in der Mitte ihrer Jugendzeit, mit 15 Jahren oder später; diese werden meistens unter dem Einfluss ihrer Peer-Gruppe begangen. Auf delinquentes Verhalten wird nach dem Abschluss der Schulzeit meistens verzichtet.

Nach Moffitt fällt die weibliche Delinquenz meistens in die Kategorie der auf die Jugendzeit begrenzten Delinquenz.

2.5.9 Geburtsort

vgl. entsprechende Rohdaten im Anhang Tabelle 36.

Jugendliche mit einem komplexen Migrationshintergrund (bikulturelle Situation, Identitätsunsicherheiten, Furcht vor sozialer Deklassierung usw.) sind für delinquentes Handeln besonders empfänglich. In unserer Studie sind zwei Drittel der jugendlichen Delinquenten (68%) in der Schweiz geboren, ein Drittel (32%) im Ausland (vgl. entsprechende Rohdaten im Anhang Tabelle 35).

Auffällig ist, dass die im Ausland geborenen straffälligen Jugendlichen bei physischen Gewaltdelikten stark übervertreten sind (44%). Der Schluss, dass Staatsangehörigkeit an sich ein kriminogener noch ein kriminoresistenter Faktor sei, kann daraus nicht gezogen werden (vgl. Eisner, 1998). Deshalb ist eine Unterteilung der Bevölkerung in Schweizer und Nicht-Schweizer kriminologisch nicht sinnvoll. Strafrechtliche Auffälligkeit ist eher eine Folge von Integrationsproblemen. In diesem Zusammenhang wäre eine Unterscheidung in Zuwanderer und Rückkehrer sinnvoller. Wie wir feststellen konnten, stehen Jugendliche von Schweizer Rückkehrern vor denselben Integrationsproblemen wie Jugendliche ausländischer Zuwanderer (vgl. Tabelle 10). Ein Viertel der delinquenten Migrantenjugendlichen waren Rückkehrerjugendliche, deren Eltern nach einer längeren Aufenthaltsdauer in einem fremden Land in die Schweiz zurückgekehrt waren. Daher verzichten wir auf den Begriff Ausländerkriminalität. Im Übrigen spielt bei rechtsextremen und fremdenfeindlichen Jugendlichen die Unterscheidung zwischen in- und ausländischen keine ausschlaggebende Rolle. Äussere Merkmale (wie zum Beispiel Haar-/Hautfarbe, Bekleidung, religiöse Attribute, sprachlicher Akzent) entschieden, wer fremd oder einheimisch ist.

Tabelle 10: Zahl jugendlicher Delinquenter nach Geburtsort und Art des Wohnortswechsels

	Geburtsort		
	Schweiz	Ausland	Total
Art des Wohnortswechsels			
Keiner	37	1	38
Lokal	16	1	17
Regional	17	4	21
National	7	25	32
Keine Angabe	20	14	34
Total	97	45	142

2.5.10 Haushaltszusammensetzung

vgl. entsprechende Rohdaten im Anhang Tabelle 37.

Die meisten der Jugendlichen (45,8%) leben in Zweielternfamilien. Gefolgt von den alleinerziehenden Müttern (20.4%) und den alleinerziehenden Vätern (7,7%). Eine Minderheit (6.3%) ist in Institutionen (vor allem Wohnheimen) untergebracht.

Jugendliche aus Haushalten alleinerziehender Mütter sind bei physischen Gewaltdelikten leicht übervertreten (30%). Bei Eigentumsdelikten sind sie entsprechend ihrem Anteil an der Gesamtkriminalität und bei psychischen fast nicht und bei sexuellen Delikten überhaupt nicht vertreten. In allen Formen von Gewaltdelikten sind Jugendliche aus Zweielternfamilien stets übervertreten – gemessen an ihrem Anteil an der Gesamtbevölkerung. Deshalb vertreten wir die Hypothese, dass die Familienzusammensetzung kein konsistenter Indikator ist für ungesetzliches Gewalthandeln. Dagegen konnten wir in unserer Untersuchung feststellen, dass Familiengrösse und Anzahl der Geschwister Risikofaktoren für Gewalthandeln im Jugendalter sind.

Tabelle 11: Anzahl jugendlicher Delinquenter nach Haushaltsform und Deliktsgruppe

	Jugendlicher lebt mit/in						
	Vater u. Mutter	Vater allein	Mutter allein	Institution	Sonstiges	K.A.	Total
Deliktsgruppe							
Eigentumsdelikte	22	7	12	5	3	12	61
Physische Gewalt	18	1	9	--	--	2	30
Psychische Gewalt	6	--	2	1	--	4	13
Sexuelle Gewalt	5	--	--	--	--	--	5
Übrige Delikte	3	--	--	--	--	--	3
Keine Angabe	12	3	7	3	2	3	30
Total	66	11	30	9	5	21	142

2.5.11 Zivilstand der Eltern

Verschiedenen Zivilstandstypen bei Alleinerziehenden (geschieden, unverheiratet, verwitwet) schlagen sich in verschiedenen Bedürfnis-Konstellationen nieder. Dass Alleinerziehende in Bezug auf Gewalt gegen Personen leicht übervertreten sind, sollte nicht zu stark gewichtet werden. Man sollte das Augenmerk auf die Familie als Ganzes, wie sie sich unabhängig von der Familienform zusammensetzt richten. Entscheidend ist, dass Familienkonflikte auf das Gewalthandeln Jugendlicher beträchtlichen Einfluss haben. Risikofaktoren für Gewalthandeln sind Familiengrösse und Anzahl der Geschwister.

Tabelle 12: Anzahl und Anteil (in Prozent) jugendlicher Delinquenter nach Zivilstand der Eltern

Zivilstand der Eltern	Anzahl jugendlicher Delinquenter	Anteil jugendlicher Delinquenter
Unverheiratet	17	12,0%
Verheiratet	64	45,1%
Geschieden	20	14,1%
Getrennt	9	6,3%
Verwitwet	7	4,9%
Sonstiges	3	2,1%
Keine Angabe	22	15,5%
Total	142	100,0%

2.5.12 Geschwister, inklusive Halbgeschwister

Gut die Hälfte der delinquenten Jugendlichen wächst in Haushalten auf mit zwei und mehr Geschwistern. Wir stellen fest, dass nur ein Drittel der straffälligen Jugendlichen mit einem Geschwister oder ohne Geschwister aufwachsen. Daraus ist ersichtlich, dass die Wettbewerbssituation um Aufmerksamkeit der Eltern, um materielle und immaterielle Zuwendungen zwischen den Geschwistern auf die Sozialisation des Jugendlichen grossen Einfluss hat. In der Regel ist das Zusammentreffen mehrerer Faktoren wie geringes Familieneinkommen, prekäres Wohnumfeld und kinderreiche Familie notwendig, um das Gewalthandeln im Jugendalter zu erklären (vgl.: Farrington, 1997).

Tabelle 13: Anzahl und Anteil (in Prozent) jugendlicher Delinquenter nach Anzahl Geschwister

Anzahl Geschwister	Anzahl jugendlicher Delinquenter	Anteil jugendlicher Delinquenter
Ein Geschwister	27	19,0%
Zwei Geschwister	32	22,5%
Drei und mehr Geschwister	36	25,4%
Keine Geschwister	18	12,7%
Keine Angabe	29	20,4%
Total	142	100,0%

Bei den Delikten physischer Gewalt ist die Kategorie der "Drei und mehr Geschwister" übervertreten; meist ist der kulturelle Hintergrund und die Klassenzugehörigkeit mitunter bedeutend, welche sexualisierte Verhaltensmuster verfestigen und schlussendlich den Lebenskontext gewalttätiger Jugendlicher bilden. Dasselbe gilt im Bereich der psychischen Gewalt. Die biographischen Hintergründe sind hier näher mit qualitativen Mitteln zu untersuchen. Wir konnten jedoch keinen direkten Einfluss der Komponente Anzahl Geschwister bei den Eigentums- und Vermögensdelikten feststellen.

Tabelle 14: Anzahl jugendlicher Delinquenter nach Anzahl der Geschwister und Deliktsgruppe

	Anzahl Geschwister					
	Eins	Zwei	Drei +	Keine	K.A.	Total
Deliktsgruppe						
Eigentumsdelikte	13	11	14	8	15	61
Physische Gewalt	4	7	11	6	2	30
Psychische Gewalt	1	1	5	2	4	13
Sexuelle Gewalt	2	3	--	--	--	5
Übrige Delikte	2	--	--	1	--	3
Keine Angabe	6	10	5	3	6	30
Total	28	32	35	20	27	142

2.5.13 Staatsangehörigkeit

vgl. entsprechende Rohdaten im Anhang Tabelle 38.

In Bezug auf die Variable "Staatsangehörigkeit" lassen sich zwei grosse Gruppen jugendlicher Delinquenten unterscheiden: Schweizer (38%) und Angehörige der bedeutendsten Ausländergruppen (Italien, Serbien-Montenegro, Türkei).
Bei Delikten der physischen Gewalt sind Schweizer (19%) deutlich untervertreten, während drei Ausländergruppen "Türkei" (26%), "Serbien-Montenegro" (15%) und "Mazedonien" (11%) stark übervertreten sind. Die meisten dieser Fälle fanden an immer denselben Deliktsorten statt (Schularealen bestimmter Weiterbildungsschulen). Man spricht in der Delinquenzforschung von so genannten Knotenpunkten ("Nodal Points"), welche durch ganz bestimmte Merkmale gekennzeichnet sind (Nähe Musikladen, Einkaufspassagen, Fahrrad-/ Mofakeller der Schule) (vgl.: Brantingham & Brantingham, 1982).
Bei den Eigentums- und Vermögensdelikten kehrt sich dieses Verhältnis um. Schweizer sind übervertreten (51%) und die restlichen

49% verteilen sich auf alle Ausländergruppen (entsprechend ihrem Anteil an der Bevölkerung). Wir meinen, es wäre im Weiteren folgende Hypothese zu überprüfen: Eigentums- und Vermögensdelikte sind vor allem klassenbedingt, während Gewaltdelikte vor allem kulturell überformt sind.

Tabelle 15: Anzahl jugendlicher Delinquenter nach Staatsangehörigkeit und Deliktsgruppe

	Staatsangehörigkeit						
	Schweiz	Italien	Serbien-Montenegro	Mazedonien	Türkei --	Sonstige	Total
Deliktsgruppe							
Eigentumsdelikte	31	2	4	4	8	12	61
Physische Gewalt	5	2	6	3	8	6	30
Psychische Gewalt	2	2	--	1	3	5	13
Sexuelle Gewalt	4	1	--	--	--	--	5
Übrige Gewalt	1	--	--	--	--	2	3
Keine Angabe	9	6	3	--	2	10	30
Total	52	13	13	8	21	34	142

2.5.14 Taschengeld

Bei zwei Dritteln der Jugendlichen ist das Taschengeld institutionalisiert, während ein Drittel je nach Bedarf (in unserer Stichprobe schwankt die wöchentliche Taschengeldhöhe zwischen 10 Franken und 100 Franken) Taschengeld bekommt. Wobei es vor allem bei InländerInnen institutionalisiert ist und bei AusländerInnen eher "nach Bedarf", für den Ausgang oder die Zwischenverpflegung der Fall ist.

Tabelle 16: Anzahl und Anteil (in Prozent) jugendlicher Delinquenter nach Verfügung von Taschengeld

Verfügung von Taschengeld	**Anzahl jugendlicher Delinquenter**	**Anteil jugendlicher Delinquenter**
Ja	69	48,6%
Fallweise	31	21,8%
Nein	3	2,1%
Keine Angabe	39	27,5%
Total	142	100,0%

Wir konnten feststellen, dass für Delikte physischer Gewalt sowie Eigentums- und Vermögensdelikte die Verfügbarkeit von Taschengeld nicht ausschlaggebend ist. Es ist sogar auffällig, dass gerade diejenigen mit Taschengeld mehr Eigentums- und Vermögensdelikte begehen, dieses könnte als deviantes Verhalten im Sinne von Statuskriminalität (bzw. Bereicherungskriminalität) gedeutet werden.

Tabelle 17: Anzahl jugendlicher Delinquenter nach Verfügbarkeit von Taschengeld und Deliktsgruppe

	Verfügbarkeit von Taschengeld				
	Ja	Fallweise	Nein	K.A.	Total
Deliktsgruppe					
Eigentums- /Vermögensdelikte	30	11	2	18	61
Delikte physischer Gewalt	15	12	--	3	30
Delikte psychischer Gewalt	5	4	--	4	13
Delikte der Sexualgewalt	5	--	--	--	5
Übrige Gewalt	2	--	--	1	3
Keine Angabe	12	4	1	13	30
Total	69	31	3	39	142

2.5.15 Freizeitaktivitäten

Überwiegend verbringen delinquente Jugendliche ihre Freizeit in festen Gruppengefügen. Nur knapp ein Fünftel verbringt ihre Freizeit alleine, und dies auch nicht unbedingt freiwillig, handelt es sich in diesen Fällen leider meist um solche, die nicht in einer Gruppe aufgenommen wurden und als Aussenseiter vermehrten Angriffen ausgesetzt sind. In diesem Zusammenhang stellt sich im Vergleich mit der Variable "Täterschaft" folgende interessante, hier jedoch nicht beantwortbare Frage: Ist der Grund, dass man sich delinquent verhält, der, dass man sich in einer Gruppe mit Vorliebe für delinquente Aktivitäten aufhält, oder ist man delinquent, weil man sich mit delinquenten Jugendlichen aufhält und der Druck der Peers Überhand nimmt?

Tabelle 18: Anzahl und Anteil (in Prozent) jugendlicher Delinquenter nach Typ des Verbringens der Freizeit

Verbringt Freizeit meist	Anzahl jugendlicher Delinquenter	Anteil jugendlicher Delinquenter
Allein	24	16,9%
Dyade	14	9,9%
Gruppe	66	46,5%
Weiss nicht	1	0,7%
Keine Antwort	37	26,1%
Total	142	100%

Weiter ist zu beobachten, dass bei Eigentums- und Vermögensdelikten die Gruppe nicht so eine gewichtige Rolle spielt (vgl. entsprechende Rohdaten im Anhang Tabelle 39).

2.5.16 Beruf des Vaters

vgl. entsprechende Rohdaten im Anhang Tabelle 40.

Die meisten Untersuchungen, die sich auf Informationen der registrierten Delinquenz stützen, zeigen eine starke Korrelation zwischen

Sozialschicht und delinquentem Verhalten. Diese Feststellung gilt auch für unsere Untersuchung. Als Grundlage für die Schätzung des sozialen Status der Eltern (des Vaters beziehungsweise der Mutter) diente uns deren berufliche Stellung. Am häufigsten kommen delinquente Jugendliche aus Angestelltenfamilien (30%) und Arbeiterfamilien (28%). Damit sind die Arbeiterinnen und Arbeiter im Verhältnis zu ihrer demografischen Bedeutung deutlich übervertreten. Personen mit IV-Renten (9%) stammen zudem zum grössten Teil aus Berufen mit geringen Qualifikationsanforderungen. Sie sind meist infolge eines Arbeitsunfalls, einer Berufskrankheit oder permanenter Arbeitsüberlastung erwerbsunfähig geworden. Wir haben den Eindruck, dass sich hier insbesondere kultur- und klassenspezifische Faktoren gegenseitig beeinflussen. Wie aus den Akten weiter hervorgeht, sind Väter aus den unteren Gesellschaftsklassen oft aus den Regionen des südöstlichen Mittelmeers (Serbien-Montenegro, Mazedonien, Türkei) zugewandert.

Bei den Delikten physischer und psychischer Gewalt sind die Arbeiter stark übervertreten (42%). Der Grund liegt im Zusammentreffen spezifischer Kultur- und Klassenfaktoren, die Praktiken des Gewalthandelns fördern. Nach dem Erklärungsansatz von James Messerschmidt (1993) tendieren gerade männliche Jugendliche aus niedrigen Sozialschichten und zugewanderten Minderheiten zu gewalttätigen Handlungen, weil diese ihnen die Möglichkeit bieten, ihr Mann-Sein zu demonstrieren. Andere Wege, Männlichkeit zu beweisen, sind für sie oft kaum vorhanden, weil die materiellen, sozialen und kulturellen Ressourcen dazu fehlen.

Eigentums- und Vermögensdelikte werden hingegen eher von Jugendlichen begangen, deren Vater Angestellter oder Selbständigerwerbender ist (39%). Hier hat das Delikt teilweise den Charakter von Bereicherungskriminalität: es geht dabei um den Erwerb von Luxus und Besitz.

Tabelle 19: Anzahl jugendlicher Delinquenter nach Berufsstellung des Vaters und Deliktsgruppe

	Berufsstellung des Vaters									
	1*	2*	3*	4*	5*	6*	7*	W.N.	K.A.	Total
Deliktsgruppe										
Eigentumsdelikte	6	7	15	7	2	2	--	--	22	61
Delikte physischer Gewalt	1	1	6	7	--	7	--	--	8	30
Delikte psychischer Gewalt	--	--	4	2	1	1	--	--	5	13
Delikte sexueller Gewalt	1	--	3	1	--	--	--	--	--	5
Übrige Delikte	--	1	2	--	--	--	--	--	--	3
Keine Angabe	3	1	5	4	2	3	1	1	10	30
Total	11	10	35	21	5	13	1	1	45	142

*1=Selbständigerwerbende, 2=Höhere Angestellte, 3=Angestellte, 4=Arbeiter, 5=Hilfsarbeiter, 6=IV-Rentner, 7=Sonstiges

2.5.17 Beruf der Mutter

vgl. entsprechende Rohdaten im Anhang Tabelle 41.

Die meisten delinquenten Jugendlichen kommen aus Haushaltungen, in denen ihre Mutter entweder "einfache" Angestellte (29%) oder Hausfrauen (25%) sind. Damit bestätigt sich das Bild, das durch die Berufsstellung des Vaters repräsentiert wird.

2.5.18 Gesetzlicher Vertreter

vgl. entsprechende Rohdaten im Anhang Tabelle 42.

Hier ist der Hinweis angebracht, dass die Variablen "Gesetzlicher Vertreter", "Haushaltszusammensetzung" und "Zivilstand Eltern" in Verbindung zueinander interpretiert werden müssen. Fast die Hälfte der Jugendlichen (48%) hat als gesetzlichen Vertreter ihre beiden Elternteile und etwa ein Drittel wird von einem Elternteil – entweder von ihrer Mutter (21%) oder ihrem Vater (8%) – allein (vorwiegend aufgrund von Ehescheidungen und Verwaisungen durch Krieg) vertreten.

Bei Delikten physischer Gewalt sind Jugendliche aus Zweielternfamilien massiv übervertreten (60%). Dennoch sind Gewaltpraktiken hier nicht ungewöhnlich: eine Kultur der Gewalt ist vor allem in Familien unterer Gesellschaftsklassen und der Zuwanderer aus armen Regionen der Welt des Mittelmeers vorherrschend. Scheidung und Trennung im Fall von Konflikten zwischen den Ehepartnern sind hier eher die Ausnahme. Während Jugendliche aus Zweielternfamilien bei den Eigentums- und Vermögensdelikten untervertreten sind (36%), sind die Jugendlichen aus Einelternfamilien – unabhängig davon, ob es sich um eine alleinerziehende Mutter oder um einen alleinerziehenden Vater handelt – in Vermögensdelikten stark involviert (38%), was möglicherweise das Ergebnis des Ausgeliefertseins an psychischen und sozialen Deprivationsprozessen ist.

Tabelle 20: Anzahl jugendlicher Delinquenter nach gesetzlichem Vertreter und Deliktsgruppe

	Gesetzlicher Vertreter						
	Eltern	Vater	Mutter	Vormund	Sonstige	K.A.	Total
Deliktsgruppe							
Eigentumsdelikte	22	8	15	3		13	61
Physische Gewalt	18	1	6	2	1	2	30
Psychische Gewalt	7	--	1	--	1	4	13
Sexuelle Gewalt	5	--	--	--	--	--	5
Übrige Gewalt	2	1	--	--	--	--	3
Keine Angabe	14	2	9	--	--	5	30
Total	68	12	31	5	2	24	142

3 Interviews mit delinquenten Jugendlichen

(Olivier Steiner)

"Am I normal?"
(Havighurst (1950))

"Die Wunde, das geht zurück. Aber das im Kopf, das hat man für immer."
(Jasmina)

3.1 Ablauf der Erhebung

Von den 142 für die quantitative Analyse (Kap. 2) bei der Jugendanwaltschaft Basel erhobenen Delinquenten wählten wir 48 Jugendliche, gegen die ein Strafverfahren wegen Gewalt gegen Personen, eines Deliktes gegen die Freiheit oder Verletzung der Sittlichkeit eingeleitet worden war, für den qualitativen Teil der Studie aus. Aufgrund der Bestimmungen des Datenschutzgesetzes (DSG) wurden die Jugendlichen mit einem Brief von der Jugendanwaltschaft angeschrieben, dem ein vom Forschungsteam verfasster Aufruf zur freiwilligen Teilnahme an einem Interview beilag.
Angesichts der bekannten geringen Bereitschaft gewaltaffiner und von Institutionen sanktionierter Jugendlicher zur Teilnahme an wissenschaftlichen Studien überraschte die hohe Rücklaufquote von annähernd 29%. 14 Jugendliche erklärten sich in schriftlicher wie mündlicher Form zur Teilnahme an einem Interview bereit. Ein Jugendlicher zog seine Zusage nachträglich zurück, d.h., wir führten im Zeitraum von April bis Mai 2003 schliesslich 13 biographisch-narrative, leitfadengestützte Interviews von ca. 1-1½ Stunden Dauer.[7] Das Sample bestand aus 10 männlichen und 3 weiblichen Jugendlichen. Die

[7] Wir haben auf die Darstellung eines Interviews verzichtet, da in diesem Fall offensichtlich weder eine Verurteilung durch die Jugendanwaltschaft, noch die Deliktform 'Gewalt gegen Personen und/oder Sachen' vorlag.

Interviews wurden elektronisch aufgezeichnet und nachfolgend wörtlich transkribiert. Die dialektale Sprache übersetzten wir sinnentsprechend auf Hochdeutsch. Es wurden ferner keine spezifischen Transkriptionsregeln befolgt, da diese für die Anwendung der ausgewählten Interpretationsmethoden nicht erforderlich waren.
In mehreren Sitzungen des Forschungsteams wurden die Interviews zunächst offen kodiert. Die transkribierten Gespräche analysierten wir mit dem an der Technischen Universität Berlin entwickelten Computerprogramm ATLAS.ti, welches eigens für die qualitative Analyse geschaffen wurde. ATLAS.ti hat es ermöglicht, mit der Methode der Grounded Theory flexibel und umfassend Fallstrukturdarstellungen zu erarbeiten. In einem weiteren Schritt nahmen wir vertiefte Fallinterpretationen mit der Methode der hermeneutischen Wissenssoziologie vor.

3.2 Methodologie und Methoden

Die genuin sozialwissenschaftliche Fragestellung des qualitativen Teils der Studie erfordert Methoden, die der angestrebten differenzierten Beschreibung des Gegenstandes angemessen sind. Zwei Methoden zur Analyse des transkribierten Interviewmaterials erwiesen sich als geeignet, zugleich verstehensorientiert die Biographien der Jugendlichen nachzuzeichnen und die soziologische Interpretation individueller Repräsentationen anzugehen: Grounded Theory und die Methode der hermeneutischen Wissenssoziologie. Im Verlauf der ersten Analysen zeigte sich, dass eine Methodentriangulation hinsichtlich der Anforderungen des Gegenstandes Sinn macht. Die Adaption der Methode an den konkreten Forschungsgegenstand hatten schon die Begründer der Grounded Theory, Anselm Strauss und Barney Glaser, nahe gelegt (Flick, 2000: 484). Die Grounded Theory als mittlerweile breit rezipierte Analysemethode qualitativ erhobenen Datenmaterials eignet sich ausgezeichnet, einen Forschungsgegenstand hinsichtlich der zentralen Fragestellung zu strukturieren und den Interpretierenden dadurch die Orientierung in der Fülle des Materials zu erlauben. Strauss und Corbin (1996: 97) betonen die Bedeutung des

Identifizierens der 'Geschichte' des zu analysierenden Materials, und weiter die Wichtigkeit, den Roten Faden der je individuellen Geschichte zu beschreiben. Die Grounded Theory wurde für vorliegendes Forschungsprojekt vor allem zu letzterem Zweck eingesetzt.

Es hat sich gezeigt, dass für die makrotheoretisch angelegte Fragestellung (vgl. Kap. 1.1) die formallogisch begründeten Ansprüche der Methode, eine gegenstandsbezogene Theorie mittlerer Reichweite zu begründen, nicht genügen. Die Ergebnisdarstellung ist deshalb innerhalb jeder ausführlichen Falldarstellung in zwei Interpretationsschritte aufgespalten. Die präsentierte Interpretation eines Falles beginnt mit anhand der Grounded Theory erarbeiteten Fallstrukturdarstellungen. Diese Darstellungen der Fallstruktur wurden über die Schritte des offenen und – einer modifizierten Form des – axialen Kodierens der Interviewtranskripte entwickelt. Ziel dieses Interpretationsschrittes war es, die von den Jugendlichen vorgestellten *Repräsentationen* ihres vergangenen, aktuellen sowie antizipiert zukünftigen Handelns in noch möglichst wenig interpretierender Form wiederzugeben, um die *erzählte* Geschichte intersubjektiv nachvollziehbar zu machen. Die einzelnen Verfahrensschritte der Grounded Theory brauchen an dieser Stelle nicht näher beschrieben zu werden, Literatur dazu existiert zur Genüge (vgl. z.B.: Lamnek, 1995: 111ff.).
An die Darstellung der Fallstruktur schliesst jeweils eine vertiefte Interpretation ausgewählter Transkript-Sequenzen in Anwendung der noch relativ jungen Methode der hermeneutischen Wissenssoziologie an. Diese Methode beruht auf der phänomenologisch orientierten Tradition der Wissenssoziologie, die im deutschen Sprachraum insbesondere durch die Veröffentlichung des Werkes 'Die gesellschaftliche Konstruktion der Wirklichkeit' von Peter L. Berger und Thomas Luckmann (1996) grosse Beachtung gefunden hat. Die Theorie der Wissenssoziologie geht davon aus, dass Individuen gesellschaftliche Wirklichkeit über intersubjektiv ausgehandelte, symbolisch vermittelte Kommunikationen konstruieren (vgl. auch: Schütz, 2003). Gesellschaft als "objektive Wirklichkeit" strukturiert mittels Normen und Institutionen den Wissenshintergrund der Alltagswelt, wobei Berger

und Luckmann betonen, dass "die Beziehung zwischen dem Menschen als dem Hervorbringer und der gesellschaftlichen Welt als seiner Hervorbringung dialektisch ist und bleibt" (Berger & Luckmann, 1996: 65). Hermeneutische Wissenssoziologie strebt als praktische Konsequenz des wissenssoziologischen Ansatzes eine "Reform" sozialwissenschaftlichen Denkens an, die mit der Aufklärung der "eigenen Praxis" anfangen solle (Hitzler, 1999: 11).[8] "Hermeneutische Wissenssoziologie lässt sich dementsprechend auch begreifen als methodisch eingesetzte Skepsis gegenüber >positivem Wissen<, denn sie zielt ab auf die Erkenntnis der Konstitutionsbedingungen von Wirklichkeit und damit auf die Entzauberung gesellschaftlicher Wirklichkeitskonstruktionen." (ebd.)
Im Zentrum der wissenssoziologisch hermeneutischen Analyse stehen die bereits in der Interviewsituation typisierten egologisch-monothetischen Sinnkonstruktionen des Individuums, die in der Folge im Interpretationsprozess polythetisch 'gebrochen' werden, um schliesslich das 'Gesellschaftliche' der Sinnkonstruktionen von Individuen sichtbar werden zu lassen (Schröer, 1994: 46). Polythetische Sinnrekonstruktion soll heissen, die Fähigkeit alltäglich Interagierender zur "wechselseitigen multiplen Perspektivübernahme" methodisch einzusetzen, um dadurch das spezifische Handlungs- und Sinnsystem der jeweiligen Interaktionskonfiguration zu rekonstruieren (ebd.: 47). Die Analyse soll jedoch nicht bei der Rekonstruktion der den Handelnden als subjektiv angebbar unterstellten Motive stehen bleiben, sondern – diese überschreitend – die "Rekonstruktion des historisch geprägten und den Handelnden verbindlich vorgegebenen handlungstypspezifischen Orientierungsrahmens, in dem der 'subjektiv gemeinte Sinn' eingelassen ... ist" anstreben (ebd.: 76).

Es ist zu vermuten, dass nicht ein letzter Orientierungsrahmen identifizierbar sei, der die Gesellschaft *pro toto* in ihrem Sinnzusammenhang repräsentierte, sondern diverse solcher Rahmen (vgl.: Goffman, 1980)

---

[8] "Die Analyse der fremden Erfahrung muss immer mit der Analyse der eigenen Erfahrung verknüpft sein." (Erdheim, 1984: 27)

gesellschaftliches Hintergrundwissen sowie personales Handeln strukturieren. Schütz (2003: 206) hat dafür den Begriff der 'Sinngebiete' eingeführt und damit die Idee der Existenz verschiedener geschlossener kognitiver Stile verknüpft (vgl. Kap. 3.3) Innerhalb dieser Sinngebiete vermutet Schütz, sind alle Erfahrungen hinsichtlich des jeweiligen kognitiven Stils in sich konsistent und miteinander kompatibel, nicht jedoch zwingend zu anderen Sinngebieten: "Im Gegenteil, von (dem Sinngebiet, Anm. OS) P aus gesehen, die als wirklich unterstellt wird, würden Q und alle zu ihr gehörigen Erfahrungen als lediglich fiktiv, inkonsistent und inkompatibel erscheinen und umgekehrt."[9] (ebd.: 209) Die Analyse der Interviews versucht, ein solches Sinngebiet zu identifizieren und Regeln, bzw. Normen zu beschreiben, die diese "Quasi-Wirklichkeiten" (ebd.: 210) in sich konsistent und deshalb als sinnvoll, d.h. für das Bewusstsein 'bewohnbar' erscheinen lassen. Mit der Beschreibung eines Sinngebietes der Gewalt soll die besondere, mehr oder weniger geschlossene Konstitution von Regeln, Werten, Erleben und Verhalten in der Gewalt als gesellschaftlich vermittelte Realität erschlossen werden. Die subjektive Adaption oder Internalisierung eines solchen Sinngebietes sichert schliesslich zugleich deren gesellschaftlichen Fortbestand. Dieser Ansatz gestattet einen methodischen Zugang zur genuin sozialwissenschaftlichen Fragestellung nach der Dialektik zwischen individuellem Handeln und gesellschaftlicher Struktur.

Die Ergebnisdarstellung verzichtet auf die Bildung von Idealtypen zugunsten einer Diskussion der Daten unter den beiden makrotheoretischen Gesichtspunkten Inklusion und Identität. Ich will an dieser Stelle nur darauf verweisen, dass der Identitätsbegriff auf 'subjektive' Wirklichkeit abzielt, wo Inklusion auf 'objektive' Gesellschaftsstruktur bezogen ist. Inklusion beschreibt das Ansprechen des Identifizierten (vgl.: Luhmann, 1994), Identifikation, d.h. Identität, entsteht durch Interaktion. Es handelt sich um die fundamentale Dialektik menschli-

---

9 Wobei wir vermuten müssen, dass gerade die gleichzeitige Internalisierung und 'Ausübung' verschiedener Sinngebiete zu Überschneidungen, resp. auch Konflikten und Ambivalenzen führt.

cher Existenz: "Gesellschaft hat Geschichte, in deren Verlauf eine spezifische Identität entsteht. Diese Geschichte jedoch machen Menschen mit spezifischer Identität." (Berger & Luckmann, 1996: 185) In Anbetracht der theoretischen Prämissen und der der Studie zugrundeliegenden Fragestellung werden die 'Fälle' also nicht typisiert, sondern unter spezifischen theoretischen Zugängen analysiert.

3.3 Gewalt als Sinngebiet: Theoretische Grundlagen zu den qualitativen Interviews

Im folgenden Kapitel werden die theoretischen Grundlagen zu der von Alfred Schütz formulierten Begrifflichkeit des 'Sinngebietes' kurz skizziert, darauf aufbauend nehmen wir die Interpretation und theoretische Einbettung der qualitativen Interviews vor.

Die Welt des täglichen Lebens, des im 'hellwachen' Zustand eines erwachsenen Menschen erfahrenen Daseins, bezeichnet der phänomenologische Denkansatz als Alltagswelt. Diese Alltagswelt ist das Sinngebiet[10] von höchster pragmatischer Relevanz. Im Sinngebiet der Alltagswelt wird über Intersubjektivität und physikalischer Erfahrung Verhalten und Handlung hervorgebracht, konstituiert sich erst 'Wirken' und Wirklichkeit. Alfred Schütz behauptet im Anschluss an William James die Existenz von weiteren Sinngebieten, die aufgrund ihrer besonderen Spezifik und Kohärenz in Unterscheidung von anderen Sinngebieten als *geschlossene* Sinngebiete bezeichnet werden. Alle Erfahrungen, die in einem geschlossenen Sinngebiet gemacht werden, weisen nach Schütz einen besonderen Erlebnis- bzw. Erkenntnisstil auf (Schütz & Luckmann, 2003: 55). Zwar können zwischen einzelnen Erfahrungen in einem geschlossenen Sinngebiet Unverträglichkeiten und Ambivalenzen auftreten, dennoch bleiben diese immer auf den vorherrschenden Erkenntnisstil bezogen und vermögen nicht die

[10] Schütz hat erstmals 1945 in "On multiple Realities" von 'Sinnprovinzen' gesprochen (Schütz, 2003: 177). In "Strukturen der Lebenswelt" verwendet Schütz nur noch die Begriffe 'Sinngebiete' und 'Sinnbereiche' bedeutungskongruent (Schütz & Luckmann, 2003: 54ff.).

sinnhafte Konsistenz des jeweiligen Gebietes in Zweifel zu ziehen. Inkonsistenzen, die Zweifel an der Kohärenz eines Sinngebietes aufkommen lassen, können nur im Vergleich zwischen solchen festgestellt werden.

Beispielhaft zählt Schütz zu Sinngebieten die alltägliche Lebenswelt, die Welt des Traumes, die Welt der Wissenschaft und die Welt religiöser Erfahrung. Jede dieser Welten oder Sinngebiete beruhen auf der Einheitlichkeit der ihr eigenen Erlebnis- bzw. Erkenntnisstile. Mit Bezug auf Kierkegaard beschreibt Schütz (2003: 209) den Übergang des Bewusstseins von einem Sinngebiet in ein anderes als "Sprung", eine Art von Schock, welcher eine radikale Modifizierung der Bewusstseinsspannung beinhaltet. Die Schockerfahrungen sind nach Schütz zahlreich an jedem Tage vom Menschen zu bewältigen, diese jedoch oft so eingeübt, dass sie kaum wahrnehmbar bleiben. Die Sinngebiete kennzeichnen sich schliesslich durch eine besondere Form der "Epoché" (Schütz & Luckmann, 2003: 59), was heisst, dass im Durchleben eines Sinngebietes jeglicher Zweifel an der Möglichkeit, dass die Welt und ihre Objekte anders sein könnten, als sie gerade erscheinen, suspendiert würde.

Die Analyse der Interviews in Kapitel 3.4 und folgende mündet in den Versuch, die Gewalthandlungen und Repräsentationen dieser in der Interviewsituation als Teil eines Sinngebietes der Gewalt zu begreifen. Sie stellt den Versuch dar, die individuellen Repräsentationen in einem wissenssoziologisch-theoretischen Rahmen zu beleuchten, um schliesslich die gesellschaftlich fundierte Wissensstruktur der Gewalt freizulegen. Es ist der Versuch, Jugend als Widerspiegelung von Gesellschaft und zugleich ihre "Konstruktion von Wirklichkeit" zu begreifen, wie es Hartmut Griese (2000: 19) formuliert hat. Im Folgenden werden einige grundlegende Fragen im Anschluss an die von Schütz beschriebenen Dimensionen der Erlebnis- und Erkenntnisstile von Sinngebieten gestellt.

a) Eine spezifische Spannung des Bewusstseins: Handeln (Geplantes Wirken) ist mit der höchsten Bewusstseinsspannung verbunden (Schütz & Luckmann, 2003: 58). Die Frage ist, mit welcher Art von Bewusstseinsspannung oder Form der Spontaneität im Sinngebiet Gewalt die Anwendung physischer Gewalt erfolgt.
b) Eine besondere Epoché: Das in einem Sinngebiet agierende Individuum klammert die Existenz der anderen Sinngebiete aus, d.h., in der Repräsentation des Individuums erscheint das Sinngebiet als einzigartig. Wie stellt sich die besondere Epoché des Sinngebiets der Gewalt subjektiv und intersubjektiv her?
c) Eine spezifische Form der Sozialität: Verschiedene Formen können auftreten, von der Einsamkeit bis hin zu der Konstitution von intersubjektiven Lebenswelten. Hier stellt sich die Frage, welche Formen der Sozialität und darauf bezogene Werte und Normen das Sinngebiet der Gewalt beinhaltet.
d) Eine spezifische Form der Selbsterfahrung: Selbst- und fremdzugeschriebene Attribute, Rollenaspekte und Körperwahrnehmung können in verschiedenen Sinngebieten ganz unterschiedlich erlebt werden. Schütz (ebd.: 60) spricht das Beispiel des Erlebens der Totalität seiner selbst in der religiösen Erfahrung an. Wie gestaltet sich die körperliche Selbstwahrnehmung, Selbstidentifikation und -repräsentation (bis hin zu Rollen) im Sinngebiet der Gewalt?
e) Eine besondere Zeitperspektive: Traum, Alltagsleben, Zeit der Naturwissenschaft beinhalten differente Zeitstrukturen. Welche Form von Zeiterleben prägt das Sinngebiet Gewalt?

Die Interpretation der Interviews rekonstruiert insbesondere die spezifische Form von sinnhafter Sozialität, die über die Ausübung und sprachliche Verarbeitung von Gewalt geschaffen wird. Die sprachliche Rekonstruktion von Gewalttaten der Jugendlichen in der Interviewsituation lässt Schlüsse über intersubjektiv geteilte Deutungsmuster zu. Der Versuch der Analyse besteht schliesslich darin, diese Deutungsmuster als Konglomerat eines gesellschaftlich vermittelten Sinngebietes der Gewalt zu beschreiben.

Nehmen wir die Existenz eines Sinngebietes der Gewalt im Schützschen Sinne an, stellt aus der Perspektive dieses Sinngebietes die Schilderung einer Gewalthandlung mit "*dann geht man helfen, das ist fast normal*" eine dem Erkenntnisstil dieses Sinngebietes entsprechende, *sinnvolle* Äusserung dar. Die Normalität der Legitimationen des Sinngebietes Gewalt ist *intra muras* gegeben und kohärent. Erst die Perspektive der der institutionalisierten Ordnung zugrunde liegenden Alltagswelt mit den zugehörigen Konformitätserwartungen führt bei den befragten Jugendlichen zu Ambivalenzen bezüglich der Stimmigkeit des Sinngebiets Gewalt.
Deutlich wird dies zum Beispiel, wo unterschiedliche Bedeutungszuschreibungen für 'Respekt' formuliert werden (vgl. Kap. 3.4.10). Aber auch zwischen den Sinngebieten der Alltagswelt und jener der Gewalt finden die Jugendlichen nicht Halt an eindeutigen Dichotomien. David Matza und Gresham Sykes (1957: 667) betonen z.B. die Möglichkeit des Rückgriffs auf juristische Konventionen für jugendliche GewalttäterInnen, die deviante Handlung nicht als aktiv vollzogen anzusehen, sondern in 'mildernden Umständen' als durch höhere Gewalt bedingt zu begründen (mala prohibita). Alltagsweltliche Normalität ist nicht gewaltfrei und Gewalt ist nicht ohne Aspekte von alltagsweltlicher Normalität. Für eine Analyse von Jugendgewalt und zur Grundlegung präventiver Ansätze ist die Integration der Erkenntnis wichtig, dass das Sinngebiet der Gewalt *auch* Teil der Alltagswelt und der institutionalisierten Ordnung ist.[11] Die in Kapitel 3.5 beschriebenen Legitimationen, welche Gewaltanwendung rechtfertigen und anschlussfähig für Sinn halten, sind schliesslich sozial vermittelt: durch soziale Netzwerke, Institutionen und Medien. Die oftmals postulierte Dichotomie zwischen legitimer Ordnung und illegitimer Gewalt ist damit nicht aufrechtzuerhalten. Gewalt definiert sich eben nicht alleine dadurch, dass sie "den Bruch einer Ordnung" (Dubet, 2002: 1171) darstellt.

---

[11] Schütz hat auf die Möglichkeit hingewiesen, dass ein Sinngebiet eine 'Enklave' eines grösseren, umfassenden Sinngebietes sein kann. Dieser Ansatz wurde jedoch nicht weiterentwickelt (Schütz, 2003: 209).

3.4 Interviewanalysen: Gewalt und Inklusion

Im Folgenden werden die Ergebnisse des qualitativen Teils der Studie vorgestellt. Für die Ergebnisdarstellung sind sechs Interviews in ausführlicher Form präsentiert, die restlichen als zusammengefasste Falldarstellungen angeführt, wobei die für die Interpretation zentralen Aspekte hervorgehoben werden.[12] In diesem Kapitel werden die Interviews insbesondere auf die Fragestellung hin, wie sich für die Jugendlichen die Inklusionsthematik in Beziehung zum Sinngebiet der Gewalt darstellt, untersucht. Kapitel 3.6 nähert sich den Interviews unter Gesichtspunkten der Herstellung von Identität der befragten Jugendlichen an.

3.4.1 Alois[13]: "Dann geht man rein und dann fängt es an". Darstellung der Fallstruktur

a) Zentrales Phänomen: Gewaltdarstellung und präsentierte Erklärungsmuster

Der 19-jährige Jugendliche[14] Alois stellt sich gleich zu Beginn des Interviews als Anführer einer Gruppe von Jugendlichen dar, die, wie in späteren Sequenzen sich noch deutlicher herausstellt, als wiederholt deviant bezeichnet werden kann.

> Bei mir, also ich habe meistens mehr Mitläufer, also wir sind eine grössere Gruppe von Jugendlichen, finden, hey komm, wir machen dies und das. Und dann fängt einer an, Scheiss zu machen und dann ist es passiert. Dann kommt die Polizei und so, dann geht es relativ schnell.

---

12 Ich danke Michael Hensle für die wertvolle Mitarbeit an einigen Falldarstellungen.

13 Die Namen der Jugendlichen sind geändert.

14 Nicht die Mündigkeit beschliesst die Jugendphase sondern ein Konglomerat aus Statusübergängen, dessen Zeitlichkeit im Lebensverlauf - Stichwort 'verlängertes Jugendmoratorium' - im 20. Jahrhundert eine markante Verschiebung erfahren hat (vgl.: Havighurst, 1950).

Der Jugendliche hat gewalttätige Handlungen in "*grösseren Gruppen*"[15] vollzogen und schildert die Taten als Geschehnisse, welchen eine Art eigenlogische Mechanik innewohnt. Die Abfolge, von der allgemeinen Absicht "*dies und das*" zu machen über den "*Scheiss*", welches ein Gruppenmitglied macht, bis dass "*es passiert*" und die Polizei kommt, erscheint – auch an anderen Stellen des Interviews – wie eine Kette von unvermeidlichen Ereignissen. Alois gibt in der obigen Passage keine Auskunft darüber, *weshalb* die Jugendlichen gewalttätig werden, sondern schildert die Aktionen in einer passiven Haltung im Sinne von "*es passiert*" einfach.

> Aber sonst, Sachen kaputt gemacht, vandaliert und so Zeug. Und sonst, Schlägereien habe ich eigentlich immer probiert zu schlichten, ich wollte eigentlich nie gross Schlägern, aber man kommt dann auch, wenn ein Kollege mal reinkommt, ein grösserer ihn packt, weiss nicht, dann geht man helfen, das ist fast normal, dann geht man rein und dann fängt es an. So hat es bei mir meistens angefangen.

Alois erwähnt hier die verschiedenen Arten von Gewaltausübung seiner Gruppe: Vandalismus und Schlägereien. Er betont, dass er immer versucht habe, die Anwendung physischer Gewalt zu verhindern, aber aus Gründen solidarischer Hilfe mit im Kampf unterlegenen Jugendlichen aus seiner Peer-Gruppe schliesslich doch gewalttätig wurde. Zur Frage des Tatortes gibt der Jugendliche an, Schlägereien hätten an verschiedenen Orten der Stadt stattgefunden und seien mehr "*spontan*" als geplant gewesen. Im Verlauf des Interviews gibt Alois schliesslich noch einen weiteren Grund für sein gewalttätiges Verhalten an:

> Ja, ich meine einfach, es ist mehr die Reaktion der Leute uns gegenüber. Man sieht so Junge, ah, die machen Scheiss so in Anführungszeichen, es sind die Jungen, ja die machen Scheiss, die sind frech und dies und das, das sind viel Vorurteile, weil nicht jeder ist gleich. Es ist dann mehr

[15] Im Text angeführte Interviewzitate sind immer in Anführungszeichen und kursiv gesetzt.

> die Reaktion der anderen Leute auf uns und das vertrage ich ... also dazumals ist das einfach nicht ertragen worden.

Die als Zumutung bezeichnete Etikettierung als delinquente Jugendliche wird hier als ein die Gewalt verstärkender Faktor bezeichnet (vgl.: Lamnek, 2001).

b) Kontextbedingungen - Alois' soziale Netzwerke

Familie

> I[16]: Wissen sie warum sie das gemacht haben, können sie das...
>
> B: Es sind viele, ein paar Sachen, es ist vielleicht auch von zu Hause so. Ich meine, mein Vater ist Alkoholiker, und es ist schon ziemlich viel ... ich bin auch geschlagen worden von meinem Vater, wenn er zuviel Alkohol gehabt hat, bin ich auch geschlagen worden. Dann ist das halt auseinander gegangen. Meine Mutter hat gesagt, das mache ich nicht mehr mit und hat dann die Polizei kommen lassen und dann ist mein Vater weg ... also er wohnt immer noch hier in Basel aber anderst wo.

Alois gibt auf die Frage nach den Ursachen seiner Gewalttätigkeit an, dass es "*vielleicht*" auch von zu Hause herrühren könne. Sein Vater war und ist vermutlich – anderen Äusserungen zufolge noch immer – Alkoholiker und hat Alois in seiner Kindheit fast täglich oft ohne erkennbaren Anlass geschlagen. Alois hat seit der Trennung von Vater und Mutter keinen Kontakt zum Vater mehr, jedoch eine gute Beziehung zu dem neuen Freund der Mutter.
Alois wohnt mit dem jüngeren Bruder und der Mutter in einer 3-Zimmerwohnung. Der jüngere Bruder scheint leicht geistig behindert und seine ältere Schwester, die vor kurzem ausgezogen ist, leidet offenbar an einer psychischen Störung.

---

[16] I: Interviewer / B: Befragte Person. Wenn keine Anzeige des Sprechenden im Zitat, handelt es sich um die befragte Person.

> Und jetzt schafft sie nichts mehr, weil jetzt hat sie so psychische Probleme, sie hat Hanf oder... so Zeug oder, und dann irgendwie... man muss irgendwie für das gebaut sein, ich mein nicht jeder verträgt das Zeug, oder. Und dann ist sie so ein bisschen psycho abgestürzt und so. Paranoia und so Zeug. Und jetzt eben auch .. sie nimmt das Zeug ja jetzt nicht mehr oder. Als Ersatz nimmt sie jetzt den Alkohol oder. Jetzt probiert sie glaube ich so Psychiater und so, aber ich glaube nicht, dass es etwas hilft. Das kommt von einem selber, wenn man sagt, hey hör mal, jetzt ist fertig, jetzt gehe ich mal ran, dann geht das schon. Aber bei ihr ist das so eine Sache, ich weiss auch nicht genau. Ich sehe sie auch nicht mehr so viel, weil, sie wohnt auch nicht mehr zu Hause.

Wie auch die Entzugstherapie des alkoholkranken Vaters "*nichts gebracht*" hat, glaubt Alois auch nicht daran, dass die Psychotherapie der Schwester etwas helfe. Alois konstruiert hier eine selbstbezogene Form der Lebensbewältigung, wo jeder und jede selbst um sein Wohl bemüht sein soll und muss.
Die Familie hat, wie Alois berichtet, infolge der Suchtdynamik auch Phasen der Armut durchlebt, wovon die folgende Passage handelt:

> Nein, sie [die Mutter, Anm. OS] ist immer arbeiten gegangen, eben von dort an als meine Schwester gegangen ist, ist sie arbeiten gegangen. Hat immer geschaut, dass Geld da ist. Weil eben damals als mein Vater noch zu Hause gewesen ist, ist natürlich das Geld draufgegangen mit saufen, Extrawünsche, was man so hat oder. Und dann ist das Geld mal weg gewesen und dann haben wir Kinder nichts mehr zu Essen gehabt und dann ist zum Glück immer eine Familie da gewesen, eine grosse Familie mutterseits, vaterseits kenne ich grade mal seinen Grossonkel, sonst kenne ich niemand.

Die Familie der Mutter hat in Zeiten bedrängender Armut Alois' Familie mit Zuwendungen unterstützt, zum Teil sogar mit Nahrungsmitteln, die im eigenen Garten angebaut wurden. Bis zum Auszug der Tochter vor wenigen Monaten wurde die Familie zudem durch die

Sozialhilfe finanziell unterstützt, da die Mutter wegen Kreislaufproblemen nicht in der Lage war, eine Arbeit anzunehmen.

Schule – Ausbildung

Alois hat nach Abschluss der obligatorischen Schulzeit ein halbes Jahr "*Ferien*", das heisst, wie er später präzisiert, diese Zeit in völliger Passivität verbracht.

> Und dann habe ich mich mal so beworben, schauen, Lehre, Anlehre und dann habe ich eine Anlehre bekommen und dann bin ich dort rein gegangen und jetzt bin ich seit einem Jahr dort. Jetzt schaue ich einfach, dass das läuft, dass ich es in den Griff bekomme, dass ich das schaffe. Und nachher Militär und dann mal schauen, ich habe noch keine weiteren Pläne. Ich will einfach mal eine Lehre, das ist für mich das wichtigste. Das sehe ich jetzt, dass das für mich wichtig ist, eine Lehre, einfach eine abgeschlossene Lehre. Ja dann habe ich einfach gedacht, jetzt lass ich mal die Finger von dem Scheiss, also allgemein so Scheiss machen und so.

Für den Jugendlichen ist eine abgeschlossene Lehre vorrangig. Nachdem er sich zunächst kaum um seine berufliche Zukunft gekümmert hat, steht nun eine "*abgeschlossene*" Lehre im Vordergrund seiner Zukunftsplanung. Die Betonung des Aspektes, eine Lehre abschliessen zu wollen, zeigt den Stellenwert der Integration in die Sphäre der Erwerbstätigkeit für Alois.

Peers

Wie in Kapitel 3.4.1 zur Gewaltdarstellung bereits erwähnt, haben von Alois verübte gewalttätige Akte immer im Kontext der Peer-Gruppe stattgefunden. Die Peer-Gruppe war in Alois' Leben vor dem Beginn einer Liebesbeziehung von grosser Bedeutung. Freizeitaktivitäten wurde fast ausschliesslich in der Gruppe nachgegangen, die Gruppe war gewalttätig gegen andere Peer-Gruppen und zugleich von regulatorischer Funktion für das Verhalten der einzelnen Mitglieder.

> Unter Kollegen hat es mal geknallt, das hat es immer mal gegeben, aber das ist dann schnell wieder geschlichtet worden, weil die anderen alle drum herum gekommen sind und sagen, hey, hört mal, redet miteinander, ihr seid Kollegen und so, wir gehören zusammen und so. Und dann eben auch wenn man gehört hat, unsere Leute, die haben auch kleinere Brüder und die haben manchmal auch Stress gehabt, dann sind wir dort manchmal so ein bisschen hinstehen gegangen und ein bisschen gross getan, das ist früher auch noch oft gewesen.

Alois war als Schweizer in der Peer-Gruppe mit Jugendlichen verschiedenster Nationalitäten zusammen: "*...Albanisch, Türkisch, Jugoslawisch, Serben, Rumänisch...*". Der Jugendliche sieht neben der Gemeinsamkeit gleichartiger Interessen wie Inline-skaten und Breakdance Parallelen zwischen seinem Aufwachsen und jenem seiner Kollegen:

> B: Das kommt wahrscheinlich auch von dort her. Weil ich früher viel geschlagen worden bin. Also ja, viel. Ich habe auch viel Scheiss gemacht. So Kleinigkeiten, zu Hause und so, habe ich auf den Ranzen bekommen, das ist normal oder. Aber ich denke, ein Teil kommt von dort, und mit Kollegen, es gibt immer einen, der sich etwas einfallen lässt, oder, zum Scheisse machen...
>
> I: Also die anderen Kollegen sind auch schon so drauf gewesen?
>
> B: Ja, sie haben ungefähr ähnliche Familienverhältnisse gehabt, wie ich. Ja, jetzt grad, einer zwei ... Also jetzt gerade meine Kollegen, zwei davon haben keine Väter. Der eine ist ein Albaner und die sind auch getrennt. Also die Eltern sind auch getrennt. Der eine ist Serbe. Dem sein Vater ist tot. Er ist alleine hier in der Schweiz. Also eben die Familienverhältnisse sind ungefähr ähnlich. Kein Vater, ohne Vater aufgewachsen.

Bemerkenswert an dieser Passage ist die gleichzeitige Schuldübernahme für die väterliche Gewalt mit "*Ich habe auch viel Scheiss gemacht*" und "*das ist normal oder*" sowie aber zugleich die Deutung seiner Probleme als Folge der Gewalttätigkeit des Vaters. Einen zusätzlichen Grund für sein gewalttätiges Verhalten sieht Alois in der Dynamik der Peer-Gruppe und führt auch diese auf die "*Familienverhältnisse*" der Mitglieder zurück. Besondere Beachtung misst Alois an dieser Stelle dem Fehlen des Vaters während der Sozialisation in der Kern-Familie zu.

c) Konsequenzen des devianten Verhaltens

Alois war wegen verschiedenen Delikten mehrere Male zu Bussen und Strafarbeiten verurteilt. Die Behandlung der Jugendanwaltschaft ihm gegenüber habe er immer als "*angenehm*" empfunden, ja mehr noch, es scheint, dass für Alois der Gang zur Institution nicht mit negativen Gefühlen verbunden gewesen ist.

> Ja, ich habe den Herrn Z. gehabt, ich meine er ist immer ein gemütlicher gewesen. Ein ruhiger gewesen. Er hat immer gesagt, hey, hör mal Alois, dies und das, aufpassen und überhaupt und sowieso oder. Aber es ist eigentlich immer, also die Polizei, auf der Jugendanwaltschaft ist alles immer gut gelaufen, also ich sehe das mit meinen Augen, für andere ist das anders, ich bin immer gut behandelt worden, also ich habe meistens den Herrn Z. gehabt.

Ganz im Gegenteil die Erfahrungen mit der Polizei. Alois berichtet von Übergriffen und in folgender Passage von physischer Gewalt gegen ihn und ein Mitglied seiner Peer-Gruppe, als sie von der Polizei auf der Wache festgehalten werden:

> Dann hat er mir da eine Ohrfeige (Chläpper)[17] gedrückt, hat gesagt, musst mich da nicht anlügen, ich weiss es genau. Ich habe gesagt, ich habe wirklich nichts damit zu tun, da habe ich noch mal eine gefasst. Dann bin ich aufgestanden und er hat mich auf den Stuhl wieder zurück geschupst, oder. Er hat gesagt, er habe ja Zeit. Und dann ist er wieder raus gegangen, ist zu dem anderen gegangen, und der hat dann scheint's Fäuste kassiert, weil er ist aufgestanden und

[17] In runden Klammern stehen im Interview verwendete dialektale Ausdrücke, die nicht gänzlich Bedeutungskongruent zu übersetzen sind.

> hat sich wehren wollen, also bei einem Albaner ist das normal, der lässt sich nicht schlagen. Das ist fast normal, das ist mit jedem so, mit dem grössten Teil ist das so. Und eben der Polizist geht rein, schlägt ihm eine Ohrfeige, weil er auch gesagt hat, wir waren es nicht, oder. Und er ist dann aufgestanden, weiss nicht, ich habe es ja nicht gesehen, ich habe es nur erzählt bekommen, dass er dann noch mal eine kassiert hat, dann ist er auf den Stuhl zurück, dann sind sie nochmal auf ihn los, und der ist dann wieder aufgestanden, hat einen Stuhl genommen und dann sind scheint's andere Polizisten gekommen und wieder hin gesessen, beruhigt und alles dies und das und dann hat er sich wieder anziehen können und dann haben sie ihn die Zelle gesteckt.

Alois berichtet, dass seine Mutter sehr unterschiedlich auf die institutionelle Sanktion reagiert hat. Das Spektrum reicht von einem gewissen Verständnis für das Verhalten ihres Kindes, bis zu physisch strafenden Reaktionen. "*Immer*" jedoch ermahnt die Mutter Alois zu gesellschaftlich akzeptiertem Verhalten:

> Das ist manchmal unterschiedlich gewesen, meine Mutter ist immer dagegen gewesen, sie hat immer gesagt, lass die Finger von allem als ich viel Scheisse, früher immer viel Blödsinn (Saich) gemacht habe, als ich mich immer eingelassen habe auf das Zeug. Da hat sie mir immer gesagt, rühre die Sachen von anderen Leuten nicht an, lasse die anderen Leute in Ruhe, benimm dich nicht auffällig, das hat sie mir immer gesagt, jedes mal wenn ich aus dem Haus bin, das hat sie wirklich immer gesagt.

d) Ausstieg und Zukunftsperspektiven

Alois betont öfters im Interview, dass er sich von der gewaltaffinen Peer-Gruppe distanziert habe, besonders seit der Aufnahme einer Liebesbeziehung vor zwei Jahren. Er distanziert sich auch von dem gewalttätigen Verhalten, einerseits weil er es lieber "*gemütlich*" haben möchte, andererseits aus Furcht vor den Konsequenzen einer polizeilichen und rechtlichen Verfolgung.

> Das sagt mir einfach nichts das Schlägern, es ist nicht dass ich keinen Mut hätte, um Schlägern zu gehen, ich meine,

> dass ist eh Nebensache, aber es ist einfach, es sagt mir nichts mehr, das Schlägern allgemein, der Krach die ganze Zeit und dann der Stress und so. Das kotzt mich dann an. Und dann auf die Juga [Jugendanwaltschaft, Anm. OS] rennen und dies und das. Ja, jetzt wäre es ja nicht mehr Juga, jetzt wäre es schon das Gericht.

Alois Vorstellungen von seiner Zukunft decken sich mit sozial hoch gratifizierten Werten: Auto, gelernter Beruf, Geld, Kinder. Zentral nennt der Jugendliche die Bedeutung des Erhaltes der Gesundheit für ihn.

> Ja, dass es mir einfach gesundheitlich gut geht und dass es ab geht. Vor allem gesundheitlich einfach, dass ich gesund (zwäg) bleibe. Familie langsam aufbauen, aber das kommt dann erst mit der Zeit, wenn ich dann Geld habe, weil ich will keine Kinder machen, wenn kein Geld da ist. Viele Kinder sind teuer. Aber das ist dann erst später, zuerst kommt die Autoprüfung und das, das kommt dann jetzt, Autoprüfung machen, andere Bude suchen, Lehre machen, Lehre abschliessen.

Deutlich zum Ausdruck kommt in der Rede des Jugendlichen, eine Lehre *abzuschliessen,* der Aspekt der männlichen Erwerbsidentität, welche nach Böhnisch in enger Verknüpfung mit der männlichen Geschlechtsidentität steht (Böhnisch, 1994: 142).

3.4.2 Alois: "Das ist fast normal". Hermeneutisch wissenssoziologische Fallanalyse

Die Darstellung der Fallstruktur von Alois hat deutlich gemacht, dass sich dieser Jugendliche deutlich von seinen früheren Gewalthandlungen distanziert und eines seiner höchsten Ziele die Integration in die erwerbstätige Gesellschaft darstellt. Die von Alois präsentierte Selbstkonstruktion, deren idealisierte Typik in der Darstellung der Fallstruktur eher deskriptiv beschrieben wurde, soll nun in einem zweiten Schritt polythetisch interpretierend, d.h. mit weiteren Deutungsmustern ergänzt werden, um so strukturelle Zusammenhänge zwischen gesellschaftlichen und subjektiven Deutungsmustern heraus zu arbeiten.

a) Normalisierung und Distanzierung; Selbstrepräsentation des Gewalthandelns

> B: Ah, also allgemein... also wie ich dazu gekommen bin, solche Sachen zu machen? Also jetzt nicht nur Gewalt, sondern einfach allgemein solche Straftaten? Bei mir, also ich habe meistens mehr Mitläufer, also wir sind eine grössere Gruppe von Jugendlichen, finden, hey, komm, wir machen dies und das. Und dann fängt einer an, Scheiss zu machen und dann ist es passiert. Dann kommt die Polizei und so, dann geht es relativ schnell.
>
> I: Haben sie spezielle Orte, wo man sich dann so trifft?
>
> B: Spezielle Orte... ja gut, man ist viel in der Stadt, gut ich bin jetzt nicht mehr so viel in der Stadt, ich habe eine Freundin seit zwei Jahren und seit diesen zwei Jahren mache ich auch nicht mehr so viel Scheiss, wegen der Freundin und so, mehr mit der Freundin zusammen, weniger mit Kollegen, dann macht man auch weniger Scheiss, oder. Aber ich weiss jetzt nicht, was ich da gross erzählen soll, ja ich mein, man ist rein gelaufen...
>
> I: Sind sie denn einmal rein gelaufen oder mehrere Male?
>
> B: Nein, schon mehrere Male, es sind dann auch verschiedene Delikte, oder, Klauen... ja gut, Klauen, ich bin eigentlich immer gut raus gekommen, ich konnte mit dem Besitzer reden, der hat gesagt, ja, zahlst einfach das, was du geklaut hast und so. Da hat es keine Anzeige gegeben. Aber sonst, Sachen kaputt gemacht, vandaliert und so Zeug. Und sonst, Schlägereien habe ich eigentlich immer probiert zu schlichten, ich wollte eigentlich nie gross Schlägern, aber man kommt dann auch, wenn ein Kollege mal reinkommt, ein Grösserer ihn packt, weiss nicht, dann geht man helfen, das ist fast normal, dann geht man rein und dann fängt es an. So hat es bei mir meistens angefangen.

Auffallend ist, dass der Jugendliche, wenn er von gewalttätigen Aktivitäten spricht, häufig sprachlich generalisiert. Er verwendet Phrasen wie "*dann ist es passiert*", "*dann geht es schnell*", "*man ist viel in der Stadt*", "*man ist rein gelaufen*", "*aber man kommt dann auch, wenn ein Kollege mal*" usw. Im Gegensatz dazu steht seine sprachliche Ausdrucksweise, wenn es um aktuelle Geschehnisse oder Erlebensinhalte geht; hier findet die klare Selbstzuschreibung des Handelns statt: "*Ich bin jetzt nicht mehr so viel in der Stadt*", "*Ich habe eine Freundin*". Dieses sprachliche Verhalten verdeutlicht den Versuch des Jugendlichen, sich als Ausgestiegenen zu repräsentieren, mehr noch, zwischen der Repräsentation seiner aktuellen Identität und der konstruierten vergangenen eine deutliche Grenze zu ziehen.

Evident wird dieses Muster in der Erzählung des Jugendlichen, wo er einen Auslöser für eigenes Gewalthandeln beschreibt: Das normkonforme Schlichten und Nicht-schlägern-wollen wird direkt durch "*ich*" repräsentiert, die folgend geschilderte Gewalthandlung im generalisierten "*man*", welche schliesslich normativ begründet wird: "*das ist fast normal*".[18] Es wird ein Muster von Ambivalenz sichtbar: Zwar konstruiert sich der Jugendliche als nicht mehr der vergangenen Identität entsprechend, verteidigt jedoch das gewalttätige Verhalten hier als Akt der Solidarität gegenüber seiner Peer-Gruppe. Mit Solidarität und hier verstärkt der Solidarität mit einem schwachen, unterlegenen Menschen rekurriert der Jugendliche im Interview auf einen gesellschaftlich hoch gratifizierten Wert und versucht so, das normwidrige Verhalten zu 'normalisieren'.[19] Das Gewalthandeln wird auf diese

---

18 Die primäre Sozialisation hat unter anderem im Bewusstsein des Kindes eine Abstrahierung vom signifikanten Anderen hin zu generalisierten Rollen zur Folge. Diese Abstraktion bezeichnet auf der Ebene symbolisch vermittelter Kommunikation das Wort "man" und bedeutet Identifizierung mit einer "Allgemeinheit der Anderen, das heisst mit einer Gesellschaft." (Berger & Luckmann, 1996: 143)

19 Solidarität, die zur Anwendung von Gewalt führt, wird hier über das Motiv einer Erzwingung von Gerechtigkeit begründet (vgl. dazu Rink (2002)). Zu diskutieren bleibt, ob es sich bei der hier vorgestellten Form von Solidarität wirklich um einen Gemeinschaftssinn handelt, der inkludierend und konstruk-

Weise mit Sinn versehen, d.h. gesellschaftlich akzeptierten Normen, gleichzeitig jedoch versucht, eine Distanzierung gegenüber diesem Handeln (und dem Handelnden) zu markieren.[20] In dieser Rahmung[21] erstaunt es nicht, dass das Gewalthandeln in dieser Passage als kausal eigenständiger Prozess interpretiert wird. In folgender Passage kommt diese deterministische Konstruktion ebenfalls deutlich zum Ausdruck:

> I: Mussten sie denn auch zum Teil noch Strafen zahlen?
>
> B: Ja, das ist dann so gegangen, man ist in Bettingen jäten gegangen, so im Schwimmbad, oder so. Acht Stunden am Tag, also vier Stunden, immer vier und vier Stunden. Da habe ich, glaube ich, irgendwie vier mal vier Stunden gehabt, oder drei mal vier Stunden. Und irgendwie achtzig Franken Busse. Ja, was wollen sie noch wissen, ich kann ...
>
> I: Ja, nein, ich stelle auch Fragen. Wie ist das für sie gewesen. Also diese Strafen, hat sie das gross gekümmert. Oder war das...
>
> B: Ja, wenn ich jetzt erwischt würde, dann würde es mich schon stressen. Aber früher, ich meine, da hast du Scheisse gemacht, hast dich erwischen lassen und hast bezahlen müssen, für die Scheisse, die du gemacht hast.

---

tiv wirkt (vgl. die Erläuterungen zu Solidarität bei Hondrich & Koch-Arzberger (1992: 18f.) und Mäder (1999: 14ff.)). In Kapitel 3.5 wird dieser Aspekt ausführlicher behandelt.

20 Sinn ist nach Schütz immer Ergebnis einer Interpretation vergangener Erfahrungen (Schütz, 2003: 184). Insofern muss für die Analyse von zwei Formen von Sinn, die eng aufeinander bezogen sind, ausgegangen werden: Sinn, der vor dem Interview hergestellt wurde, und Sinn, welcher in der Interviewsituation konstruiert und präsentiert wird.

21 "Ich gehe davon aus, dass wir gemäss gewissen Organisationsprinzipien für Ereignisse – zumindest für soziale – und für unsere persönliche Anteilnahme an ihnen Definitionen einer Situation aufstellen; diese Elemente ... nenne ich »Rahmen«." (Goffman, 1980: 19), vgl. auch Schröer (1994: 108).

> I: Aber das hat sie auch nicht gross abgehalten zu finden, jetzt mach ich wieder was oder wie?
>
> B: Nein, ich habe mir dann schon überlegt und so... dies und das. Unterlassen und dies. Jetzt denke ich so viel anders, ich habe früher Scheiss gemacht, jetzt habe ich mit dem gar nichts mehr am Hut, ich mache gar nichts mehr so in diese Richtung.

Das vergangene eigene Gewalthandeln wird vom Jugendlichen so zusammengefasst: "*Da hast du Scheisse gemacht, hast dich erwischen lassen und hast bezahlen müssen*". Der Jugendliche stellt hier den Zusammenhang zu intersubjektiv geteiltem Wissen dar, nämlich jenem über 'typische' Sanktionsmechanismen der Gesellschaft und knüpft damit an ein allgemein geteiltes Verständnis von 'Jugendsünden' an: Die Normalität, ja geradezu Notwendigkeit des Zusammengehens von Delinquenz und Sanktion in der Zeit der Jugend. Mit der aktuellen Akzeptanz der unverbrüchlichen Folgelogik Delinquenz – Sanktion übernimmt der Jugendliche die intersubjektiv geteilte Vorstellung, dass es keine Delinquenz ohne Sanktion geben kann und darf. Auch hier normalisiert der Jugendliche seine Delinquenz, damit die Devianz seines Handelns doch sozial anschlussfähig bleibt. Seine 'Normalität' bekräftigend benutzt der Jugendliche schliesslich die Metapher "*jetzt habe ich mit dem gar nichts mehr am Hut*". Der Versuch der Normalisierung des früheren Gewalthandelns und die zugleich radikale Distanzierung davon zeigen das eminente Bedürfnis des Jugendlichen nach einer Integration in die institutionale Ordnung.

b) Selbstrepräsentation des Ausstiegs; Integration und Reflexion

> Nach der Schule habe ich mal ein halbes Jahr Ferien gemacht, also Ferien, ich habe einfach nichts gemacht. Und dann habe ich mich mal so beworben, schauen, Lehre, Anlehre und dann habe ich eine Anlehre bekommen und dann bin ich dort rein gegangen und jetzt bin ich seit einem Jahr dort. Jetzt schaue ich einfach, dass das läuft, dass ich es in den Griff bekomme, dass ich das schaffe. Und nachher Militär und dann mal schauen, ich habe noch keine weiteren

> Pläne. Ich will einfach mal eine Lehre, das ist für mich das wichtigste. Das sehe ich jetzt, dass das für mich wichtig ist, eine Lehre, einfach eine abgeschlossene Lehre. Ja dann habe ich einfach gedacht, jetzt lass ich mal die Finger von dem Scheiss, also allgemein so Scheiss machen und so. Und man kommt auch ... vom Alter her, man überlegt einfach mehr und denkt, wieso soll ich jetzt das machen, das ist sinnlos und so und früher hat man das eigentlich nie gemacht, einfach drauf los, gerade so spontan, jetzt machen wir mal das und das und dann passiert halt mal was, das ist klar.

Alois rekurriert mit der Phrase "*vom Alter her, man überlegt einfach mehr und denkt, wieso soll ich das jetzt machen, das ist sinnlos*" auf eine Selbstrepräsentation als Subjekt, welches durch zunehmende Reflexion zu der Einsicht gelangt, dass das frühere Handeln "*sinnlos*" sei. Explizit wird an dieser Stelle der Verweis auf ein Handeln, welches ohne Sinn erfolgt, sich damit also auch der Möglichkeit eines hermeneutischen Verstehens nicht nur sich selbst gegenüber, sondern auch der Gesellschaft entzieht. Diese Rahmung des eigenen Handelns deckt sich mit sozialen Konventionen (und Gesetzen), wonach die Zurechnungsfähigkeit von Jugendlichen vermindert sei, im Sinne von: 'Denn sie wissen nicht, was sie tun'. Die als "*spontan*" bezeichnete eigenlogische Kausalität, welche diesem (so präsentierten) 'sinnentleerten' Handeln beikommt, findet ihren Ausdruck im Schlusspunkt von "*jetzt machen wir mal das und das und dann passiert halt mal was, das ist klar*". Die in Kapitel 3.4.1 beschriebene Folgelogik zwischen Delinquenz und Sanktion findet hier ihren Vorläufer in der unhintergehbaren Eigenlogik der Gewaltentstehung als nicht sinnhaft interpretierbare Determinante des Jugendseins. Diese Darstellung bildet die egologisch typisierte Sinnkonstruktion des gewalttätigen Handelns von Alois (vgl. Schröer, 1994: 46). Diese ist im Interview jedoch mitnichten konsistent präsentiert, an anderer Stelle spricht Alois direkt von ursächlichen Bedingungen für sein deviantes Verhalten:

> I: Der Kontakt zum leiblichen Vater von ihrem Bruder besteht gar nicht mehr?

> B: Also ich weiss jetzt nicht, wie das ... also ... ich mag ... den Mann mag ich sowieso nicht. Das ist nicht so mein Fall. Ich habe ihn schon ein paar mal gesehen, auch schon mit ihm geredet, früher auch, als ich noch klein gewesen bin, wo er auch bei uns gewesen ist. Aber er ist nicht so mein Fall. Meine Mutter hat sich auch von ihm distanziert. Das sind so Familiengeschichten einfach, die einen kleinen Einfluss haben auf die kriminellen Sachen.
>
> I: Haben sie das Gefühl ja?
>
> B: Ja, ich denke schon, dass es irgendeinen Einfluss hat. Also sonst hätte ich es nicht gemacht. Dann auch die Kollegen, wie du dich gibst mit deinen Kollegen. Ja ja.

Alois hat weiter oben im Interview über seinen alkoholkranken und gewalttätigen Vater gesprochen. Er rekapituliert nun in einem Satz die Bedeutung seiner Sozialisation: Mit der Begründung, dass die Familiengeschichten einen "*kleinen*" Einfluss auf die "*kriminellen Sachen*" hätten, reflektiert Alois – in generalisierender und diminuierender Sprache – die Ursachen seiner damaligen Delinquenz. Deutlich wird auch hier das Bedürfnis nach Normalisierung der eigenen Biographie. Ganz eminent erzählt die folgende Passage von dem Bedürfnis des Jugendlichen, die Gewalthandlungen des Vaters als rechtmässig, folgerichtig und also der 'Norm' entsprechend darzustellen.

> Das kommt wahrscheinlich auch von dort her. Weil ich früher viel geschlagen worden bin. Also ja, viel. Ich habe auch viel Scheiss gemacht. So Kleinigkeiten, zu Hause und so, habe ich auf den Ranzen bekommen, das ist normal oder.

Hier wird die Gewalttätigkeit des Vaters in Bezugnahme auf eine soziale Norm nachträglich legitimiert. Dies entspricht dem Muster der Akzeptanz einer Art 'schwarzen Pädagogik' als eine Verdrängungsleistung, wie es von Alice Miller (1994) beschrieben worden ist. Bemerkenswert hingegen ist, dass der Jugendliche an verschiedenen Stellen des Interviews einen Zusammenhang zwischen den belasten-

den Kindheitserlebnissen und seiner Neigung zur Gewalttätigkeit sieht.
Bedeutsam erscheinen mir jedoch die verschiedenen Perspektiven, unter welchen Alois sein gewalttätiges Verhalten im Interview beleuchtet. So führt er als weitere Ursache an: "*wie du dich gibst mit deinen Kollegen*", was eine aufschlussreiche Formulierung ist, da der Fokus hier nicht auf einen direkten, quasi erlittenen Einfluss der Kollegen zurückgeführt wird, sondern der motivierende Antrieb zur Tätlichkeit im *Bild* verortet wird, welches den Kollegen von sich selber abgegeben wurde. Alois spricht hier die Repräsentation einer Identität an, die den Akzeptanz-Normen der Peer-Gruppe genügt und nicht zwingend mit seiner idealisierten Identität zusammenfällt (Schröer, 1994: 47). Was hier nicht im Zentrum der Überlegungen steht, ist, ob und mit welcher Wahrscheinlichkeit das Verhalten des Jugendlichen tatsächlich auf die angeführten Ursachen zurückgeführt werden kann, sondern mit welchen Mitteln hier eine Normalisierung von Handlungen angestrebt wird.[22]

3.4.3 Zusammenfassende Fallrekonstruktion

In Alois Selbstrepräsentation wird seine ambivalente Haltung gegenüber der selbst verübten Gewalt sichtbar. Einerseits distanziert er sich sowohl explizit wie auch implizit durch eine Art generalisierenden 'Identitätsabzug' von seinem Gewalthandeln, strebt andererseits jedoch die 'Normalisierung' dieses Handelns durch erstens; den Rückgriff auf gesellschaftlich hoch bewertete Konventionen (Solidarität) und zweitens; die Postulierung einer geradezu metaphysischen Eigengesetzlichkeit der Gewalt an. In beidem wird der Wunsch nach Aufhebung der individuellen Verantwortung sichtbar, die Normalisierung des eigenen Handelns, sprich das starke Bedürfnis nach In-

22 Harold Garfinkel hat diese Mittel als 'accounts' bezeichnet, als Methoden, die Annahme der Normalität der konkreten Interaktion zu erhalten. Diese Sprechakte zielen im Wesentlichen auf *praktische* Wirksamkeit im Sinne einer Wiederherstellung des gestörten oder bedrohten Gleichgewichts in der Interaktion (Abels, 2001: 135).

klusion in die Gesellschaft tritt hier zu Tage. Und damit kommen wir auf den Titel des letzten Kapitels (3.4.2) zurück: Die Selbstrepräsentation des Ausstiegs aus dem Gewalthandeln. Das Bedürfnis, nichts mehr mit der als deviant erkannten Identität gemein ("*am Hut*") zu haben und diese *dennoch* rechtfertigen zu müssen, entspringt dem starken Wunsch nach Inklusion, vor allem in die Sphäre der Erwerbsarbeit: "*Ich will einfach mal eine Lehre, das ist für mich das wichtigste. Das sehe ich jetzt, dass das für mich wichtig ist, eine Lehre, einfach eine abgeschlossene Lehre*". Dass Alois hier den Abschluss einer Ausbildung betont, zeigt den gesellschaftlich vermittelten Charakter der Zukunftsperspektive im Zeichen der Statuspassage: So wie in den Sinnzuschreibungen während des Interviews 'accounts' mitschwingen, also Bedürfnisse nach Normalisierung der Identität, findet diese ihre Erfüllung schliesslich in der Integration in die Erwerbssphäre.
Vergleichen wir das eminente Bedürfnis nach sozialer Integration mit den biografischen Daten und den zugehörigen Deutungsmustern, zeichnet sich folgendes Bild ab: Alois hält eine selbstbezogene Form der Bewältigung von lebensweltlichen Belastungen für die einzig richtige Haltung, wie er am Beispiel seiner Schwester, die "*nichts mehr schafft*", ausführt. Auch hat er belastende Erfahrungen mit seinem alkoholkranken Vater gemacht. Seinen Bruder schildert er als geistig leicht behindert. Deutlich wird, dass Alois in seiner Primärgruppe von Menschen umgeben ist, die am Rande der gesellschaftlich vermittelten Normalität stehen. Sich selbst in der Rolle des ehemaligen gewalttätigen Jugendlichen als ebenso nicht normalitäts-konform zu deuten, vermag der Jugendliche nur in geringem Umfang. Eine Strategie, die er deshalb verwendet, ist, das gewalttätige Verhalten als normkonform darzustellen. Er bedient sich dabei zweier gesellschaftlicher Legitimations-Konstrukte: *Gewalt als Solidaritätsbezeugung und Gewalt als eigenlogischer Teil der Gesellschaft*.
In der Feststellung einer Eigenlogik, die einerseits dem Prozess des Gewalthandelns selbst innewohnt ("*es passiert*") und andererseits zum Prozess der Auseinandersetzung der Gesellschaft mit Gewalt gehört ("*hast bezahlen müssen*") vollzieht Alois die Integration der Gewalt in die Akzeptanznormen der Gesellschaft, um letztlich – so die Vermu-

tung – die latente Bedrohung der Gewalt für die eigene Person zurückzubinden. In polythetischer Perspektive nutzt der Jugendliche bestehende gesellschaftliche Wissenskonstrukte, was zu der These führt, dass *diese Konstrukte dazu dienen, die Bedrohung der Gewalt für die Gemeinschaft rückzubinden, d.h. die Gewalt anschlussfähig für Sinn zu halten.* Mit diesem Angebot wird ein paradoxer Spannungsbogen eröffnet: Einerseits muss Gewalt sanktioniert und als nicht normkonform bezeichnet werden, andererseits müssen Legitimationen existieren, die die Gewalt in die Gesellschaft integrieren.

3.4.4 Jovan: "Ein bisschen Probleme gemacht". Darstellung der Fallstruktur

a) Zentrales Phänomen: Gewaltdarstellung und präsentierte Erklärungsmuster

Jovan ist ein 17-jähriger Jugendlicher, dessen Eltern vor seiner Geburt von Kroatien in die Schweiz eingereist sind. Er gibt an, angefangen im Alter von 11 Jahren, bis vor kurzem diverse Delikte begangen zu haben; meist Diebstahl und Schlägereien.

> Ja, Schlägerei. Ich habe nie, zum Beispiel, einmal auf der Mässe haben wir eine Schlägerei gehabt, ich bin klein gewesen, und dann so ein Grosser da habe ich auch und ich habe keine Schule gehabt, der Grosse schlägt ihm so eine Ohrfeige (Chläpper), so hey lass den in Ruhe, der ist klein, und der ist gleich gross wie ich gewesen, aber der hat mir leid getan und so, so ein Grosser, der ist dort ungefähr so alt gewesen wie ich jetzt, dort wo ich dreizehn gewesen bin, der ist siebzehn gewesen, dann wir zu viert, habe ich gesagt, lass den in Ruhe, habe ich ihn geschupft und dann hat er mir grade eine Faust gedrückt. Und der ist so ein grosser gewesen, dann haben wir ihn zu viert geschlagen gehabt, dann ist dem sein Bruder gekommen, dem sein Bruder haben wir auch geschlagen gehabt (lacht), dann, aus so Fällen lernt man, der hat auch gelernt, wir haben auch gelernt und so.

Jovan erzählt in dieser Passage lebhaft von einer Schlägerei auf öffentlichem Grund. Für den Einsatz physischer Gewalt gibt der Jugendliche in noch expliziterem Masse als Alois (Kap. 3.4.1) eine besondere Motivation als zentrales Erklärungsmuster an: Solidarität mit einem hilfsbedürftigen Menschen. Eine weitere Definition der Situation offenbart sich im Motiv 'David gegen Goliath'. Der sich selbst als "*klein*" bezeichnende Jovan kämpft mit empathischen Gefühlen ("*der hat mir leid getan*") gegen einen "*Grossen*". Erklärungsmuster ist hier der als legitim angesehene Kampf der Schwächeren gegen Stärkere. Die Peer-Gruppe, bestehend aus vier Personen, überwältigt schliesslich den als Aggressor empfundenen und greift auch dessen Bruder an. Einen übergeordneten Sinn verleiht Jovan der Gewalttat, indem er meint, dass die Situation den Beteiligten einen Wissenszuwachs verschafft habe. Eine erste Deutung dieses Motivs könnte lauten, dass mit dieser Erklärung Jovan die Gewalttat in den eigenen biographischen Zusammenhang einholen möchte und zugleich dies als sinnhaft für die Biographien der anderen Teilnehmer konstruiert.

> Wenn einer meinen Vater beleidigt, ich weiss nicht, es ist schlimm und so. Beherrschung ich kann schon behalten und so, aber weisst, wissen sie, mit Lust einfach einen drauf schlagen, ich weiss nicht, wenn einer etwas sagt, ich beherrsche mich sau viel und so, ich fange nie an, aber dann, wenn einer mich schubst oder etwas, dann schlage ich schon zu. Aber selber fange ich nie an.

Ein weiteres Motiv führt Jovan in dieser Passage für das Eskalieren von Gewalt an: *Gewaltanwendung als Verteidigung,* als Reaktion auf eine wahrgenommene Fremd-Aggression. Verbale Aggressionen sind für Jovan dann besonders schlimm und bringen ihn an die Grenze seiner "*Beherrschung*", wenn die Familie in Misskredit gezogen wird. Physische Aggression wird kompromisslos mit Gegengewalt beantwortet. Nach der Darstellung Jovans wird insbesondere die familiäre Ehre und besonders die physische Integrität gewaltsam verteidigt.

> Dann ich weiss, da in meinem eigenen Land finde ich es viel besser, da läufst du rum, kannst du jeden anschauen, jeder sagt dir ciao, da in der Stadt [Basel, Anm. OS], ein paar haben Angst in der Stadt rumzuschauen, sie schauen

> an den Boden, wenn du einen zu lange anschaust, hey was schaust du und so.

Jovan konstatiert, dass Konfrontationen mit dem Potential einer Eskalation alleine schon durch einen zu langen Blick in die Augen des Gegenübers ausgelöst werden können. Das bereits oben beschriebene Schema Provokation – Reaktion beschreibt Jovan damit als Mechanismus, welcher bereits in einer Situation von nicht-zentrierter Kommunikation auftreten kann. Der Übergang von nur beiläufig beobachtender, nicht-zentrierter Interaktion zu zentrierter Kommunikation[23] und Gewalt wird damit alleine durch die symbolische Bedeutung eines Blickes gesteuert.

b) Kontextbedingungen – Jovans soziale Netzwerke

Familie

Jovan lebt mit Bruder, Schwester und Mutter an einer verkehrsreichen Strasse in Basel. Er berichtet, dass sein Vater während des Krieges in Jugoslawien auf einem Hilfsgütertransport nach Bosnien umgebracht wurde.

> Und jedes Wochenende ist er nach Bosnien gegangen, und immer so, ich kann mich sehr gut erinnern, ja aber wäre er nicht gestorben, der Vater, wir wären besser aufgewachsen. Ich weiss nicht, ohne Vater, ich weiss nicht wie es ist, einen Vater ein Leben lang zu haben. Ein paar sagen, ich hasse meinen Vater und so. Meinem besten Kollegen sein Vater ist auch gestorben. Wir beide wissen nicht ... Vater ist immer anderst. Bei einem ist er so, bei einem ist er so. Aber wenn man selber weiss wie er ist.... ja. Zum Beispiel jedes Jahr gehe ich, Grab, bringe Kerzen, sehe sein Foto ... wenn ich acht neun Geburtstage mit dem gefeiert hätte, vielleicht wäre das besser gewesen. Ja. Wenn du zwei Eltern hast ist es auch besser, wegen dem Geld und so. Wenn beide arbeiten.

---

[23] Zentrierte Kommunikation findet dann statt, wenn "...Menschen effektiv darin übereinstimmen, für eine gewisse Zeit einen einzigen Brennpunkt der kognitiven und visuellen Aufmerksamkeit aufrechtzuerhalten." (Goffman, 1971: 7)

Jovan spricht den Verlust seines Vaters mit emotionaler Beteiligung aus. Er bringt differenziert zum Ausdruck, dass er gerne einen Vater gehabt hätte, um eine emotionale Beziehung zu ihm zu haben. Die Ausführungen über seinen Vater schliessen mit der Bemerkung, dass auch die finanzielle Situation der Familie durch den Verlust des Vaters stark belastet wurde.
Die Beziehung zu seiner Mutter, die mit 14 Jahren alleine in die Schweiz migriert ist, bedeutet Jovan viel, und er erlebt sie als liebevolle Person.

> Ja, sie ist eigentlich eine sehr Liebe. Meine Mutter sagt auch, mit denen wo du Probleme hast, gehe Frieden machen, weil ab und zu hat man grosse Probleme, man hat sich einfach nicht gerne, aber meine Mutter ist eine, die hat ein sehr gutes Herz, ich weiss auch nicht. Die liebt uns mega. Obwohl, als Kind weiss man nie, wie es richtig ist, man sieht es erst später, wir sind alle noch klein, ich auch, ich habe nicht so viel Erfahrung, meine Mutter hat viel mehr, sie weiss alles viel besser. Weil sie war jung, als sie von zu Hause gegangen ist. Schon gearbeitet mit fünfzehn. Schon weg gewesen von den Eltern und so.

Jovan attestiert der Mutter ein grosses Erfahrungswissen, welches er auf ihre frühe Ablösung von den Eltern und die Einreise in die Schweiz in jungen Jahren zurückführt. Er vergleicht sich mit ihr und schliesst mit der Aussage, dass die Mutter "*alles viel besser weiss*". Im Verlauf des Interviews betont Jovan auch mehrfach, die Mutter habe ihn immer wieder ermahnt, friedliche Konfliktlösungen anzustreben, was schliesslich zu seiner Distanzierung von gewalttätigen Handlungen geführt habe. Funktion einer physisch sanktionierenden Instanz scheint für Jovan der ältere Bruder zu übernehmen, der ihn "*sofort schlagen*" würde, falls er rauchte:

> Es gibt Frauen, Frauen sind in Ordnung, sie sind viel anders als Männer, zum Beispiel sie lassen viel mehr Sachen, wenn ich rauchen würde, mein Bruder würde mich sofort schlagen. Meine Schwester würde nichts sagen. Ja, der ist süchtig geworden. Es ist immer so, eine Frau ist immer lo-

> ckerer, ein Mann, weiss nicht, der will immer der Boss sein, aber eine Frau ist immer lockerer als der Mann, ich weiss nicht, es ist vielleicht nicht so, aber es kommt mir so vor.

Diese Passage bringt zudem deutlich Geschlechterrollenmuster von Jovan zum Ausdruck. Interessant ist, dass der Jugendliche dezidierte Meinungen bzw. Vorurteile äussert ("*der will immer ... eine Frau ist immer*"), um darauf folgend deren Realitätstreue wieder zu relativieren und die zumindest mögliche subjektive Gebundenheit der Aussagen zu erwähnen; "*ich weiss nicht, es ist vielleicht nicht so, aber es kommt mir so vor*".[24]

Schule – Ausbildung

Jovan bezeichnet sich als mittelmässigen Schüler, der aber, wenn er nur gewollt hätte, auf das Gymnasium gekonnt hätte. Der Jugendliche bekräftigt im Interview immer wieder, dass er ein interessierter und aufmerksamer Schüler sei. In der Orientierungsstufe der Grundschule ist es nach Jovans Aussage oft zu Schlägereien gekommen.

> Schwänzen, nein, nein. Nicht so. Aber ich weiss nicht, wenn man es macht, dann weiss man wie es ist, es ist viel besser. Geschwänzt habe ich auch schon, aber nicht viel. Weil, die ich gekannt habe von meiner alten Klasse, die sind drei Monate hintereinander nicht in die Schule gekommen. Ich ab und zu ein Tag, aber nicht so viel geschwänzt, wo ich in der OS [Orientierungsstufe, Anm. OS] gewesen bin, da habe ich viel, immer Schlägereien im Schulhaus ist gewesen und so. Dann habe ich gewechselt.

Jovan lastet die Eskalation der Gewalt an Schulen auch mangelnder Aufsicht der Lehrer an. Seiner Meinung nach sollte es Pausenaufsichten geben, die im Ernstfall jedoch keine Angst zeigen:

---

24 Die vielen metakommunikativen Sprechakte, welche sich im Interviewtext finden, sowie der notierte allgemeine Eindruck des Interviewers lassen darauf schliessen, dass diese Relativierungen auch Verhaltensanpassungen im Sinne von 'accounts' (soziale Erwünschtheit) des Jugendlichen bedingt durch die Interviewsituation entspringen.

> Pausenaufsicht und so. Bei uns an der Schule hat es Anfang Jahr eine Schlägerei gegeben. Zwei Frauen. Sie sind sich am schlagen, Lehrer ist nicht auseinander gegangen, Schüler haben gehen müssen. So Lehrer, die Angst haben. Jemand in den Pausen haben, dass er schaut, dass es keine Probleme gibt.

Die Schweiz als Land, in welchem eine gute Schulbildung und Berufslehre ermöglicht wird, schätzt der Jugendliche in besonderem Masse. Im 9. Schuljahr war Jovan schon eine Lehrstelle als Lüftungsmonteur zugesprochen, die er jedoch wegen der für ihn unangenehmen Arbeitsbedingungen (Kälte, Arbeitszeiten) nicht begonnen hat. Nach einer Schnupperwoche im 10. Schuljahr, hat er nun einen Lehrplatz als Sanitär-Installateur gefunden. Seinen eigentlichen Berufswunsch (neben dem Ideal Profi-Fusballer) des Chemikanten konnte der Jugendliche mangels Lehrstellen nicht erfüllen.

> Und jetzt habe ich Sanitär, das hat mir mehr gefallen gehabt, am Anfang wollte ich Chemikant, aber ist nicht gegangen, weiss auch nicht wieso, sie haben schon genug viel gehabt, da muss man sich zwei Jahre früher bewerben und darum habe ich nicht als Chemikant können.

Peers

Jovan hat Gewalttaten nur in seiner Peer-Gruppe verübt. Er war in der konstant bestehenden Vierer-Gruppe der Jüngste und erinnert sich mit Freude an die Zeit der Delinquenz: "*es ist schon toll gewesen*". Andererseits attestiert er sich und seiner Gruppe ein klares Bewusstsein von der moralisch zu verurteilenden 'Devianz' ihrer Taten.

> Ja, man ist schon froh, aber wenn man... wir haben immer gewusst, dass wir etwas falsch machen und so. Zum Beispiel einer sagt so, hey, wenn mein Sohn so jung ist, ich lass den das Gleiche machen. Da haben die anderen immer gesagt, hey, bist du so blöd, das ist nicht gut. Wir haben schon gewusst, was wir machen. Dann sind zwei in ein Heim gegangen, ein Marokkaner. Und dann im Heim sind sie voll anständig geworden, keine Probleme mehr ge-

> macht. Ja. Und jetzt von uns vier macht keiner so Scheiss mehr.

Die Gruppe, in der Jovan sich befunden hat, scheint nicht durch eine spezifische Freizeitbeschäftigung verbunden gewesen zu sein. Eine Vielzahl von Aktivitäten fand Platz, in folgender Textpassage wird zudem auch die Konsumorientierung der Jugendlichen deutlich.

> Ja, aber da sind wir noch alle jung gewesen. Jeder hat eine Freundin gehabt, am Abend geht jeder zur Freundin, dann nachher wieder abmachen, Billard spielen gehen. Wir sind im Jugi gewesen, Jugendhaus, trainieren, und so. Und immer so, jeden Tag andere Kleider.

c) Konsequenzen des devianten Verhaltens: Sanktion und Ausstieg

Jovan erzählt, dass sein Ordner bei der Jugendanwaltschaft der "*dickste*" gewesen sei. Fast jede Woche habe er wegen verschiedenen Delikten auf dem Amt vorstellig werden müssen. Das habe ihn immer "*angeschissen*" und schliesslich konstatiert er: "*Ich habe mich nicht wegen der Jugendanwaltschaft geändert*". An anderer Stelle erzählt er im Gegensatz dazu von einem Erlebnis im Aufnahmeheim Basel[25], welches ihn tief beeindruckt zu haben scheint:

> Als ich in das AH [Aufnahmeheim, Anm. OS] gekommen bin, ich bin einen Tag dort gewesen. Bin ich in AH, am Morgen haben sie mich abgeholt um sechs, dann bin ich dort bei der Heuwage oben, habe ich Fingerabdrücke geben müssen, Foto und so mit Nummer, wie im Film, und dann bin ich im AH gewesen, den ganzen Tag, im Zimmer, mega langweilig gewesen, habe nicht raus dürfen und so. Und dann am Abend bin ich im Zimmer gewesen, und dann hat einer geredet mit mir durch das WC und so. Und dann hat der so geredet, ja, bist du neu. So, ja, der war ein Italiener. Der hat mich gefragt, warum bist du da? Habe ich gesagt, ja Schlägerei, Probleme und das. Habe ich in gefragt, ja, er ist

[25] Das Aufnahmeheim Basel (AH) ist eine stationäre Einrichtung, welche Jugendliche aufnimmt, die sich in persönlichen Krisen befinden. Häufig werden auch von der Jugendanwaltschaft zugewiesene gewalttätige Jugendliche verwahrt.

> wegen Drogen dort gewesen. Weiss nicht, was er gemacht hat. Dann haben wir geredet, dann am nächsten Tag sind sie mich holen kommen, wieder Jugendanwaltschaft, geredet wieder, und dann bin ich raus, seitdem habe ich keine Probleme mehr gemacht.

Nach dem Erlebnis im Aufnahmeheim habe er auf der Jugendanwaltschaft "*geheult*" und der Leiter der Institution habe ihm ein Taschentuch gegeben. Auch in einer weiteren Passage des Interviews weist Jovan darauf hin, dass dieses Erlebnis ihn zum Beenden der devianten Aktivitäten bewogen habe. Die Androhung der Jugendstaatsanwaltschaft ihn in ein Heim einzuweisen und die Angst, deshalb nicht mehr Fussball spielen zu können, stellt der Jugendliche hier als ein Motiv für den Ausstieg dar:

> B: Dann in AH ist auch, ist sau langweilig, man dreht fast durch, immer in einem Zimmer drin. Essen wird dir reingeschoben, wie ein Hund. Eben. Das habe ich nicht gewollt, jeden Tag, Jugendanwaltschaft ein Mal, AH, dann habe ich auch gedacht, ich kann nie mehr Fussball spielen, wenn ich in ein Heim komme oder so.
>
> I: Ist das angedroht worden, hat man gesagt, sie kommen in ein Heim?
>
> B: Ja, ja. Sogar beim reden. Hast du das gemacht? Nein? Willst du zurück in AH? Und dann hat man das nicht gemacht, dann muss man sagen, ja also, ich habe es gemacht, obwohl man es nicht gemacht hat. So Drohungen haben sie auch gemacht.

An anderer Stelle des Interviews meint Jovan jedoch, dass nicht die Jugendanwaltschaft das Ende seiner devianten Handlungen bewirkt habe, sondern er selbst diese Veränderung herbeigeführt hätte. Auch seine Mutter scheint für ihn in diesem Prozess eine Rolle gespielt zu haben. Die Jugendanwaltschaft stellt der Jugendliche als Institution dar, die nicht eine helfende und unterstützende Rolle für die Jugendlichen einnimmt, sondern, wie die Passagen oben verdeutlichen, nur sanktionierende und bedrohende Funktionen ausübt. Eine Frage, die sich hier aufdrängt, ist, ob die von dem Jugendlichen hier erwähnte Falschaussage aufgrund der Drohung einer Fremdplatzierung nicht nur institutionell destruktive Wirkung hinsichtlich des Gebots der Wahrheitsfindung entfaltet, sondern auch die öffentlichen Interaktionsstrategien des Jugendlichen nachhaltig belastet.

> Die Jugendanwaltschaft ändert einem ja gar nicht. Weiss nicht, alle, die Probleme machen, sie scheissen auf die Jugendanwaltschaft. Die helfen einem gar nicht. Ja, wenn man dort hin geht, dann später, ich weiss nicht, die von der Jugendanwaltschaft meinen, die sind dumm oder so.

d) Ausstieg und Zukunftsperspektiven

> Weil ich selber, ich habe mich von selber geändert, ich habe gesehen, was ich früher gemacht habe, dass das nicht gut ist und so. Mutter hat auch immer gesagt.

Wie bereits oben beschrieben (Kap. 3.4.4) führt der Jugendliche seine Abwendung von gewalttätigen Handlungen nicht auf den Einfluss von Sanktionen der Jugendanwaltschaft, sondern auf eine eigene Motivation und schliesslich dem beständigen Zureden der Mutter zurück. Hier zeigt sich eine gewisse Inkonsistenz in der Selbstrepräsentation des Ausstiegs Jovans, da er an anderer Stelle meint, er habe seit dem Tag im Aufnahmeheim "*keine Probleme mehr gemacht*".

> Wünsche habe ich schon viel. Ich weiss nicht, ich will Lehre abschliessen, will ein Auto haben, ein schönes Leben, keine Geldprobleme. Aber der grösste Wunsch wäre, Fussballer zu werden. Dann hätte ich noch mehr Geld, könnte sogar Spenden abgeben, und alles mögliche. Wenn ich viel Geld hätte, würde ich den anderen helfen, weil, es gibt sehr viel arme Kinder, zum Beispiel in Indien, oder weiss nicht wo, die arbeiten für einen zwei Franken in der Stunde, ja aber ich würde schauen, dass das Geld wirklich dorthin kommt, weil ich weiss nicht, einer sagt, die Patenschaften, die man da zahlt, die gehen gar nicht dort hin. Einer sagt, ja, das stimmt, das nicht. Man muss sich schon selber für das einsetzen. Nicht, ich mache ein gemütliches Leben, habe viel

Geld und ein paar sind am verhungern. Ich würde schon helfen, Fussballer wäre das Beste für mich.

Wie die meisten Jugendlichen des Sampels orientiert sich Jovan an bürgerlichen Normen eines geregelten, sorgenfreien Lebens. Die Lehre abzuschliessen und damit die Integration in die Welt der Erwerbstätigen ist für Jovan ein primäres Anliegen. Mit dem Traum vom Fussballer und dem erwarteten grossen Verdienst verbindet Jovan auch den Wunsch, anderen Menschen zu "*helfen*". Er bringt differenziert zum Ausdruck, dass eine Beteiligung in Form einer Beziehung ("*Patenschaften*") sinnvoll für ihn ist und er nicht einfach nur ein "*schönes Leben*" im Bewusstsein des Leidens anderer wünscht.

3.4.5 Jovan: "Das ist normal, das kann nie normal sein". Hermeneutisch wissenssoziologische Fallanalyse

B: Ich weiss nicht, bei den Ausländern ist es grosses Problem. Bei den Schweizern nicht. Ich kenne sau viele Schweizer, die sind voll in Ordnung. Bei einem Ausländer, beleidigst seine Mutter, fängt grad Stress an und so. Bei mir ist auch so, wenn jemand den Vater beleidigt. Mein Vater ist gestorben im Krieg und so. Wenn einer meinen Vater beleidigt, ich weiss nicht, es ist schlimm und so. Beherrschung ich kann schon behalten und so, aber weisst, wissen sie, mit Lust einfach einen drauf schlagen, ich weiss nicht, wenn einer etwas sagt, ich beherrsche mich sau viel und so, ich fange nie an, aber dann, wenn einer mich schubst oder etwas, dann schlage ich schon zu. Aber selber fange ich nie an.

I: Sie lassen sich nicht schupfen?

B: Nein. Nein, ich probiere immer, wenn einer etwas sagt, ja, ja, ja, ja, ist gut, ist gut, ganze Zeit so. Dann wenn er etwas machen will, dann musst du dich wehren, du kannst dich nicht schlagen lassen. Bei mir ist es so, bei mir, ich lasse mich nicht so leicht provozieren. Einer sagt, fick deine Mutter, ja ist gut, ist gut, dann irgendwann einmal, wenn der schupft oder irgendetwas macht.

I: Das hat es auch schon gegeben in letzter Zeit.

B: Bei mir nicht so viel, aber bei Kollegen und so. Und wenn jemand Kollege anrührt, dann nehme ich auseinander und so. Die sollten nicht stressen, man lebt ja nicht zum Probleme haben, man sollte das Leben ja geniessen. Eigentlich oder? Schön etwas trinken gehen, Sonnenbaden, alles und nicht Probleme machen. Aber es wird immer ein paar geben, die Probleme machen.

I: Wieso machen die das?

B: Das ist normal, das kann nie normal sein, weil Krieg jetzt, da im Irak und so, Krieg wird es immer wieder geben, das ist halt nun mal so. Sie können keine Kompromisse schliessen, ich weiss auch nicht wieso. Darum mit Gewalt. Es gibt immer zwei verschiedene Möglichkeiten, Kompromiss schliessen, du machst mir ... ich schau dich nicht an, du schaust mich nicht an, oder mit Gewalt das zu lösen. Es ist immer so. Es wird immer so gelöst.

Mit der Phrase "*Das ist normal, das kann nie normal sein*" offenbart Jovan ein grundlegendes Dilemma seiner Auseinandersetzung mit Gewalt. Er spricht der Gewalt eine Normalität, in der Art einer Unausweichlichkeit ihrer gesellschaftlichen Existenz, zu. Diese Unausweichlichkeit trifft auch ihn, wenn er meint; "*dann musst Du dich wehren, du kannst dich nicht schlagen lassen*". In Fällen wo er seine physische Integrität ("*schupft*") verletzt sieht, ist Gewaltanwendung für Jovan eine zwingende Reaktion. Legitimiert und geradezu als notwendig erachtet wird hier die Anwendung von Gewalt als Form der Verteidigung der eigenen Person und Menschen, zu welchen eine Beziehung besteht. Jovan grenzt sich jedoch von jenen ab, die "*keine Kompromisse*" schliessen können, für die Gewalt die Wahl der Mittel schlechthin darstellt. Für Jovan erschliesst sich so auch ein historisches Verständnis für die Unausweichlichkeit neuer Kriege, insofern er die Gewalt als *a priori* des Menschseins auffasst.[26] Somit stellt sich die Gewalt als

[26] Ein vergleichbares Konstrukt finden wir bei Sigmund Freud. Freud unterstellte dem Menschen eine angeborene Aggressionsneigung und nannte diesen des-

eine unausweichliche Normalität dar, und gerade deswegen lässt sich, wie Jovan mit dem Ausspruch "*das kann nie normal sein*" bekräftigt, Normalität nicht herstellen. Eine daran anschliessende Interpretation lautet, dass der Jugendliche zwei Normalitäten für gegeben hält: Eine, in welcher Gewalt prima ratio ist und eine andere, in welcher Gewalt gar keinen Platz haben kann, die dadurch erst sich als 'normal' konstituiert, indem Gewalt absent ist. Dies ist die Normalität, in welcher gilt: "*man lebt ja nicht zum Probleme haben, man sollte das Leben ja geniessen*". Diese Normalität der institutionellen Normen[27], in welcher Gewalt absent ist, kann sich für Jovan nur herstellen, wenn die Gewalt darin nicht zugelassen wird. Dass dies für Jovan von eminent normativem Charakter sich darstellt, verdeutlicht die Verdichtung "*nicht Probleme machen*".

Der Jugendliche endet in der Darstellung dieser Konstruktion in einem bemerkenswerten Satz: "*ich schau dich nicht an, du schaust mich nicht an*". Der in Kapitel 3.4.4 beschriebene dichte Umschlagspunkt von der nicht-zentrierten zur zentrierten Interaktion erscheint hier wieder in der Absolutheit der Herstellung einer Welt ohne Gewalt: Die Blicke nicht zueinander zu wenden, erscheint als die einzige Möglichkeit, die Eskalation der Gewalt zu verhindern. Aber, so müsste konsequenterweise der Schluss dieser Argumentation lauten, der Preis, die Normalität 'normal' zu halten, ist der Verlust des Gegenübers, welches nicht mehr angeschaut werden darf, da das Potential zur Gewalt immer gegeben ist.

---

halb 'Homo homini lupus', eine "wilde Bestie". Kultur als Triebeinschränkung hat nach Freud die Funktion, den Zerfall der Gemeinschaft durch sonst entfesselte, brutale Gewalt zu verhindern (Freud & Mann, 1988: 102). Vgl. zur Kritik an diesem ahistorischen Konstrukt: Kilian (1971: 234) und Fromm (1986: 111).

27 Institutionelle Normen werden hier verstanden als Legitimationen der institutionalen Ordnung, über welche sich gesellschaftliche Inklusion (Systeminklusion) herstellt. Institutionen sind damit Teil der öffentlichen Sphäre, jedoch glaube ich nicht, dass die private Sphäre deswegen "frei" von Institutionalisierung sei, da Institutionalisierung letztlich Bewusstseinsstruktur ist (vgl. Berger & Luckmann, 1996: 86f.).

An dieser Stelle verdeutlicht sich noch einmal ein Konstrukt, welches schon bei Alois (Kap. 3.4.2) beschrieben wurde: Das Paradox, Gewalt als unausweichliche Normalität und zugleich als nicht der Normalität der institutionalen Ordnung zugehörig Sollendes zu verstehen. Jene zwei "*Lösungen*" für menschliche Interaktionsprobleme, die Jovan anbietet, die sich in 'schauen' versus 'nicht-schauen' verdichten, lassen zuletzt nichts übrig, wo Gewalt nicht anwesend wäre. Auch im Wegschauen ist ihre negierende Potenz ja dennoch enthalten. In folgender Passage wird diese Thematik noch einmal am Beispiel "*frei leben*" präsentiert:

> I: Ausländer und Schweizer sollten sich aus dem Weg gehen?
>
> B: Ja, finde ich, wenn sie sich nicht verstehen können. Es gibt auch viel Schlägereien und so, nur wegen so Sachen. Hey Scheiss-Ausländer und so.
>
> I: Auch an der Schule, das haben sie schon oft erlebt?
>
> B: Ja, an der Schule hat es auch viel gegeben. Aber Schweizer ist immer der ruhige, der nichts macht und so. Es gibt auch Schweizer, die richtig aggressiv sind und so. Ich kenne auch ein paar, ein paar, die lassen sich nicht provozieren. Das ist gut, man sollte das machen können, was man will, nicht so, zum Beispiel, man läuft die Strassen entlang, man weiss, hey, da sind die Typen, die mich immer so schräg anschauen. Dann muss man extra eine Runde oder so machen. Man muss frei leben können, finde ich, ich weiss nicht, vielleicht finden es andere anders.

Auch in dieser Passage zeigt sich Jovans Dilemma. Einerseits bevorzugt er, wie oben beschrieben, menschliche Gemeinschaft ohne Gewalt, andererseits befürwortet er das Verhalten von (männlichen) Schweizern, die "*richtig aggressiv*" sind und sich "*nicht provozieren*" lassen. Steht die Gewalt im Dienste der Wahrung individueller Freiheitsrechte (z.B. die Wahl der Strassenseite) wird sie legitim. Im Postulat der männlichen Stärke, die Jovan hier an den aggressiven Schweizern

beschwört, zeigt sich der Aspekt der Kontrolle, welcher Böhnisch im Konzept der 'Externalisierung' als durchgängiges Grundmuster männlicher Sozialisation erwähnt (Böhnisch, 1994: 132). Diese Passage verdeutlicht, dass für den Jugendlichen 'Freiheit' zuletzt mittels Kontrolle über die Umwelt erlangt werden soll, und ultima ratio: mittels Gewalt.
Jovan unterscheidet in Bezug auf Gewalt deutlich zwischen MigrantInnen und SchweizerInnen. In folgender Passage spricht er die Bedeutung der Familie und der Familienehre für MigrantInnen als Gründe der Eskalation von Gewalt an:

> Ich weiss nicht, bei den Ausländern ist es grosses Problem. Bei den Schweizern nicht. Ich kenne sau viele Schweizer, die sind voll in Ordnung. Bei einem Ausländer, beleidigst seine Mutter, fängt grad Stress an und so. Bei mir ist auch so, wenn jemand den Vater beleidigt.
>
> ...
>
> Ja, wenn man in den Schulhäusern schaut, es sind immer in den Klassen, zwei Schweizer, andere Klasse drei Schweizer, mehr Ausländer, wenn man schaut. Dann aber im Gymnasium, ein, zwei Ausländer, Rest Schweizer, das gleicht sich schon aus. Weiss nicht, es hat sicher nicht mehr Ausländer als Schweizer, aber irgendwann sollte man schon stoppen. Einfach so. Die kommen als Asylanten rein, dann Pass und Bewilligung, dass sie hier bleiben können.

Bedeutend ist hier die von Jovan geäusserte Ausländerfeindlichkeit im Gebrauch der für die Schweiz typischen 'Asylanten-Argumentation' (vgl.: Frischknecht, 1991: 260ff.), die die zu Beginn differenzierte Betrachtung Jovans abschliesst.

3.4.6 Zusammenfassende Fallrekonstruktion

In Jovans Selbstrepräsentation existieren zwei Normalitäten, beide über spezifische Legitimationen zur Konstitution ihrer Sinnhaftigkeit verfügend. Bezeichnend ist die Konstruktion der 'gewalttätigen Interaktion' als quasi voraussetzungslose Normalität, als Rahmung, die dem Menschen *a priori* gegeben ist. Gewalttätige und friedliche Exis-

tenz sind polar als metaphysisch und normativ begründete Determinanten konstruiert und entsprechend verhält es sich mit den zur Verfügung stehenden problemlösenden Interaktionsstrategien: Gewalt wird dadurch zu einem zentralen Bestandteil menschlicher Existenz. Jovan steht so in einem spannungsvollen Paradox zweier unversöhnlicher Wahrheiten. Im Folgenden spreche ich von der Normalität der Gewalt als 'geschlossenes Sinngebiet' im Sinne von Alfred Schütz. Schütz (2003: 209) nimmt an, dass Individuen in vielen, intersubjektiv konstituierten Wirklichkeiten leben, die über je eigene Konsistenz und Kompatibilität der Erfahrungen innerhalb der Grenzen des Sinngebietes verfügen. Die Formen der Geschlossenheit und die daraus entstehenden alltäglichen Vermittlungsprobleme subjektiver und intersubjektiver Art werden genauer zu untersuchen sein (vgl. Kap. 3.5 und 3.7). In Anbetracht der bereits beschriebenen theoretischen Schwierigkeiten dieser Konzeption (vgl. Goffman, 1980: 14) möchte ich diese Darlegungen indes als Diskussionsgrundlage verstanden wissen (vgl. auch Kap. 3.3).
Der Blick auf die Lebensgeschichte des Jugendlichen weist Parallelen auf: Der gewaltsame Tod des Vaters, die Unverrückbarkeit dieser Tatsache spiegelt die präsente Normalität der Gewalt im Leben Jovans wider. Er zählt sich selbst zu den Vaterlosen, deren Leiden nicht von jenen gekannt werden kann, die mit einem Vater aufgewachsen sind (vgl. Alois, Kap. 3.4.1). Die gewaltsam induzierte Absenz eines Vaters ist als solche in ihrer Erzwungenheit ständig präsent. Die Mutter repräsentiert hingegen den Teil der gewaltlosen, alltäglichen Normalität der institutionalen Ordnung im Leben des Jugendlichen. Sie "*weiss alles viel besser*" und ist jene, die ihm diese Normalität mit Nachdruck auf den Weg zu geben versucht: "*mit denen wo du Probleme hast, gehe Frieden machen*", sagt sie zu ihm. Ihrem Engagement schreibt Jovan schliesslich seine Distanzierung vom Gewalthandeln zu, sie bezeichnet er als das Agens seiner Hinwendung zur gewaltlosen Normalität der institutionalen Ordnung. Die ebenfalls gewalttätig aufgefallene und für die vorliegende Studie interviewte Schwester Jovans, Mirjana (Kap. 3.4.11), präsentiert ähnliche Normalitätskonstruktionen entlang

der Differenz Gewalt – Friede. Schliesslich schildert Jovan auch den älteren Bruder als in gewalttätige Handlungen verwickelt.
Trotz diesem – im Interview präsentierten – Ausstieg bleibt für den Jugendlichen die Existenz des Sinngebietes der Gewalt präsent und legitimiert. 'Freiheit' kann (und muss gegebenenfalls) so in beiden Welten er- und gelebt werden; einerseits als konsumorientierte Genussform, andererseits als durch Drohung und Kampf verteidigter Handlungsspielraum.
In dieser Dualität spiegeln sich auch Geschlechterrollenstereotypen Jovans wider, Handlungsspielräume ergeben sich für den Jugendlichen über Zurechnungen entlang der klassisch antagonistischen Geschlechterrollen.[28] Geschlechterrollenstereotypen können auf diese Weise in die oben beschriebenen Sinngebiete integrierenden Charakter haben, wo Codes, Handlungsskripte und Konventionen letztlich Handlungssicherheit garantieren. Das Problematische dieser Konstruktion stellt insbesondere die Unvereinbarkeit der beiden vorgestellten Normalitäten, oder genauer: deren beiderseitige Gültigkeit bei gleichzeitigem normativem Ausschluss der Gewalt, dar. Wir können dies als die Konstruktion eines klassischen Paradoxes ansehen: Zwei Wahrheiten, wobei die eine die andere ausschliesst, verdeutlicht in der Schlussfolgerung Jovans: "*Es ist immer so, es gibt keine dritte Möglichkeit. Oder kennen sie eine?*"
Der Jugendliche vollführt im Interview gewissermassen einen Drahtseilakt; schwankend einmal die Normalität der Gewalt verteidigend, einmal die Normalität der institutionalen Ordnung hochhaltend. In sich abgeschlossen erscheinen die jeweiligen Argumentationen logisch und nachvollziehbar, da – wie noch weiter ausgeführt werden soll – gesellschaftliche Wissenskonstrukte die paradoxe Rahmung stützen. Geradezu allegorisch greifbar wird dieses paradoxe Konstrukt schliesslich im Satz: "*Das ist normal, das kann nie normal sein*".

[28] "*Frauen gehen tanzen, sie wissen auch was Spass ist und so*" und "*ein Mann, weiss nicht, der will immer der Boss sein*".

3.4.7 Vlado: "Will nicht einer sein, der sich alles gefallen lässt". Darstellung der Fallstruktur

a) Gewaltdarstellung und präsentierte Erklärungsmuster

Vlado ist ein 17-jähriger männlicher Jugendlicher, dessen Eltern vor seiner Geburt von Kroatien in die Schweiz eingereist sind. Der Jugendliche hat im Gefolge seiner Peer-Gruppe in Auseinandersetzung mit anderen jugendlichen Peer-Gruppen mehrfach gewalttätig agiert. Diverse Male ist es nach seinen Äusserungen auch zu willkürlichen Sachbeschädigungen gekommen.

> Ich habe schon so Kollegen, die Scheisse machen, aber dabei bin ich nicht mehr. Aber ich merke schon, es ist wie früher. Ich bin jetzt auch nicht voll anständig geworden. Ich lerne natürlich schon, aber wie soll ich sagen, die Vergangenheit ist immer noch ein bisschen in mir, so. Wenn mich einer die ganze Zeit anschaut oder so, dann werde ich auch aggressiv. Denke dann, doch keine Probleme machen oder so. Aber wenn es sein muss, wenn mich einer provoziert, dann gehe ich schon drein oder. Will nicht einer sein, der sich alles gefallen lässt. Das bin ich nicht und das kann ich auch nicht werden.

Der Jugendliche präsentiert sich als Halb-Ausgestiegenen. Zwar "*lernt*" er, um, wie er an anderer Stelle betont, die Lehre abzuschliessen, zugleich bemerkt er jedoch, "*nicht voll anständig*" geworden zu sein. Vlado zeigt hier eine gewisse Angst, als Schwächling wahrgenommen zu werden, wenn er provoziert wird und bekräftigt deshalb, dass er nicht einer sein wolle, der sich alles gefallen lasse. Im folgenden Satz verabsolutiert er die zuvor geäusserte Absicht zu einer grundsätzlichen Eigenschaft seiner Identität, welche unabänderlichen Charakter besitzt "*Das bin ich nicht...*". Wie Jovan (Kap. 3.4.4) beschreibt Vlado die Eskalation der Gewalt als Provokationsspirale, die alleine durch die symbolische Bedeutung eines Blickes ausgelöst werden kann.

> Ja, wenn man merkt, es ist genug für ihn, dann gehen wir schon. Wir schlagen nicht, bis er eine schwere körperliche

> Verletzung hat. Wenn man merkt, der kann nicht mehr aufstehen und sich wehren, der ist am Boden, dann ist fertig. Wenn man noch Blut sieht an seinem Gesicht, dann ist natürlich klar, hören wir lieber auf, bevor die Polizei kommt.

Vlados gewalttätiges Verhalten rückt in seinen Erklärungen in die Nähe eines Wettkampfes, dessen Ziel es ist, den Gegner zu besiegen, indem solange geschlagen wird, bis keine Gegenwehr erfolgt, das Gegenüber zu Boden geht und "*...nicht mehr aufstehen kann*". Diese Konstruktion gleicht auffallend der Konvention des K.O.-Sieges im Boxkampf, die fordert, den im Ring zu Boden gegangenen Gegner bis auf zehn auszuzählen. Kann der zu Boden Gegangene nach Ablauf der Auszählung des Schiedsrichters sich nicht wieder erheben und den Kampf fortsetzen, fällt der Sieg zugunsten des noch Stehenden. Wie für andere Jugendliche auch stellt sich hier die Gewalt als eine Form von Interaktion heraus, die besonderen Codes unterliegt und kompetitiven Charakter annimmt. Sofsky (2001) unterscheidet im "Traktat über die Gewalt" zwei unterschiedliche Formen der physischen Gewalt: Den Kampf und die Jagd. Die von Vlado hier präsentierte Form der Gewalt entspricht den Merkmalen des Kampfes.
Auf die Frage, wie er sich fühle, wenn es zu gewalttätigen Handlungen komme, antwortet Vlado:

> weiss nicht .... irgendwie schon Mitleid, wenn man sieht, dass er [das Opfer, Anm. OS] so mit denen zusammen ist und richtig auf die Fresse bekommt. Am Anfang hat man natürlich schon eine Wut, dann schlägt man, dann fühlt man sich auch irgendwie gut so. Wenn man ihn getroffen hat. So eine kleine Erlösung. Im Nachhinein denkt man schon Scheisse irgendwie. Aber hat sich auch gelohnt ... man weiss es natürlich.

Vlado bezeichnet das Gefühl, welches sich direkt nach der physischen Verletzung des Gegners einstellt als "*kleine Erlösung*". Dies weist darauf hin, dass er vor der Kampfhandlung in einer Situation starker Angespanntheit stand und Gewalt für ihn ein Mittel darstellte, diese

Spannung abzubauen.[29] In der Folge, wenn der Jugendliche "*sieht*", dass der Gegner "*richtig auf die Fresse bekommt*", stellt sich auch ein Gefühl von "*Mitleid*" ein.
Vor allem Feindlichkeit, die ihm gegenüber aufgrund seiner Nationalität geäussert wird, ist für Jovan ein fast zwingender Anlass zu gewalttätiger Reaktion.

> Das erleben sie dann genau gleich, wie wir da. Wenn ein Schweizer jetzt in Kroatien lebt, das ist sicher genau das gleiche. Ausländerhass, Rassismus und so. Irgendwie normal so. Man lebt in seinem Land, mit seinen, Leuten, die von da kommen und Ausländer (...?...)[30] ist schon, meine ich, wie sie zum Beispiel denken über die Ausländer, ist mir auch egal aber, wenn ich so etwas sehe, dann ist natürlich schon eine Wut, wenn, Scheissjugo, Scheissausländer, gehe zurück und so. Das ist bei mir Nummer eins Provokation zum Dreinschlagen. Auch jetzt noch. Ja.

Deutlich wird in diesen Ausführungen Rassismus und Ausländerhass als "*normal*" kausale Folge der Immigration dargestellt. Dies entspricht einer klassischen Argumentationslogik, wonach Fremdenhass und -angst natürlich-biologischen Motivationen entspringe und damit ein universalhistorisches Phänomen menschlichen Zusammenlebens sei.[31]
Gründe, die den Jugendlichen zum Beenden der gewalttätigen Aktionen in der Situation bewegen, entspringen drei im Interview angeführten Motivationen: Angst vor öffentlicher Sanktion (Polizei), Mitleid mit dem Opfer und Angst vor privater Sanktion (Mutter und Bruder).

---

29 Vgl. die Theorie der Katharsis, die einen psychischen Spannungsausgleich hypostasiert, der durch die Ausübung von Gewalt ermöglicht wird (Hurrelmann, Rixius, Schirp & Böth, 1996).

30 Dieses Symbol (...?...) bedeutet, dass im Transkriptionstext nicht exakt der Audio-Aufzeichnung entsprochen werden konnte.

31 Vgl. dieser Argumentation widersprechend: Butterwegge (1996: 125).

b) Kontextbedingungen - Vlados soziale Netzwerke

Familie

Vlados Eltern trennten sich nach seiner Geburt. Der Jugendliche sieht seinen leiblichen Vater regelmässig, ist froh, Kontakt zu ihm zu haben und meint: "*Will auch Kontakt zum dem haben. Ist ganz normal irgendwie*". Allerdings verweigert der ältere Bruder jeden Kontakt zum leiblichen Vater, nachdem er von diesem geschlagen wurde.

> Keine gute Zeit gehabt mit dem (...?...) er hat so hart geredet so... auch Schläge bekommen und so. Das hat er nicht mehr mitmachen wollen, darum ist er zu der Mutter gezogen. Ja.

Die physisch sanktionierende Instanz in der Familie übernimmt – anstelle des Vaters – nun anscheinend der ältere Bruder Vlados, der "*temporär*" arbeitet. Dieser hatte im Alter von Vlado "*auch so Probleme*" und versucht anscheinend, den jüngeren Bruder vom Kontakt mit seiner Peer-Gruppe abzuhalten. Nur an einer Stelle im Interview findet sich ein anspielender Hinweis zum Aspekt der geschwisterlichen Gewalt:

> Sie [die Mutter, Anm. OS] hat natürlich gefragt, wie das passiert, wieso sie mich mitgenommen haben? Aber da habe ich natürlich schon Lügen erzählt, aber irgendwie ist es schon ans Licht gekommen. Habe ich schon erzählt, was passiert ist, dann hat sie gesagt, was gibst du dich mit denen ab und so. Habe ich alles erklären müssen und haben eine zeitlang zusammen geredet und so. Schon ein bisschen Enttäuschung von ihr und so. Wenn der jüngere Sohn in den Problemen drin ist. Also Schläge und so. Das macht meine Mutter nicht. Mehr vom Bruder so.

Vlado schildert die Erziehungspraktik seiner Mutter als "*streng*". Er möchte über seine Mutter, die "*Putzfrau*" ist, eigentlich nicht Auskunft geben, da dies eine "*private Ebene*" sei. Nachgefragt charakterisiert er die Beziehung zu ihr schliesslich:

> Man hat müssen, ich habe machen müssen, was sie mir sagt. Und das ist einfach das oberste Thema gewesen. So hat sie mich auch erzogen. Es ist nicht nur so, was sie mir sagt, das mache ich auch. Ja. (...?...) So harte Regeln, Ausgang, der genaue Ausgang Zeitpunkt hat man zu Hause sein müssen. Was soll ich sagen. Ja.

Schule – Ausbildung

Aufgrund nicht genügender Schulleistungen musste Vlado den Traum vom Beruf des Automechanikers aufgeben und steht nun im ersten Jahr einer Metzgerlehre bei einer Wurstwaren-Fabrik. Auf Nachfrage, wie ihm die Lehre gefalle, sagt er knapp: "*Mmm. Das ist nicht schlecht. Ja*". Seine Motivation, den Beruf des Metzgers zu erlernen, scheint, bedingt auch durch die industrielle Verarbeitung der Tiere, nicht gross zu sein. Denn auf die Frage, welche Arbeit er während seiner Lehre verrichte, antwortet er:

> Würste herzustellen. Hauptsächlich das. Würste herstellen, ausbeinen, schlachten, alles was mit der Wurst zu tun hat, das mache ich. Das kann ich nicht gross beschreiben. Würste herstellen. Das ist das Wichtigste. Schlachten, üben, bis an die Abschlussprüfung.

Die Lehre nimmt für Vlado einen zentralen Stellenwert ein. Wie für die meisten anderen Jugendlichen (vgl. z.B. Kap. 3.4.1 und 3.4.4) legt Vlado grossen Wert auf eine abgeschlossene Lehre, die ihm den Weg in die langfristige finanzielle Selbstständigkeit ermöglicht:

> Ich habe ein Ziel, die Lehre abschliessen. Auf das schaue ich eigentlich zurzeit.

An der Weiterbildungsschule, die Vlado besucht hat, stellt er eine starke Separation zwischen SchülerInnen unterschiedlicher Nationalitäten fest: Die anständigen, strebsamen Schweizer Jugendlichen und die ausländischen Jugendlichen, die "*Scheissdreck*" machen, zwar unbeliebt, dafür aber "*cool*" sind. Die Schweizer SchülerInnen wurden wegen ihrer beflissenen Haltung von den ausländischen SchülerInnen angegriffen, was Vlado in der Interviewsituation in einer kritischen

Sicht kommentiert. "*Macht*" und "*Anerkennung von den anderen*" führt Vlado hierfür als zugrundeliegende Motivationen an:

> I: Hat es dann praktisch wie eine Hierarchie gegeben, so die die Macht gehabt haben und die die unterlegen gewesen sind?
>
> B: Macht. Anerkennung von den anderen. Also mehr so die Ausländer. Also Schweizer. Ich habe nichts gegen Schweizer, aber wir haben die immer fertig gemacht und so. Weil sie eben so anständig sind und lernen, das ist uncool. Wenn man dabei ist, dann muss man nicht lernen, Scheissdreck machen. Alles was eigentlich nicht gut ist.
>
> I: Und das ist wirklich sehr getrennt gewesen? Die Schweizer haben eher gelernt und die Ausländer...
>
> B: Ja, es ist immer noch so, die Ausländer sind die meisten, die Probleme machen. Gewalt und so. Es ist so.

Peers

Vlado war bis vor kurzem festes Mitglied einer Peer-Gruppe, die er über die langjährigen Beziehungen unter Jugendlichen verschiedenster Nationalitäten charakterisiert: "*Sei es Kosovo Albaner oder Jugoslawen so wie ich, Italiener, Spanier, Türken*". Folgendes Exzerpt verdeutlicht die Bedeutung der Peer-Gruppe für das gewalttätige Handeln des Jugendlichen:

> Eben um den anderen zu zeigen, dass man auch etwas drauf hat, dass man auch etwas kann. Schon in der Gruppe, aber irgendwie Aussenseiter. Nicht mutig oder so. Ein kleiner Gruppenzwang. Man muss das machen, was die anderen machen. Man muss einfach. Man will dabei sein, darum macht man es.

Der Wunsch nach Erhalt von Akzeptanz und Annerkennung in der Peer-Gruppe, sowie die Angst, ein Aussenseiter innerhalb der Gruppe zu sein und nicht als jemand geachtet zu werden, der "*auch etwas kann*", verdeutlichen die stark hierarchisierten Beziehungen der Peer-

Gruppe in der Wahrnehmung Vlados. Volle Akzeptanz, die keinen expliziten Verweis auf die Aussenseiterrolle oder zumindest eine latente Bedrohung des Status' in der Gruppe bedeutet, kann nur über das Zeigen und Beweisen von Mut erfolgen. Und in der Stringenz der Gruppenlogik wird Mut über Kampf, d.h. über die Anwendung von Gewalt bewiesen.

Bedeutsam erscheint hier, wie auch an anderer Stelle des Interviews, der mit kritischem aber auch diminuierendem Akzent reflektierte Umstand des "*kleinen*" Gruppenzwangs. Diese Kommentierung spiegelt die ambivalente Haltung des Jugendlichen über seine Zugehörigkeit zu der Peer-Gruppe wieder. Wie bereits oben (Kap. 3.4.7) beschrieben, präsentiert sich der Jugendliche als Halb-Ausgestiegenen, der noch "*ab und zu*" mit der Peer-Gruppe sich trifft, jedoch Situationen meidet, die in strafrechtliche Tatbestände münden und so das erfolgreiche Beenden der Lehre gefährden könnten.

Die Gruppe in welcher sich Vlado bewegt hat, konsumierte vor gewalttätigen Aktionen öfters Alkohol und Cannabis, wobei der Jugendliche betont, dass der Rauschmittel-Konsum keine Bedingung für deviantes Verhalten gewesen sei. Als potentielle Gegner bezeichnet Vlado andere – provozierende – Peer-Gruppen, egal ob schweizerischer oder ausländischer Nationalität.

> Zwischen anderen Ausländern. Nicht nur Schweizer. Früher haben wir nicht nur Schweizer angegriffen, sondern es sind auch Ausländer gewesen, die provoziert haben, ja, dann ist es dazu gekommen.

c) Konsequenzen des devianten Verhaltens

Vlado wurde aufgrund verschiedener Delikte von der Jugendanwaltschaft zu gemeinnütziger Arbeit verurteilt. Er kommentiert die Situationen auf dem Amt lapidar:

> Ich habe mich langsam dran gewöhnt. Immer das gleiche (...?...) Durchsuchung gemacht. Mich ausziehen. UP Kontrolle [Urinprobe, Anm. OS] und dies und das.

Oftmals sei er und seine Peer-Gruppe auch von der Polizei aufgegriffen und manchmal rassistisch beschimpft, zum Teil auch gewaltsam behandelt worden. Vlado spricht hier – wie andere Jugendliche auch (vgl. z.B. Kap. 3.4.1 und 3.6.4) – die Etikettierung der von der Bevölkerung als Bedrohung empfundenen Jugendlichen an:

> Meistens so Verdachte, Vermutungen, im St. Johann sind wir gewesen, zehn Stück sind wir gewesen (...?...), haben in eine Tankstelle gewollt, eine alte Frau hat vermutet, dass wir überfallen wollen und dann (...?...) sieben Wagen sind dort gewesen von der Polizei, Handschellen und abgeführt. Sonst so Sachbeschädigung oder so.

Immer wieder mit der Polizei zu tun zu haben und Probleme zu Hause wegen der devianten Aktivitäten zu bekommen, gibt Vlado als Anlässe an, die ihn bewogen haben, sich von der Peer-Gruppe und dem gewalttätigen Verhalten zu distanzieren. Die Mutter schildert Vlado als "*streng*", jedoch nicht physisch sanktionierend. Wie bereits in Kapitel 3.4.7 im Rahmen der Kontextbedingungen der Familie vermerkt, war die Mutter zwar "*enttäuscht*" vom Verhalten ihres Sohnes, redete eine "*zeitlang zusammen*" mit ihrem Sohn, sanktionierte jedoch nicht mit physischer Gewalt. Diese Rolle, die Vlado an anderer Stelle einer väterlichen Gestalt zuspricht ("*Beim Vater wäre es sicher anders gelaufen, ja. Ja, paar Schläge kassieren so*"), scheint in der Familie der Bruder übernommen zu haben.

d) Ausstieg und Zukunftsperspektiven

Vlado hat sich zwar von seiner Peer-Gruppe distanziert, möchte seine Lehre abschliessen und keinen Ärger mit der Polizei und der Familie mehr haben, befürwortet jedoch in zahlreichen Äusserungen gewalttätiges Handeln. Er schätzt Situationen, in welchen eine direkte Kampfsituation ("*eins gegen eins*") vorherrscht und die Peer-Gruppe sich zu ihm solidarisch verhält:

> Sind meine Kollegen ... mithelfen und so. Ha ist schon gut irgendwie, wenn ich denke, so. Eins gegen eins, wenn ich einen Messerstich bekomme.

Der Jugendliche ist trotz der erfolgten Distanzierung von der Peer-Gruppe noch der Meinung, dass ein Aussenseiterstatus in der Peer-Gruppe bedingt durch unterlassene Gewalthandlungen ("*nicht mutig*") für ihn nicht akzeptabel ist. An einer Stelle des Interviews findet sich zudem eine Äusserung ("*Die Gruppe, in der ich bin*"), die vermuten lässt, dass der Jugendliche sich nicht – wie zuvor betont – von der Peer-Gruppe distanziert hat. Da die Gesprächsdynamik hier einen wahrscheinlich nicht unwesentlichen Einfluss auf diese Äusserung hat, an dieser Stelle ein Auszug:

> I: Gibt es denn das ab und zu, dass man so dumm angeschaut wird, oder?
>
> B: Ja, das erlebt man schon.
>
> I: Also das sind andere Leute, die auch Streit suchen.
>
> B: Hey, wir sind nicht ... Die Gruppe, in der ich bin, das ist nicht die einzige in Basel, die Scheisse macht. Es gibt .... weiss nicht wie viel von denen.

Für Vlado scheint die Erwerbsintegration vor allem dem Zweck zu dienen, sich unabhängig machen zu können, was er verstärkend zum Wunsch, eine unabhängige Wohnsituation als "*alleine ein Leben zu führen*" betont. Einen zentralen Stellenwert hat für Vlado das regelmässige Vorhandensein von Geld, welches ihm seine Wünsche zu erfüllen verhilft. Er bringt dies knapp und lapidar so zum Ausdruck:

> Mal einen Job zu haben, alleine zu Wohnen. Alleine ein Leben zu führen. Was ich genau haben will. Dass jeden Monat Geld auf dem Konto ist, ja. Sonst nichts. Familie und so, da habe ich noch nicht nachgedacht, das ist auch nicht wichtig für mich.

3.4.8 Vlado: "Ich bin jetzt auch nicht voll anständig geworden". Hermeneutisch wissenssoziologische Fallanalyse

> I: Haben sie das Gefühl, das ist wegen der Leute, wo sie sich aufgehalten haben. Oder sind sie eher jemand gewe-

sen, der selber aktiv gewesen ist mit so Sachen [mit Gewalthandeln, Anm. OS]?

B: Ab und zu schon. Es ist oft so wie ein Kick. Komm wir machen Scheissdreck und so. Scheisse zu machen, dass ist irgendwie, wie soll ich sagen, cool. Zum Beispiel in der Schule, Lehrer stressen. Die Lehrer anstrengen, das ist cool zwischen uns. Also nicht nur zwischen uns. Man kriegt auch, wie soll ich sagen, Respekt oder so. Dass man auch so behandelt wird.

I: Ist das in der Schule auch so gewesen. Also auch zwischen den Schülern?

B: Ja. Bei uns ist es so gewesen, wenn einer anständig gewesen ist, wird der gar nicht beachtet. Das ist schon hart, schon hart. Wenn einer Scheissdreck macht, ist natürlich mehr Kontakt zu dem gekommen, haben wir gelacht, ja, was er gemacht hat, dies und das. Eben. Schon dumm, aber...

I: Nein, nein, es ist so.

B: Ja, es ist so.

I: Hat es dann praktisch wie eine Hierarchie gegeben, so die die Macht gehabt haben und die die unterlegen gewesen sind?

B: Macht. Anerkennung von den anderen. Also mehr so die Ausländer. Also Schweizer. Ich habe nichts gegen Schweizer, aber wir haben die immer fertig gemacht und so. Weil sie eben so anständig sind und lernen, das ist uncool. Wenn man dabei ist, dann muss man nicht lernen, Scheissdreck machen. Alles was eigentlich nicht gut ist.

In dieser Sequenz spricht Vlado von einem Gemeinschaftsgefühl, welches infolge einer Art negativen Abgrenzung gegen jene entsteht, die "*anständig*" sind, d.h. in der Schule lernen und sich nicht störend verhalten. Respekt und Anerkennung wird einem Jugendlichen zu Teil, wenn Normen erfüllt werden, die im *Gegensatz* zu den von der Institution und der Gesellschaft geforderten stehen. Jugendliche, die die geforderten Normen erfüllen, sind "*uncool*", da sie sich anpassend verhalten. Jene Normen, die die Gruppe der 'Coolen' zusammenführen, speisen sich ganz zentral aus dem Gegensatz, der negativen Umkehrung der institutionellen Normen. Die Zugehörigkeit, welche sich aufgrund der Erfüllung von Gegennormen ergibt, entbindet auch von der Notwendigkeit, Pflichten zu erfüllen, die die institutionellen Normen auferlegen. Dies zeigt sich wie Vlado meint: "*Wenn man dabei ist, muss man nicht lernen*". Hier zeichnet sich das Szenario einer affektuellen Peer-Gruppen Bindung ab, deren Ressourcen vor allem von Gegenentwürfen zu 'regulären' Lebensentwürfen stammen. Wie Vlado schildert, scheinen diesen Gegenentwurf vor allem ausländische SchülerInnen repräsentiert zu haben. Wir können vermuten, dass hier bereits bestehende Etikettierungen und gesellschaftliche Exklusionstendenzen als Selbstrepräsentationen übernommen werden und so sozialstrukturelle Exklusion in Form eines Habitus reproduziert wird (vgl.: Hitzler, Bucher & Niederbacher, 2001: 143). Das exaltierte Gefühl des "*Kicks*", beschreibt dergestalt die Intensität des Durchbrechens gesellschaftlicher Konventionen und die – berauschende – Errichtung einer Gegenlebenswelt, in welcher – und der auch von Aussenstehenden – ebenfalls hoch gratifizierte Werte verteilt werden: Macht, Anerkennung und Respekt.

Das eigenständige und ignorierende ("*wenn einer anständig gewesen ist, wird der gar nicht beachtet*") Funktionieren des Gegenentwurfs aufgrund dieser wichtigen 'Steuerungsmedien'[32] sozialer Beziehungen erlaubt erst die Abkoppelung von den institutionell vertretenen Normen. Peer-Gruppen-Inklusion findet hier über gesellschaftliche Exklusion statt. Vlado ist sich dieser Problematik bewusst und reflektiert

---

32 Hier wird Macht als Steuerungsmedium (vgl.: Willke, 2001: 151ff.), welches gesellschaftliche Ordnung herstellt, verstanden. Die Priviligierten der Dominanzkultur verwenden Macht als effizientes Organisationsprinzip zur Schaffung von ertragsreichen Solidaritäten, hingegen die 'machtlos' Beherrschten - so können wir vermuten - Macht nurmehr in archaischer Form ausüben können: Dem Gegenüber mit Gewalt seinen Willen aufzuzwingen (vgl.: Weber & Winckelmann, 2002).

die Perspektive der institutionalen Ordnung einnehmend: "*Alles was eigentlich nicht gut ist*". Bezeichnend für die Repräsentation Vlados ist auch die moralisch reflektierende Beurteilung des Ignorierens der Anständigen: "*Das ist schon hart, schon hart*". Wo die durch Ablehnung gespiesene Gruppenbindung zu Separation und Verachtung führt, sieht der Jugendliche nachträglich reflektierend die verletzenden Folgen dieses Handelns. Folgende Sequenz verdeutlicht in noch stärkerem Masse, dass Vlado sich aktuell als zwischen institutionaler Ordnung und Gegenentwurf stehend erlebt:

> I: Hat man das auch gesucht?
>
> B: Ja, schon irgendwie. Wenn man eine Schlägerei hat, dann will man den anderen irgendwie beweisen, dass man auch etwas drauf hat oder. Geht auf den zu, schlägt ihm eins (...?...)
>
> I: Und warum hat man das gemacht?
>
> B: Eben um den anderen zu zeigen, dass man auch etwas drauf hat, dass man auch etwas kann. Schon in der Gruppe, aber irgendwie Aussenseiter. Nicht mutig oder so. Ein kleiner Gruppenzwang. Man muss das machen, was die anderen machen. Man muss einfach. Man will dabei sein, darum macht man es.
>
> I: Das ist für die anderen auch so gewesen. Jemand der es nicht gemacht hat ist praktisch so ein bisschen...
>
> B: He ja, wer will schon ...
>
> I: Ist das so ... also finden sie das heute auch?
>
> B: Ja, schon. Ich habe schon so Kollegen, die Scheisse machen, aber dabei bin ich nicht mehr. Aber ich merke schon, es ist wie früher. Ich bin jetzt auch nicht voll anständig geworden. Ich lerne natürlich schon, aber wie soll ich sagen, die Vergangenheit ist immer noch ein bisschen in mir, so. Wenn mich einer die ganze Zeit anschaut oder so, dann werde ich auch aggressiv. Denke dann, doch keine

> Probleme machen oder so. Aber wenn es sein muss, wenn mich einer provoziert, dann gehe ich schon drein oder. Will nicht einer sein, der sich alles gefallen lässt. Das bin ich nicht und das kann ich auch nicht werden.
>
> I: Gibt es denn das ab und zu, dass man so dumm angeschaut wird, oder?
>
> B: Ja, das erlebt man schon.
>
> I: Also das sind andere Leute, die auch Streit suchen.
>
> B: Hey, wir sind nicht ... Die Gruppe, in der ich bin, das ist nicht die einzige in Basel, die Scheisse macht. Es gibt .... weiss nicht wie viel von denen.

Mit der Äusserung "*He ja, wer will schon...*" deutet Vlado an, dass – wie er selbst – jedes Individuum einer sozialen Gruppe zugehörig sein wolle, und dass es Niemandes Wunsch sein könne, innerhalb einer Gruppe einen Aussenseiterstatus einzunehmen. Der zuvor diminuierend bezeichnete "*kleine*" Gruppenzwang präsentiert der Jugendliche hier ganz im Gegenteil als grossen Gruppenzwang, wenn nicht als generelles Prinzip menschlicher Existenz und Vergemeinschaftung. Vlado möchte nicht zum Aussenseiter werden und betont deshalb, er sei "*jetzt auch nicht voll anständig geworden*". Die Angst, wegen zu weitgehender Adaption von institutionellen Normen seinen Status in der Peer-Gruppe zu verlieren, verbindet sich mit dem Ausdruck einer besonderen Konstruktion von Identität: "*Will nicht einer sein, der sich alles gefallen lässt. Das bin ich nicht, und das kann ich auch nicht werden*". Wie im Kapitel zu Gewalt und Identität (Kap. 3.6) beschrieben, zeigt sich an dieser Stelle die enge Verflechtung von Identität und Gruppen-Inklusion. Identitätskonstruktionen, die sich wie hier über Geschlechterrollenmuster herstellen, beziehen so ihre Ressourcen und Legitimationen über deren Anerkennung und Gratifikation (Status) in der Gruppe.[33] Verlässt der Jugendliche die Gruppe, verliert er nicht

---

33 Nach Berger & Luckmann stellt sich Identität überhaupt nur vollständig über die Identifikation mit dem generalisierten Anderen her. Allerdings vertreten

nur die Bezugspersonen, Status und Anerkennung, sondern es wird zudem die – stark gruppengeprägte – Identitätskonstruktion in Frage gestellt. Diese Angst wird spürbar, wie Vlado sagt: "*Das bin ich nicht und das kann ich auch nicht werden*". Die Perspektivübernahme der institutionalen Ordnung wird abermals sichtbar in der Schilderung Vlados, wie er in einer Situation eskalierender Gewalt reflektiert: "*Denke dann, doch keine Probleme machen*". Polythetisch interpretiert ist die Phrase vom "*Probleme machen*", die auch in anderen Interviews auftritt (z.B. Kap. 3.4.4), eine Perspektivübernahme institutioneller Normen und zeigt den Prozess der Internalisierung solcher im biographischen Verlauf des Jugendlichen.
Auf die bewusst naiv gestellte Frage des Interviewers: "*Also das sind andere Leute, die auch Streit suchen?*", antwortet Vlado (hörbar) empört, dass es eine Vielzahl solcher rivalisierender Gruppierungen gebe und spricht von sich – das einzige Mal im Interview – als aktuell noch der Peer-Gruppe zugehörig. Die Frage, welche sich hier auftut, kann nicht lauten, ob der Jugendliche sich denn tatsächlich, wie oft betont, von der Peer-Gruppe distanziert hat, sondern weshalb der Jugendliche verschiedene Selbstrepräsentationen bezüglich seiner Beziehung zur Gruppe äussert und anschliessend, welche Folgen diese verschiedenen Selbstrepräsentationen für Vlado zeitigen könnten.
Die Intensität und – scheinbare – Verlässlichkeit der Gruppenbindungen kommen für Vlado wahrscheinlich am stärksten in gewalttätigen Auseinandersetzungen zum Tragen. Folgende Sequenz zeigt anschaulich, welche Bedeutung diese Bindungen für Vlado noch haben:

> I: Und hat man keine Angst in so einer Situation? Weil, ich meine, andere schlagen zum Teil ja auch zurück.
>
> B: Ja, das ist ab und zu passiert. Ja, Angst hat man eigentlich schon, wenn man so eins gegen eins oder so. Wenn man sich anschaut. Wenn man sich sicher ist, der hat keine Chance, kein Problem. Aber wenn es gleich ist, ist es schon

---

wir die Meinung, dass auch die sekundäre Sozialisation über stark affektuelle Gefühlsbindungen zentralen Einfluss auf die Konstruktion von Identität haben kann (vgl. Berger & Luckmann, 1996: 143f. und 148ff.).

ein anderes Gefühl, als wenn man mit zehn Stück hintendran auf die anderen losgeht. Dann weiss man, wenn ich eine bekomme, die anderen sind da.

I: Also das gibt es zum Teil, dass die hinten warten?

B: Nein, nicht, das ist einfach ein Beispiel gewesen, nicht dass sie warten. Wir sind schon zusammen, so grad direkt. Aber man weiss, wenn man um sich schaut, dass die Kollegen dabei sind, da muss man keine Angst haben.

I: Ah, dann hat es das schon gegeben, dass zwei kämpfen und der Rest schaut praktisch und würde erst eingreifen, wenn es irgendwie...

B: Nein. Also wenn ich zum Beispiel schlage und er will nicht mehr, dann machen sie natürlich nichts, aber wenn sie sehen, dass er mich trifft, dann gehen sie auch auf ihn los, egal was vorher passiert ist. Sind meine Kollegen ... mithelfen und so. Ha ist schon gut irgendwie, wenn ich denke, so. Eins gegen eins, wenn ich einen Messerstich bekomme.

I: Hat es das auch schon gegeben?

B: Das habe ich nie erlebt. Gesehen habe ich es schon, aber dass ich einen Stich bekommen habe....nein.

Interessant ist Vlados Bemerkung, dass die Kollegen, wenn "*sie sehen, dass er mich trifft*", in den zuvor "*eins gegen eins*" geführten Kampf eingreifen. Damit wird gerade die Situation, welche die Implikation eines gleichberechtigten Kampfes in sich trägt, aufgehoben zugunsten der Herstellung einer Übermacht, die den Gegner bezwingen soll. Die Möglichkeit der Aufhebung dieser exklusiven Kampfsituation bedeutet für Vlado, keine "*Angst*" vor den letzten Konsequenzen eines solchen Kampfes verspüren zu müssen, nämlich zu unterliegen und Verletzungen davonzutragen. Die Inkonsistenz dieser Definition der Situation wird von Vlado nicht wahrgenommen, im Gegenteil der als bedingungslos solidarisch ("*egal was vorher passiert ist*") erlebte 'Beistand' der Peer-Gruppe wird ebenfalls positiv gewertet. Allerdings wird in der Äusserung "*Sind meine Kollegen ... mithelfen und so. Ha ist schon gut irgendwie, wenn ich denke, so. Eins gegen eins, wenn ich einen Messerstich bekomme*" nicht klar, ob die positive Bewertung auf die vorangehend erwähnte Mithilfe der Peer-Group bezogen ist, oder auf die folgende Wiederholung des Motivs "*Eins gegen eins, wenn ich einen Messerstich bekomme*". Die darauf folgende Dialog-Sequenz macht auch deutlich, dass das Ereignis "*Messerstich*" vom Interviewer als Faktum, vom Jugendlichen jedoch als Phantasie, wahrscheinlich zur Dramatisierung der Situationsschilderung, verwendet wurde. Diese hier einsetzende Sinndiffusion offenbart die verschiedenen Normbereiche, welche Vlado Mühe bekundet zusammenzubringen: Das geschlechterrollenstereotype Muster des Kampfes 'Mann gegen Mann' gegenüber der fast caritativ ("*mithelfen*") geschilderten Peer-Gruppen-Solidarität.

3.4.9 Zusammenfassende Fallrekonstruktion

Vlado hat eine Lehre zum Metzger begonnen, von der er zwar nicht mit Begeisterung spricht, die er jedoch unbedingt abschliessen möchte. Dies scheint eines seiner aktuell vordringlichsten Ziele zu sein, welches ihn – wie er ausführt – motiviert, sich von der gewaltaffinen Peer-Gruppe zu distanzieren. Die zumindest artikulierte Distanzierung zur Peer-Gruppe basiert allerdings auf einer Strategie der Anpassung an institutionelle Normen, um gesellschaftliche Inklusion zu erreichen. Vlado äussert Angst, deshalb zu den "*Anständigen*" zu gehören und damit die Zughörigkeits-Normen seiner Peer-Gruppe zu verletzen. Hier offenbart sich das Dilemma Vlados, die – abgelehnte – Normalität der institutionalen Ordnung mit gegensätzlichen Peer Gruppen-Normen zu vereinbaren. Zwar identifiziert sich Vlado nicht völlig mit den Normen dieser gewaltaffinen Gegenlebenswelt, reflektiert diese mitunter kritisch, doch betont er, dass er diese Normen und die daraus entstehenden Handlungen wertschätzt. Der Jugendliche bezieht aus diesen Konstruktionen Ressourcen für seine Selbstidentifikation, versucht jedoch zugleich, die institutionellen Normen zu adaptieren, diesen zumindest im Handeln zu entsprechen.

Vlados Ambivalenz zwischen den beiden 'Sinngebieten' wird an zahlreichen Stellen des Interviews sichtbar. Auch seiner Mutter gegenüber scheint der Versuch, die beiden Welten unberührt zu lassen, Gewohnheit zu sein: "*Aber da habe ich natürlich schon Lügen erzählt*", schildert er das Verhalten seiner Mutter gegenüber nach einer Schlägerei. Seine Mutter beschreibt Vlado als sehr streng, oberstes Prinzip ist die Einhaltung der von ihr aufgestellten Regeln. Der Bruder, vom Vater geschlagen und nach ebenfalls devianter Jugendphase, scheint die Stellung des physisch sanktionierenden Vaters eingenommen zu haben. Vlados Selbstrepräsentation erscheint genauso ambivalent in Bezug auf seine Peer-Gruppe. Es zeigt sich, dass er versucht, beide Sinngebiete aufrechtzuerhalten, ohne eine Lösung dafür zu finden, wie er seine Identität zwischen diesen verorten kann.

Ambivalenzen äussert Vlado schliesslich auch in Bezug auf Emotionen, die im Verlauf des gewalttätigen Handelns auftreten: Vom spannungsabbauenden Gefühl der "*Erlösung*" und des "*Kicks*" bis zu "*Mitleid*" mit dem Opfer und schliesslich einer Gleichgültigkeit den Geschehnissen gegenüber am folgenden Tag reicht das Spektrum seiner Gefühle.

Nachvollziehbar werden die Ambivalenzen Vlados, wenn in Betracht gezogen wird, dass hier Sinngebiete aufeinandertreffen, von welchen die eine (Gewalt) durch die andere (institutionale Ordnung) einerseits geächtet und ausgeschlossen, andererseits vermittels besonderer Legitimationen in die gesellschaftliche Normalität eingebunden wird (vgl. Kap. 3.5). Wie Jovan (Kap. 3.4.4), der diese Ambivalenz ebenfalls offenbart, versucht Vlado seine Selbstidentifikation quasi über beide Sinngebiete 'zu spannen'.

3.4.10 Zusammenfassende Fallrekonstruktionen: Adrian

Adrian ist ein 15-jähriger männlicher Schweizer, der im letzten halben Jahr des 10. Schuljahres an der Weiterbildungsschule (WBS) steht. In Bezug auf seine anstehende Berufswahl zeigt sich Adrian noch unentschieden, er schwankt zwischen Innendekorateur, Automechaniker oder Kleinkinderzieher. Seine Mutter trennte sich von ihrem Mann und Vater Adrians, als dieser 13 Jahre alt war. Seit dieser Zeit wohnt der neue Freund der Mutter mit ihnen in der Wohnung. Die Schwester Adrians ist 18 Jahre alt und hat vor kurzem eine eigene Wohnung bezogen. Seine Mutter schildert Adrian als "*gute Mutter*", sie wisse, wie man Kinder zu erziehen habe. Es habe wohl einmal einen "*Watsch auf den Arsch*" gegeben, doch körperliche Gewalt habe sie gegen ihn nie angewandt. Adrian bewegt sich in der Welt des Hip-Hop. Kleidung, Gestik und Szenenzugehörigkeit sind aufeinander abgestimmt.[34] Der Jugendliche bewegt sich in einer beständigen, szenezugehörigen, aus verschiedensten Nationalitäten zusammengesetzten Peer-Gruppe: "*Wir sind immer zusammen, immer. Da denken wir schon alle gleich*". Auf seiner Brust trägt der Jugendliche sichtbar ein grosses Kreuz. Auf die auf das Kreuz verweisende Frage, ob er religiös sei, antwortet der Jugendliche:

> Nein, aber ich bin halt ein Christ. Ist ein schönes Kreuz, ein Kettchen so. Aber nicht dass ich jetzt jeden Sonntag in die Kirche renne. Ich finde, einen Glauben muss man haben. Wer keinen Glauben hat, das ist Scheisse irgendwie. Ich habe nicht Lust, meinen Glauben zu verlieren.

Adrian sagt von sich, er habe einen Wandel durchgemacht, seit er in der Orientierungsschule sich mit dem Einsatz von Gewalt "*Respekt*" verschafft habe. Er habe erkannt, dass die Gewalt zu nichts führe und "*nur noch mehr Stress bringe*".

> In der OS [Orientierungsstufe, Anm. OS] war es auch so, es sind mehrere gewesen, die so mit Gewalt gemacht haben. Da hast du nicht einfach so dort stehen können und dich schlagen lassen. Da hast du kein Respekt gehabt, da hast du schon mal schauen müssen, dass du Respekt gehabt hast.

In der auf die Orientierungsstufe folgenden Weiterbildungsstufe war Adrian aufgrund seiner Gewalttätigkeit dann "*bekannt*" und die Mit-

34 Zur wachsenden Bedeutung der 'Szene' als Sozialisationsagentur Jugendlicher und der Vernachlässigung dieser Entwicklung in den Sozialwissenschaften siehe: Hitzler, Bucher & Niederbacher (2001: 19ff.).

schülerInnen zollten ihm deswegen Respekt. Erst als Adrian bemerkte, dass sogar seine Freunde begannen, Angst vor ihm zu zeigen, änderte er sein Verhalten: "*da habe ich gedacht, nein, höre mit dem Scheiss auf*". Im Interview betont Adrian jedoch, dass er Gewaltanwendung als Reaktion auf eine tätliche Provokation auch heute noch als legitimes und notwendiges Mittel der Verteidigung ansehe.

> Ausser eben, jemand kommt zu mir und schlägt mich, da wehre ich mich schon. Aber nicht grundlos Gewalt anwenden.

Adrian war nur einmal durch die Jugendanwaltschaft aufgrund einer Verurteilung wegen einer Tätlichkeit gegen einen anderen Jugendlichen mit einer Geldbusse und gemeinnütziger Arbeit bestraft worden. Nach den Angaben des Jugendlichen sei sein "*kleiner*" Cousin von zwei Jugendlichen in der Innerstadt geohrfeigt worden, worauf er und sein Freund hingegangen seien und "*so geredet*" hätten: "*Dann ist der Auslöser gekommen*". Bereut hat der Jugendliche die Tat vor allem wegen der Verhängung einer Busse von 200 Franken, das sei ihm eine "*Lehre*" gewesen:

> B: Ja natürlich, 200 Franken sind nicht wenig. Da ist es mir auch eine Lehre gewesen. Nur wegen einem solchen Scheiss weiss Gott wie lange arbeiten und dann noch zahlen, das brauche ich nicht.
>
> I: Haben sie das Gefühl, sie würden sich jetzt zurücknehmen.
>
> B: Erstens ist das gar nicht mein Problem gewesen. Ich habe mich schon gut verstanden mit dem. Ich hätte mich auch draushalten können und das habe ich halt nicht gemacht. Und das mache ich seitdem, ich gehe diesen Sachen aus dem Weg.

Die Rechtfertigungen, die Adrian zur Erklärung seiner früheren Gewalttätigkeit anführt, finden sich auch in den anderen Interviews: Gewalt als Reaktion auf Aggression; Gewalt als Mittel zur Schaffung von Respekt in sozialen Beziehungen; Gewalt als eigenlogischer Prozess, in dem rationales Denken vermindert ist ("*Wie das so ist, wenn das Hirn abschaltet*"). Interessant ist hier die Legitimation der Respekterzeugung durch Gewalt, deren grundlegende Motivation der (Be-) Achtung in der Auseinandersetzung Adrians eine Bedeutungsverschiebung erfahren hat:

> B: Ja, nein, okay, es war ein gutes Gefühl, wenn jemand zu dir gekommen ist, dich jemand gestossen hat, dich provoziert hat, ein paar (Chläpper) Watsche zu geben und wenn du ihm dann eine geschlagen hast und der ist dann einfach nie mehr gekommen, immer gekommen ist, ja sorry, sorry, ja das war schon ein gutes Gefühl, aber das Gefühl braucht man nicht auf dieser Welt, ich kann auf dieses Gefühl verzichten.
>
> I: Was wollen sie anstatt dessen für Gefühle haben?
>
> B: Ich will schon, dass die Leute vor mir Respekt haben, aber ich will nicht, dass die Leute Angst vor mir haben. So ist es. Das war schon oft so. Mega viele haben Angst gehabt, obwohl sie gar keine Angst hätten haben müssen. So ist es dann auch weggegangen.

Adrian möchte, dass die Umwelt ihm gegenüber Respekt zeigt, nicht aber auf der Basis von Gewaltandrohung und Angstbezeugung. Hier zeigt sich ein Beispiel, welches als Überschneidung von Sinnkonstruktionen zweier Sinngebiete angesehen werden kann. Die Konstruktion von 'Respekt' findet sich sowohl in der alltäglichen Welt der institutionalen Ordnung wie auch im Sinngebiet Gewalt. Die Ordnung zur Differenzierung dieser Arten von Respekt leitet Adrian nun aus den Gefühlsqualitäten ab, die die jeweilige Erzeugung von Respekt begleiten. Das reaktive Gefühl auf die Respektbezeugung durch Gewalt bezeichnet Adrian als "*gutes Gefühl*", bemerkt aber, dass man dieses Gefühl "*auf dieser Welt*" nicht brauche, womit er auf das Sinngebiet der institutionalen Ordnung verweist, in der eine Respekterheischung mittels Anwendung oder Androhung von Gewalt nicht (oder nur beschränkt) als sinnvolle Legitimation zur Strukturierung sozialer Beziehungen angesehen wird.

Adrian präsentiert sich als Ausgestiegenen: Er rekurriert (wie Alois, Kap. 3.4.1) auf eine Lebensbewältigung, die eine Veränderung zum hypostasierten Besseren aus eigenem Antrieb in den Mittelpunkt stellt: "*Aber ich habe mich auch ändern können und die werden das auch können*". In Anbetracht der klassisch bürgerlichen Zukunftsideale des Jugendlichen und dem Bewusstsein, dass ein Leben ohne Gewalt "*gemütlicher*" sei, können wir schliessen, dass der Jugendliche eine Inklusion in die institutionale Ordnung als für ihn vorteilhaft bewusst anstrebt. Bedeutsam im Falle Adrians erscheint seine Differenzierung verschiedener Gefühlsqualitäten über die Grenzen der Sinngebiete hinweg.

Adrian ist – zumindest teilweise (vgl. seine Äusserungen zur Gewalt als Reaktion auf Aggression) – im Stande, die Konstruiertheit von solchen Legitimationen anhand differenzierender Gefühlsqualitäten zu erkennen. Dies überschreitet die nur oberflächliche Übernahme institutioneller Normen unter Beibehaltung von Legitimationen des Sinngebietes Gewalt, die in anderen Fällen sichtbar wird (vgl. Kap. 3.7).

3.4.11 Zusammenfassende Fallrekonstruktionen: Mirjana

Mirjana ist 20 Jahre alt und die Schwester Jovans, dessen Interview ausführlich in Kapitel 3.4.4 präsentiert ist. Dies ist insofern von besonderem Interesse, als dass gewissermassen polythetische Sinnrekonstruktionen zwischen in naher Beziehung stehenden Personen nachvollzogen werden können.[35] Nach dem regulären Schulabschluss hat die Jugendliche eine einjährige berufsbegleitende Ausbildung zur Pflegeassistentin in einem Altersheim begonnen. Auch Mirjana ist wie ihr jüngster Bruder in einem Verfahren der Jugendanwaltschaft wegen Gewalt gegen eine Person verurteilt worden. Auch der nächst jüngere Bruder scheint in gewalttätige Auseinandersetzungen verwi-

[35] Die in der folgend beschriebenen Gewaltsituation anwesende Freundin Mirjanas, Jasmina, wurde ebenfalls interviewt (Kap. 3.6.8).

ckelt gewesen zu sein, worauf ein Obhutentzug und eine Heimeinweisung für ein Jahr erfolgten. Im Gegensatz zu ihrem Bruder Jovan ist Mirjana allerdings bisher nur in einem einzigen Verfahren gestanden.

> Das ist jetzt zwei drei Jahre her. Das ist in einer Disco gewesen. Da hat mich eine angefangen anzupöbeln. Im WC ist es zur Schlägerei gekommen und dann hat sie ins Spital müssen. Ja. (lacht). Also ich bin nicht schuld gewesen, sie hat mich angegriffen gehabt.

Wie andere Jugendliche des Sampels auch weist Mirjana die Verantwortung für ihr Handeln mit der Legitimation von Gewalt als Akt der Verteidigung von sich. Die Schilderung ihrer massiven Gewaltanwendung in einer Disco und die Quittierung dessen mit einem Lachen in der Interviewsituation verdeutlicht einerseits die 'belustigende' Normalität, die dieses Handeln für sie darzustellen scheint, andererseits wohl auch gewisse Schamgefühle, über selbst verübte Gewalt zu sprechen. Im Rückblick beurteilt sie ihre Gewalttätigkeit nur im Ausmass der Brutalität als zu heftig:

> I: Hat ihnen das nachher leid getan?
>
> B: Ja, nein, eigentlich nicht, ganz ehrlich. Ja, sie hat das lange gemacht, immer anpöbeln und dann so Geschichten erzählen. Ja, ich habe vielleicht schon zu fest dreingeschlagen. Aber was soll ich machen, rückgängig kann ich nichts machen. Und sie hat es ja gewollt.

Mirjana präsentiert sich als eigentlich friedfertiger Mensch, sie habe einfach einmal die Fassung verloren und sei "*ausgerastet*". Auch ihre – aus weiblichen Mitgliedern bestehende – Peer-Gruppe scheint keine Affinität zur Gewalt zu haben, überhaupt, sagt sie, "*habe auch nie mit Leuten so, die gewalttätig viel, zu tun gehabt. Nie*". Mirjana hat das Gefühl, in den letzten Jahren "*ruhiger*" geworden zu sein, sie habe sich früher "*immer schnell aufgeregt wegen jedem Saich*". Dies jedoch nur gegenüber Personen ausserhalb ihrer Peer-Gruppe. Innerhalb ihrer Peer-

Gruppe habe sie wegen ihrer aufbrausenden Art "*eigentlich nie Probleme gehabt*". Für die Tätlichkeit hat Mirjam zwei Jahre Bewährungsfrist von der Jugendanwaltschaft erhalten, jedoch keine Geldstrafe, da ihr die Schuld für den Vorfall nicht eindeutig zugeschrieben wurde.

Mirjana und ihr Bruder Jovan haben die traumatische Erfahrung des Verlustes ihres Vaters gemacht, der gewaltsam zu Tode gebracht wurde. Die Erzählung dieser Geschichte ist im Vergleich zwischen den Geschwistern inkonsistent. Mirjana sagt, dass sie nicht wisse, was damals geschehen sei, sie sei "*klein gewesen, ich habe keine Ahnung*". Die Mutter verweigert offensichtlich die Diskussion über die Gründe für den Tod des Vaters: "*Ja, sie blockt immer ab und sie weiss auch nicht genau, was dort gewesen ist, und um was es gegangen ist und wieso es passiert ist*". Die einzige Information, die Mirjana erhalten zu haben scheint, ist, dass der Vater die Grossmutter besuchen wollte, und damals Krieg in Jugoslawien geherrscht habe. Diese Deutung steht ganz im Gegensatz zu den ausführlichen Erzählungen des jüngeren (!) Bruder Jovans zum Tod des Vaters (Kap. 3.4.4). Es macht den Anschein, dass die Tochter im Gegensatz zum Sohn (den Söhnen?) absichtlich über die Hintergründe der Gewalttat im Dunkeln gelassen wird. Eine weitere Inkonsistenz betrifft die Aussage, dass nur der jüngere Bruder in gewalttätige Auseinandersetzungen verwickelt gewesen sei: "*Sonst die anderen haben nie Probleme gemacht*". Der jüngste Bruder, Jovan, behauptet jedoch im Interview, sein Ordner sei der "*dickste*" auf der Jugendanwaltschaft gewesen. Nicht die Frage, wer von den beiden die Wahrheit angibt, ist hier von Interesse, sondern die offensichtliche Differenz in der gegenseitigen Repräsentation von Familienmitgliedern. Dies lässt darauf schliessen, dass in der Familie spezifische Kommunikationsregeln herrschen, die bewusste Informationen ungleich verteilen. Eine andere Interpretation könnte lauten, dass Mirjana die Gewalttätigkeit Jovans nie als solche wahrgenommen hat, sondern, wie ihre eigene, als episodenhafte, entschuldbare Verteidigung der eigenen Person und entsprechend nicht als aktiv fremdverletzendes Handeln.

Mirjanas Zukunftsvorstellungen zielen auf ein selbständig geführtes Leben, wichtig sind ihr eine diplomierte Ausbildung und Aufstiegschancen durch zusätzliche Weiterbildungen:

> Eigentlich weiss ich das noch nicht so genau. Aber ich denke einfach mal für die Zukunft. Ich arbeite ja jetzt als Pflegeassistentin, aber ich würde immer weiter so Kurse machen, das ist möglich, um diplomiert...also immer weiter rauf, würde ich schon noch Schule machen in dem Bereich schon. Die Wohnung habe ich schon und ja. Eigentlich habe ich nicht so grosse Wünsche. Einfach dass es gut geht. Alle gesund sind und so.

Mirjana präsentiert sich als selbstbewusste Jugendliche, die sich ausgesprochen aufstiegsorientiert verhält. Diese Selbstbewusstheit tritt ebenso deutlich zutage, wenn sie zur Rechtfertigung von Gewaltausübung sagt: "*Ich schlage ja auch zurück, das ist ja klar*". Geschlechterrollentypisch für die Situation, in der Mirjana Gewalt verübt hat, ist das Fehlen einer gewaltaffinen Peer-Gruppe. Gewaltaffine Mädchen sind zahlenmässig auch im Sample der qualitativen Untersuchung stark untervertreten (vgl. Kap. 2.5.7).
Trotz der weitgehenden Adaption der Normen der institutionalen Ordnung und der zielgerichteten Inklusion in diese, trotz dem Fehlen einer gewaltaffinen Peer-Gruppe, behalten Legitimationen, die die Ausübung von Gewalt rechtfertigen, Gültigkeit für Mirjana. Dies zeigt, dass die Errichtung und Beibehaltung solcher Legitimationen – auch für weibliche Jugendliche – nicht im Gegensatz zu den Legitimationen der institutionalen Ordnung stehen. Wir könnten vermuten, dass sie im Gegenteil sogar funktional für gesellschaftlich inklusive und identitätsbildende Prozesse sind, die über Mechanismen der Macht und Unterwerfung ablaufen (vgl.: Adorno, 1995: 322ff.).

3.4.12 Zusammenfassende Fallrekonstruktionen: Nikola

Nikola ist ein 17 jähriger Jugendlicher, dessen Eltern, als er 5 Jahre alt war, angesichts des drohenden Krieges in Jugoslawien von Serbien in die Schweiz immigriert sind. Nikola steht kurz vor Abschluss seiner

regulären Schulzeit im 10. Schuljahr und hat nach längerer Suche als "*letzte Hoffnung*" schliesslich einen Ausbildungsplatz als Chemikant bei einem grossen Chemiekonzern in Basel gefunden. Nikolas 5 Jahre älterer Bruder, der keine Ausbildung besitzt, habe, "*was das schulische anbelangt, Probleme*" gehabt und ist nun als Hilfsarbeiter auf einer Baustelle beschäftigt. Nikola beschreibt seinen Vater, der als Heizungsmonteur arbeitet, als "*streng*", seine Mutter hingegen als "*locker*", das sei "*so ziemlich ausgeglichen*". Sein Bruder habe früher Probleme gehabt, die Schule geschwänzt und diese vor dem Abschluss abgebrochen, er sei auch "*ab und zu besoffen Heim gekommen und so, und auf das sind jetzt meine Eltern beide total allergisch*".
Nikola war Mitangeklagter in Sachen einer Drohung zu einem Bombenattentat. Allerdings wurde die Aktion vor dem Jugendgericht als Streich beurteilt und seine Unschuld zweifelsfrei erwiesen:

> Das ist, an der WBS [Weiterbildungsschule, Anm. OS] habe ich einen Kollegen gehabt, den habe ich flüchtig gekannt. Und wir sind nach der Schule, bin ich raus und wir sind vor der Schule gestanden. Und dann hat er gemeint, ich solle mal mitkommen mit ihm, zu der Telefonkabine und habe ich gedacht, ich komme mal mit, er geht telefonieren. Weiss auch nicht, will ihm Gesellschaft leisten, dann bin ich zu der Kabine, dann hat er noch gemeint, bevor wir gegangen sind, schau, jetzt musst du aufpassen. Sind wir reingegangen, er wählt die Nummer der Polizei und täuscht vor, er habe eine Bombe gelegt im Schulhaus und eben in dem Moment bin ich einfach nur baff gewesen, dass er überhaupt so etwas gemacht hat. Dann sind wir rausgegangen. Habe gemeint, blöder Scherz, auf das gehen sie eh nicht ein. Nicht einmal zehn Minuten später ist der erste Polizeiwagen vor der Kabine gewesen.

Nikola präsentiert sich hier als Mitläufer, der nichtsahnend von einem vermeintlich "*blöden Scherz*" überrascht wird. Dass dieser Scherz für ihn schwerwiegende juristische Folgen haben könnte, hat der Jugendliche zur Tatzeit nicht bedacht. Nachdem ein Mitschüler die beiden bei der Polizei "*verraten*" hatte, reagierte die Jugendanwaltschaft energisch. Erst nach mehrmaligem Verhör wurde Nikola für am Tathergang unschuldig erklärt. Sein Mitschüler, der das Telefonat getätigt hatte, wurde zwei Monate in einem geschlossenen Heim interniert.

> Dann hat der, der mich befragt hat, die ganze Zeit gemeint, ja, also da reden sie sich nur raus, geben sie es zu, sie haben das ganze geplant und das ist, von vornherein haben sie das machen wollen und ich eigentlich ständig nein, dann hat er gemeint, ihr Kollege hat gesagt, das haben sie schon eine Woche voraus geplant. Ja und dort habe ich gedacht, nein, mein Gott, oder ich meine, eigentlich überhaupt nicht so gewesen, und dort habe ich mich gefragt, wieso hat mich der verpetzt, dann habe ich mir gedacht, vielleicht ist das nur so eine Art, um das aus mir rauszukitzeln.

Abgesehen von dem hier präsentierten Vorgehen der Jugendanwaltschaft ist interessant, dass der Jugendliche äussert, sein Kollege, der das Telefonat getätigt hatte, habe ihn "*verpetzt*", was die von der Jugendanwaltschaft unterstellte Konstruktion des Tatherganges stützen würde. Angesichts der ansonsten kohärenten Präsentationen des Jugendlichen messe ich dieser Inkonsistenz jedoch keine Bedeutung zu. Falls Nikola von der Jugendanwaltschaft schuldig gesprochen worden wäre, hätten seine Eltern "*sehr streng*" reagiert, vor allem sein Vater.

> Mein Vater hat irgendwie seine Visionen, das muss so und so und so laufen und wenn es so nicht ist, dann gibt es auch keine Kompromisse, das muss so laufen.

Nikola betont, dass seine Eltern keine physische Gewalt in der Erziehung gegen ihn ausgeübt hätten, allerdings berichtet er von einer Uneinigkeit, die seit langem zwischen seinem Vater und ihm bestehe. Er beschreibt seinen Vater als jemand, der seine Heimat idealisiere und sich nie mit seinem Leben in der Schweiz abfinden konnte. Die Haltung des Vaters gegenüber der Schweiz beschreibt Nikola wie folgt: "*...da geht* [für den Vater in der Schweiz, Anm. OS] *alles nur ums Geld und man schaut, dass man Profit machen kann und man ist eingeschränkt von wegen überhaupt irgendwie festen, Kollegen sein und alles*". Nikola ist der Meinung, dass die Schweiz es besser gemacht habe, weil sie nie einen Krieg führte, seinen Vater habe er in einer kurz vor dem Interview geführten Auseinandersetzung als "*rassistisch*" bezeichnet, was diesen sehr erzürnte. Auch sagt Nikola über seinen Vater, dass er "*ziemlich gerne schreit*".

Die scheinbar friedfertige Peer-Gruppe, in welcher Nikola verkehrt, ist aus Mitgliedern verschiedenster Nationalitäten zusammengesetzt, "*zur Hälfte Schweizer, auch Ausländer*". Nikola versteht alle Menschen als gleichwertig. Die von ihm beobachteten vielen Auseinandersetzungen an der Orientierungsstufe und Weiterbildungsstufe aufgrund der Zugehörigkeit zu verschiedenen Nationalitäten kann er nicht nachvollziehen. Ausgehend von den Streitigkeiten an der Schule zieht Nikola oftmals im Interview politisch-gesellschaftliche Vergleiche:

> Ich meine, ich habe es ja selber gesehen, wenn man so parteiisch ist, ist man halt auf der einen oder anderen Seite und schlussendlich gibt es keine guten und schlechten, es gibt Seiten, die machen Krieg und da sterben Menschen und fertig. Ich sehe keinen Sinn da drin.

Nikola kann als ein gutes Beispiel für Resilienz angesehen werden (vgl.: McGinty, 1999). Trotz der beständigen Ablehnung und Abwertung des Vaters der Schweiz gegenüber und der Idealisierung seines Heimatlandes entwickelt der Jugendliche ein eigenes differenziertes Verhältnis zur Schweiz. Der Jugendliche gibt entsprechend zu Bedenken, dass er, falls er die Auffassung des Vaters übernommen hätte, wohl "*rechtsextrem*" geworden wäre. Auf die Frage hin, weshalb dies nicht eingetreten sei, meint er:

> Ich würde sagen, ich bin mit den falschen ... mit den richtigen Leuten aufgewachsen. Meine zwei besten Kollegen, der eine ist Schweizer, der andere Türke und ich meine, ich habe ihn gesehen, wie er ist, er ist Schweizer, er ist okay, er ist super, ich komme super mit ihm aus. Und so, da habe ich grade gedacht, das kann nicht sein. Egal was mein Vater ... es ist nicht so, ich kenne ihn ja und er ist ein guter Kollege und alles.

Die Distanz zum Sinngebiet Gewalt ergibt sich für Nikola auch über die Reflexion von Gefühlsqualitäten, die er in seiner Peer-Gruppe erlebt. Insofern kann die Fähigkeit zur Annahme und Reflexion verschiedener Gefühlsqualitäten als Resilienz stärkend angesehen werden.

3.5 Erste Schlussfolgerung: Gewalt und Inklusion

Für die moderne Gesellschaft kann zwar nicht mehr von Jugend als einer klar eingrenzbaren Lebensphase oder sozialer Gruppierung gesprochen werden, doch bleibt es trotz Bestimmungsschwierigkeiten notwendig, Wissenskonglomerate hinsichtlich des Phänomens Jugend als Grundlage von Selbst- und Fremdzuschreibungen zu beschreiben. Solche Zuschreibungen dienen als Begründungen und Legitimationen von Normen und sozialem Handeln sowohl der Jugendlichen, Peer-Gruppen und Szenen, als auch z.B. Akteuren von sozialen Institutionen, die professionell mit Jugendlichen 'betraut' sind, bis hin zur öffentlichen Meinung (vgl. Mansel, 2003: 66).[36] Gewalt führt in diesem Zusammenhang – besonders wenn sie von Jugendlichen verübt wird – zu gesellschaftlichen Zuschreibungen, die exklusiven Charakter annehmen, was insbesondere für Jugendliche mit einem Migrationshintergrund zu kumulierten Problemlagen führen kann.

Das 'Sinngebiet der Gewalt', ihre Stereotypen, Codes und Handlungsfolgen, werden in einem dilemmatischen Prozess von Jugendlichen internalisiert. Ich möchte hier von Sinngebiet im Sinne von Alfred Schütz (2003) sprechen, um hervorzuheben, dass Wissenskonstrukte um das Phänomen der Gewalt aufeinander verweisen, sich gegenseitig stützen und womöglich eine eigene – geschlossene – Erfahrungswelt bilden, die gesellschaftlich reproduziert wird.[37] Die besondere

---

[36] Dass der Gewalt (und der Jugendlichkeit!) in der modernen Gesellschaft eine medial propagierte Normalität beikommt, wird weiter beachtet werden müssen (vgl. Böhnisch, 1994a: 153).

[37] Unter diesem Blickwinkel erscheint die Ausgangshypothese der "Studien zum autoritären Charakter" Theodor W. Adornos in neuem Licht: "Die Untersuchungen ... waren an der Hypothese orientiert, dass die politischen, wirtschaftlichen und gesellschaftlichen Überzeugungen eines Individuums häufig ein

Bedeutung, die dieser Perspektive zukommt, liegt in der Vorstellung, dass Sinngebiete immer *Teil* des tradierten Wissenshorizontes der Gesellschaft sind. Gewalt in der Form eines symbolisierten Bedeutungsraumes ist damit immer ein zutiefst gesellschaftliches Phänomen und nicht über Schuldzuschreibungen abschiebbar auf identifizierte Individuen oder soziale Gruppen.[38] Insofern müssen wir Inklusion, im allgemeinsten Sinne Identifizierung, d.h. Angesprochen-Werden von Systemen (vgl.: Luhmann, 1994), meinend, als mehrdimensionales Phänomen ansehen: Inklusion in (wiewohl gleichzeitige Exklusion aus) Teilsystemen kann über Normerfüllung verschiedener Sinngebiete erfolgen; auch über jene der Gewalt.

Einerseits bieten kulturell tradierte Legitimationen, welche Gewalt rechtfertigen (Solidarität, Eigen- und Folgelogik der Gewalt, Kampf 'Mann gegen Mann', Gewalt als Verteidigung usf. (vgl. Tabelle 21)) die Möglichkeit, Gewalt sozial und individuell 'rückzubinden', d.h. anschlussfähig für Sinn zu halten, was eine Form von Inklusion darstellt.[39] Andererseits wird gerade der Jugendgewalt eine besondere Illegitimität zugeschrieben, die sich aus der Angst speist, in der Jugend nicht mehr die funktionale Masse für die Reproduktion der Ge-

---

umfassendes und kohärentes, gleichsam durch eine 'Mentalität' oder einen 'Geist' zusammengehaltenes Denkmuster bilden, und dass dieses Denkmuster Ausdruck verborgener Züge der individuellen Charakterstruktur ist." (Adorno, 1995: 1) Allerdings glauben wir, dass immer mehrere solcher Denkmuster zu fundamentalen Ambivalenzen führen.

38 Die Rede von einem Sinngebiet der Gewalt kann als ein die dichotome Unterscheidung von struktureller und direkter Gewalt transzendierendes Element angesehen werden (Hanke, 1998: 46). Die Stärke dieses Ansatzes liegt unserer Meinung nach im Gebrauch der Kategorie 'Sinn', die einerseits auf intersubjektive Verständigung, also Struktur, abzielt und andererseits Aussagen zu Vorgängen subjektiver Wirklichkeitskonstruktion ermöglicht.

39 Wenn Gewalttaten öffentlich als 'sinnlos', d.h. als Gewalt ohne erkennbares Motiv bezeichnet werden, lösen diese in der Öffentlichkeit oft grosse Entrüstung und Unverständnis aus. Vgl. z.B. der als 'Tat ohne Motiv' bezeichnete Mord von sechs Jugendlichen an einem Gleichaltrigen, der in einer schweizerischen Boulevardzeitung unter dem Titel "Aus Langeweile gemordet?" abgehandelt wurde (Blick, 28.10.2003).

sellschaftsstruktur zu finden (vgl. dazu Luedtke, 2003: 164f.). Insofern *muss* sich für die Jugendlichen die Auseinandersetzung zwischen dem Sinngebiet Gewalt und jener der institutionalen Ordnung als dilemmatisch herausstellen, da über die vermittelten Legitimationen des Sinngebietes Gewalt sich schliesslich auch Peer-Gruppeninklusion und Selbstidentifikation (Identität) herstellen.[40]

Problematisch können für Jugendliche verschiedene Strategien werden. Sie können versuchen, die Identifikation mit dem Sinngebiet Gewalt aufrechtzuerhalten und zumindest äusserlich den Normen der institutionalen Ordnung zu entsprechen, um Inklusion in die funktionalen Teilsysteme (z.B. Erwerbsarbeit) zu erreichen. Einerseits wird so versucht, die destruktive Bedrohung der eigenen Gewalttätigkeit für die Identität sinnhaft einzubinden, andererseits garantieren die Legitimationen des Sinngebietes Gewalt Peer-Gruppen-Kohärenz und nicht zuletzt die Rückbindung an gesellschaftliche Inklusion. Zwar droht Exklusion, die die Jugendlichen auch reflektieren, doch über traditionell überlieferte Legitimationen der Gewalt, die, wie ich denke, in engem Zusammenhang mit der Dominanzkultur (Rommelspacher, 1998) stehen, vermögen die Jugendlichen wieder Sinn zu stiften. Dies kann einen Kreislauf in Gang setzen, der den Legitimationen des Sinngebietes Gewalt zunehmende Bedeutung zukommen lässt, je schwieriger sich die Inklusion in die institutionale Ordnung gestaltet.
Aber auch die – in allen Interviews präsentierte – fortschreitende Inklusion in die institutionale Ordnung kann einen nur oberflächlichen Wandel bedeuten: Normen und Handlungsskripte aus dem Sinngebiet Gewalt behalten trotzdem ihre Geltung, einzig der Akt der physischen Gewaltausübung unterbleibt. Es ist dann zu befürchten, dass diese Jugendlichen das Sinngebiet Gewalt an anderer Stelle 'reinstitutionalisieren'; zum Beispiel mit der Gründung einer eigenen Familie.

---

[40] Dass Peer-Gruppeninklusion und Selbstidentifikation auch andere Prozesse zur Grundlage haben, soll hier nicht bestritten werden.

Die Analyse der Interviews hat gezeigt, dass alle Jugendlichen eine Hinwendung zur institutionalen Ordnung vollziehen. Inwiefern es sich jedoch nur um eine Übernahme staatlich legitimer Normen unter Aufrechterhaltung des Sinngebietes Gewalt handelt, ist schwierig zu bestimmen. Nur in einzelnen Fällen (z.B. Adrian, Kap. 3.4.10) wird eine Differenzierung von Legitimationen anhand von reflektierten Gefühlsqualitäten sichtbar, die darauf schliessen lassen, dass die Hinwendung zur institutionalen Ordnung nicht nur funktionalen Charakter hat. Die von den Jugendlichen häufig präsentierten Legitimationen zur Erklärung der Unumgänglichkeit ihrer Gewalttätigkeit, ohne differenzierende Gefühlsqualitäten zu reflektieren, weisen darauf hin, dass eine kritische, emotional begründete Auseinandersetzung mit dem Sinngebiet Gewalt nur in beschränktem Masse stattfindet.

David Matza und Gresham Sykes legten 1957 eine Theorie über 'Neutralisationstechniken' vor, die Techniken der Rechtfertigung bzw. Rationalisierung beschreibt, welche delinquente Jugendliche aufgrund unerträglicher Dissonanzen zwischen institutionellen Normen und dem Wissen um die Begehung illegitimer Handlungen anwenden. Vermittels dieser Neutralisationstechniken wird das Wissen um die Illegitimität der Handlung in das Unterbewusste verdrängt, wodurch sich die Jugendlichen zumindest teilweise von Schuldgefühlen befreien können (Matza & Sykes, 1957: 669). Die oben angeführten Legitimationen, welche die Jugendlichen verwenden, um ihr gewalttätiges Verhalten zu rechtfertigen, sind als Techniken der Neutralisation zu verstehen, allerdings nicht als von allgemein geteilten Werten und Normen abgekoppelt, nur Gültigkeit für die delinquenten Jugendlichen, ihre Peer-Gruppen und gegebenenfalls deren Subkultur beanspruchend, wie Matza und Sykes behaupten (ebd.: 666). Gerade die *Alltäglichkeit* des Sinngebietes Gewalt, die tradierte Existenz allgemein geteilter Legitimationen zur Anwendung physischer Gewalt, speisen erst individuelle oder auch z.B. subkulturelle Konstruktionen gewalttätigen Verhaltens. Tabelle 21 zeigt in Anlehnung an Matza und Sykes die in den Interviews von den jugendlichen GewalttäterInnen angeführten Legitimationen zur Ausübung von physischer Gewalt:

Kategorie	Ausformung	Motivbeschreibung
	Solidarität[41]	Motiv für Gewaltausübung ist, einem Peer-Gruppen-Mitglied in einer tätlichen Auseinandersetzung zu helfen. Verstärkend wird das Motiv 'David gegen Goliath' verwendet.
Berufung auf eine höhere Instanz	Eigenlogik der Gewalt	Die Dynamik des Gewalthandelns wird als unvermeidlich dargestellt. In besonderem Masse wird die unvermeidliche Spontaneität für die frühe Jugendphase hypostasiert.
	Folgelogik der Gewalt	Das Gewalthandeln wird als Teil eines 'natürlich' kausalen Prozesses von delinquentem Handeln und gesellschaftlicher Sanktion beschrieben.
	Kampf	Besonders unter Verwendung von männlichen Geschlechterrollenstereotypen stilisiertes Gewalthandeln als fairer Kampf 'Mann gegen Mann'.
Verneinung des Unrechts	Gewalt als Verteidigung gegen Provokation	Gewalthandeln wird legitimiert, indem die Bedingung eines Angriffs gegen die eigene oder eine nahe Person dafür gesetzt wird.
Ablehnung der Verantwortung	Etikettierung	Gewalthandeln wird erklärt als Reaktion auf negative Fremdzuschreibungen.
Ablehnung des Opfers	Ablehnung einer sozialen Gruppe	Gewalthandeln wird legitimiert durch zugeschriebenes Verhalten oder Einstellung des Opfers, der gewaltförmigen Sanktionierung würdig.

Tabelle 21: Legitimationen des Sinngebietes Gewalt

41 Die Frage ist, ob es sich hier um Solidarität im Sinne von Zusammengehörigkeit, Verbundenheit und Gemeinsinn handelt. Bedeutet Solidarität den "Einsatz für ein Gemeinwesen, das niemanden ausschliesst" (Mäder, 1999: 16), müsste zwischen negativer und positiver Solidarität unterschieden werden. Negative Solidarität würde hier vorliegen, da zwar Gefühle der Verbundenheit zwischen den Peers auftreten, jedoch ganz klar andere Menschen davon ausgeschlossen werden. Solidarität als politischer Begriff hat jedoch schon immer zwischen innen und aussen unterschieden, wir verwenden den Begriff deshalb hier entsprechend.

Die Normalisierung der Gewalt, die die untersuchten Jugendlichen anstreben, stellt nicht primär eine negative Integration im Sinne Böhnischs (1994: 155) dar, die Gewalt ist nicht zuvorderst Lebensstil und damit noch Teil der 'Jugendkultur', sondern entspringt der Mitte der Gesellschaft als – man mag mit Verweis auf Michel Foucault schliessen – Sicherung der Normalität (vgl. Foucault, 1999: 179ff.). Über diese Legitimationen des Sinngebietes Gewalt binden die Jugendlichen die Bedrohung der selbst verübten Gewalttätigkeit für die eigene Person zurück, ebenso, wie die Existenz eines solchen Sinngebietes die Gewalt für die Gesellschaft handhabbar und damit nicht aus dem Machtgefüge der institutionellen Normen austreten lässt. Denn die 'Logik der Gewalt' bestimmt schliesslich auch das Spannungsverhältnis von Recht und Gesellschaft (vgl.: Müller, 2000).
Die einfach polarisierende Gleichung, dass über das Normsystem Recht legitime Gewalt die Ordnung der Gesellschaft erhalte, jedoch illegitim verübte Gewalt diese zerstöre und folglich mit Exklusion bestraft werde, trifft nur im Nachvollzug der öffentlichen Beglaubigungen zu (vgl: Eisner, Sack & Forster, 1999: 15f.). Für Jugendliche, die Sinn in dem Sinngebiet Gewalt zu konstruieren vermögen, ergibt sich über das Medium Gewalt eine besondere Form des Anschlusses an die Gesellschaft: über den Gebrauch von Legitimationen, die *auch* Teil des institutionellen Normsystems sind, finden sie den 'Kitt' sozialer Bindung, nicht nur im Bereich ihrer Peer-Gruppe, sondern zugleich als funktionaler Teil der verinnerlichten Dominanzkultur (Rommelspacher, 1998).

3.5.1 Sozialisation und Gewalthandeln

Nach Wassilis Kassis sind die physischen Gewaltphänomene zwar nicht ausschliesslich aber doch primär auf eine "äusserst fragwürdige Sozialisationsleistung der Gesellschaft" zurückzuführen (Kassis, 2003: 147). Dieses Verständnis lenkt den Blick auf jene gesellschaftlichen Instanzen, die zentral an der primären und sekundären Sozialisation des Individuums beteiligt sind. Als einflussreichsten Sozialisationsinstanzen sind zu nennen: Familie, Bildungsinstitutionen, Peers, Medien (vgl.: Hurrelmann & Ulich, 1991: 270ff.). Sozialisation verstehe ich als

genuin dialektischen Prozess der Auseinandersetzung eines Individuums mit der Gesellschaft, in welchem es Identifizierung durch Andere und Selbstidentifikation erfährt, und eine "grundlegende und allseitige Einführung des Individuums in die objektive Welt einer Gesellschaft oder eines Teils der Gesellschaft" stattfindet (Berger & Luckmann, 1996: 140f.). Vor allem über das Medium der Sprache werden vom heranwachsenden Individuum "institutionalisierte Programme" (ebd.: 146) internalisiert, die ihm – unter anderem – eine Orientierung in den verschiedenen Sinngebieten erlauben.
Eine der zentralen Hypothesen der vorliegenden Untersuchung lautet, dass diejenigen gesellschaftlichen Legitimationen, welche die Ausübung von Gewalt rechtfertigen und damit begünstigen, im Prozess der Sozialisation internalisiert werden. Problematisch kann diese – grosse Teile der Gesellschaft treffende – Verinnerlichung vor allem dann werden, wenn belastende Erfahrungen bis hin zu Traumen einerseits zu Prozessen der Verdrängung führen und andererseits (z.B. in der Form eines Wiederholungszwanges (vgl. Adorno (1995: 322)) dauerhaft das Sinngebiet Gewalt in der Persönlichkeit 'institutionalisieren'.[42] Bieten dann situative und soziale Kontextbedingungen, z.B. gewaltaffine Peergruppen, die Möglichkeit zur Gewaltausübung, ist der Schritt zur Gewalt klein.

Familie; Die für die Studie interviewten Jugendlichen berichten auffallend oft über traumatische Erfahrungen in ihrer Kindheit, die vor allem in der Familie begründet, und hier insbesondere an der Person des Vaters festgemacht sind: Der alkoholsüchtige, der schlagende, der verstorbene Vater. Unsere Vermutung geht dahin, dass solche biographischen Erfahrungen dazu führen können, dass Jugendliche das 'gesellschaftliche Unbewusste' (Erdheim, 1984) mit den Mitgliedern ihrer Peer-Gruppe unverarbeitet und unreflektiert teilen, d.h. in unserem Falle die Dominanzkultur hegemonialer Männlichkeit in der Peer-Gruppe institutionalisieren. Dies gilt – wie im Kapitel zu 'Identität'

---

[42] Es ist zu vermuten, dass die Institutionalisierung des Sinngebietes Gewalt im Individuum immer auch zugleich eine Verdrängung bedingt (vgl. Miller (1994: 80f.)).

(Kap. 3.7) ausgeführt wird – im Sinne einer Akzeptanz der Dominanzkultur zum Teil auch für die weiblichen Interviewten des Samples.[43] Die Anwendung physischer Gewalt ist schliesslich einerseits mitbedingt durch die Existenz des gesellschaftlichen Sinngebietes der Gewalt, andererseits aber auch Ausdruck einer unbewussten Aggression, die infolge einer 'Biographie der Gewalt' oder vorsichtiger formuliert; einer 'Biographie der Verunsicherung' entstanden ist (vgl.: Heitmeyer, 1998: 145ff.). Auf diese Weise kommt die spezifische Verzahnung subjektiver und gesellschaftlicher Faktoren zustande, die den Sinn des Erhalts des Sinngebietes Gewalt für die Jugendlichen stärkt.

Die angesprochene Verunsicherung dieser Jugendlichen wird sicherlich verstärkt durch Krisen in verschiedenen Bereichen des gesellschaftlichen Lebens, die die post-fordistischen Gesellschaften erleiden. Ich glaube hingegen nicht, dass diese Krisen als direkte Ursachen der Gewalttätigkeit Jugendlicher anzusehen sind. Angesprochen sei hier das durch den Soziologen Ulrich Beck (1986) bekannt gewordene Individualisierungs-Theorem, wonach sich für die Individualisierungschancen der Individuen eine paradoxe Situation ergeben habe. Zwar werde einerseits eine enorme Ausweitung der Individualisierungschancen ermöglicht, andererseits infolge Enttraditionalisierung und "Vermarktung" (Heitmeyer, 1992: 16ff.) der Gesellschaft aber individuell-autonome Existenz verunmöglicht. Solche Einflüsse rufen eine Verunsicherung hervor, treffen jedoch wohl *weite* Teile der Bevölkerung. Bedeutsam jedoch dürfte letztlich sein, *wie* das Individuum als "realitätsverarbeitendes Subjekt" (Hurrelmann & Ulich, 1991: 9ff.) sich verändernde Lebensbedingungen verarbeitet und in soziales Handeln umsetzt.

Die Adaption des Sinngebietes Gewalt durch die Jugendlichen über gewaltakzeptierende Legitimationen hat wohl Verunsicherung zur Voraussetzung, aber erst die *Möglichkeit*, diese Legitimationen zur Neutralisierung des Gewalthandelns zu verwenden, kann für die Jugendlichen die Adaption des Sinngebietes Gewalt *sinnvoll* machen.

---

[43] Vgl. entsprechend Mirjana (Kap.3.4.11), hingegen: Jasmina (Kap. 3.6.8)

Diese Möglichkeit wird den Jugendlichen von gesellschaftlichen Sozialisationsinstanzen gegeben.

Schule; Quantitativ angelegte Studien betonen heute die Gewaltausübung Jugendlicher als multifaktoriell, d.h. als durch zahlreiche, sich kumulierende Bedingungen verursachtes Handeln (Kassis, 2003: 26). Auch die vorliegende Analyse der Interviews zeigt, dass z.B. die sekundäre Sozialisation (vgl.: Berger & Luckmann, 1996: 148ff.), für welche die Schule zentralen Stellenwert hat (Drilling, 2001: 24), eine wichtige Position für die Formung und Verarbeitung des Sinngebietes Gewalt bei den befragten Jugendlichen einnimmt. Nicht nur dass in den Interviews Gewalthandlungen, seien es gegen Menschen oder Sachen gerichtete physisch oder verbal verletzende Akte, im Raum und Umraum der Schule berichtet wurden, die Sozialwelt bestimmter Schulen scheint auch den Nährboden zu über Gewalt legitimierten hierarchisch strukturierten Gruppenbildungen zu bieten. An der Schule installiert sich auf diese Weise eine "Subwelt" (Berger & Luckmann, 1996: 148) in der Subwelt Schule, die den normativen Vorgaben des Sinngebietes Gewalt folgt.
Hinweisen aus den Interviews ist zu entnehmen, dass – auch aus Furcht vor Konflikten – diese Subwelt an den Schulen von den Verantwortlichen oft wenig Beachtung findet. Plausibel scheint, dass das System Schule zu den gewaltsam hierarchisierten Gruppenbildungen nicht im Gegensatz steht, im Gegenteil: Kassis (2003: 151) meint, dass es sich hierbei um ein allgemeines Schulproblem handle, "welches geistige und soziale Rigidität auch über Geschlechterrollenstereotype generiert und stützt und eine offene Entwicklung von Jungen hemmt". Schliesslich reproduzieren Schulen durch Handlungserwartungen und Leistungsanforderungen Prozesse der sozialen Selektion, die als strukturelle Gewalt auf SchülerInnen einwirken können. Unter bestimmten Bedingungen kann dadurch die Bereitschaft von SchülerInnen zu deviantem Verhalten erhöht werden (Böttger, 1998: 73). Insbesondere jugendliche MigrantInnen können als "Zurückgelassene" des Bildungssystems diesen Faktoren in verstärktem Masse unterliegen (Raithel, 2003: 167). Allerdings handelt es sich bei den inter-

viewten Jugendlichen nicht um Schul- und LeistungsversagerInnen. Im Gegenteil fallen einige Jugendliche durch gute Schulleistungen auf. Diese Feststellung deckt sich mit Ergebnissen anderer Studien, wonach gewalttätige Jugendliche keine Auffälligkeit hinsichtlich der Schulleistungen zeigen (Ohder, 1992: 110).
Der beruflichen Ausbildung, welche – wie in den Interviews antizipiert – den Eintritt in die Erwerbsarbeit ermöglicht, messen fast alle der befragten Jugendlichen einen ausgesprochen hohen Stellenwert zu. Neben anderen Darstellungen zur Ausstiegsmotivation (vgl. Kap. 3.7) ist es vor allem die Angst, mit der Ausübung von physischer Gewalt und den folgenden institutionellen Sanktionen den Abschluss der beruflichen Ausbildung zu gefährden. Im Gegensatz zur Schule, die die Jugendlichen nur in geringem Umfang als bedeutsam für ihre berufliche Zukunft darstellen, z.T. sogar offen ablehnen, wird das Finden und Besetzen eines Ausbildungsplatzes für die Jugendlichen zu einem zentralen Inhalt ihrer Biographiegestaltung. Angesichts der steigenden Bedeutung von Bildung, um (begehrte) Statuspositionen zu erwerben, erstaunt dies nicht, die – auch bedrohlich exklusive – Normalität der institutionalen Ordnung holt die Jugendlichen hier ein (vgl. Heitmeyer, 1998: 333f.). Für die Jugendlichen stellt sich dann das Problem, wie sie diese beiden "Welten" vereinbaren können (vgl. für Hooligans: Gutmann & Rutschmann, 2002). Das mitunter über belastete Sozialisationsprozesse verinnerlichte Sinngebiet Gewalt lässt schliesslich nicht nur Ambivalenzen im Bereich der In- und Exklusion gesellschaftlicher Teilsysteme entstehen, wie am Beispiel der Erwerbsarbeit deutlich wird, sondern zeitigt auch für die Selbstidentifikation der Jugendlichen tief greifende Folgen. In der Annäherung an die Konstruktion von 'Identität' im Kapitel 3.6 wird diese Fragestellung eingehender behandelt werden. In diesem Zusammenhang darf nicht ausser Acht gelassen werden, dass Leistungsbereitschaft und Erfolgsmotivation in engem Zusammenhang mit sozialer Lage und entsprechenden familiären Sozialisationsleistungen stehen (Hradil & Schiener, 1999: 450).

Peer-Gruppen; Peer-Gruppen weisen eine vom Erwachsenen-Kind-Verhältnis abweichende Beziehungsstruktur auf und zeigen im Übergang von der primären zur sekundären Sozialisation zunehmende Eigenständigkeit des Soziallebens (Hurrelmann & Ulich, 1991: 356). Aus diesem Grund wurde diesem Phänomen in der Sozialisationsforschung in den letzten Jahren mehr und mehr Bedeutung zugemessen. Peer-Gruppen nehmen in der Schilderung gewalttätigen Verhaltens der Jugendlichen einen zentralen Stellenwert ein. Einige der gewaltaffinen Legitimationen, wie z.B. solidarisches oder provokativ-reaktives Verhalten, 'Fairer' Kampf und Ablehnung des Opfers, werden in und über eigene und rivalisierende Peer-Gruppen konstruiert. Dies zeigt, wie wichtig die Existenz von Peer-Gruppen für die Legitimation des gewalttätigen Verhaltens der Jugendlichen ist. Der Konsens der Gruppe über Normen des Sinngebiets Gewalt schafft, auch infolge der starken Affektbezogenheit des Handelns und der Legitimationen, Selbst- sowie Gruppenidentifizierung. Auf dem Gerüst dieses Konsenses erst kann sich eine Gruppendynamik installieren, die den einzelnen unter einen hohen "Konformitätsdruck" (Heitmeyer, 1998: 348) stellt. Mit aller Deutlichkeit zeigt sich hier, dass die Machtthematik der extern verübten Gewalt genauso sehr im Innern der Gruppe zentral ist, ja, die Herrschaftsbeziehungen sich zum Teil sogar nach dem Grad der gegen Aussen verübten Gewalt strukturieren. Kurz: Je brutaler ich schlage, desto höher mein Status in der Gruppe. Zum Teil berichten die Jugendlichen zudem von körperlichen Auseinandersetzungen innerhalb der Gruppe, welche sie jedoch nicht als Gewalt bezeichnen. Auch diese Phänomene unterstützen die Annahme, dass gesellschaftliche Legitimationen, die dem Starken Dominanz versprechen (vgl.: Rommelspacher, 1998: 157f.) in der Gruppe die Installation von Herrschaftsverhältnissen ermöglichen. Oder anders gesagt: Die Jugendlichen bilden dann als Gruppe eine Institution des Sinngebietes Gewalt aus.

Angesichts dessen erstaunt es nicht, dass – wie Heitmeyer et. al. nachweisen – die Gewalt männlicher Jugendlicher in den neuen und alten Bundesländern Deutschlands oft aus Gruppenkontexten heraus entsteht (Heitmeyer, 1998: 355). Weibliche Jugendliche zeigen nach dieser Studie keine relevanten Unterschiede in der Ausübung von Gewalt hinsichtlich ihrer Zugehörigkeit zu einer Peer-Gruppe.[44]

Medien; Die Engführung der Medienwirkungsforschung durch monokausale Erklärungsansätze der Wirkungen von Medien auf Individuen, in unserem Fall für jugendliche GewalttäterInnen, hat sich als unfruchtbar erwiesen (Hurrelmann, 1994; Weber, 2003). Der Einbezug von weiteren Faktoren aus der Lebenswelt von Individuen in empirischen Untersuchungen scheint unerlässlich, um dem komplexen Bedingungsgefüge der Wechselwirkungsprozesse zwischen Individuum und medial vermittelter Informationen gerecht zu werden. Insbesondere die sozialisatorischen Rahmendaten und die aktuelle Lebenssituation beeinflussen die Formen des Transfers zwischen Person und Medium (vgl.: Fromme, 1999). Die hier befragten Jugendlichen äussern keine Affinität zu gewaltdarstellenden Medien, überhaupt scheint der Konsum von als problematisch erachteten, kulturindustriell produzierten Medien keine grosse Rolle in den Alltagspraktiken der befragten Jugendlichen zu spielen (vgl.: Horkheimer & Adorno, 2001).

3.6 Interviewanalysen: Gewalt und Identität

Die folgenden Interviewanalysen konzentrieren sich auf das Problem der Herausbildung von Identität im Zeichen der Ausübung physischer Gewalt. Nachdem in Kapitel 3.4 versucht wurde, Gewaltausübung und die Konstruktion des Sinngebietes Gewalt in eher strukturtheoretischer Perspektive unter den Begriffen Inklusion und Exklusion zu fassen, stellt der zweite Teil der Analysen die intra-personalen Prozesse der Verinnerlichung und Verarbeitung des Sinngebietes der Gewalt ins Zentrum.

---

[44] Dies gilt allerdings nur unbedingt für die alten Bundesländer. In den neuen Bundesländern zeichnet sich eine gering grössere Bedeutung der Peer-Gruppe für die Gewalttaten von weiblichen Jugendlichen ab (vgl. die nicht interpretierte Tabelle 7 in: Heitmeyer, 1998: 353).

3.6.1 Yasar: "Dann ist er selbst Schuld gewesen". Darstellung der Fallstruktur

a) Gewaltdarstellung und präsentierte Erklärungsmuster

Yasar wurde 1985 von türkischen Eltern in der Gemeinde Laufen nahe Basel geboren. Er war, wie er selbst sagt, im Alter von 13 bis 14 Jahren in einer gewaltbereiten "*Szene*", die Gewalt provoziert und ausgeübt habe. Er selbst ist auch ausserhalb dieser Gruppe auffällig geworden, zumeist durch kleinere Prügeleien oder aufgrund von Streichen in der Schule. Mit der Jugendanwaltschaft hatte er nur einmal zu tun, nachdem er einem Mitschüler eine erhitzte Messerklinge an den Hals hielt. Allerdings war es nicht seine Absicht, dem Opfer ernsthafte Verletzungen zuzufügen:

> Es hat mir leid getan. Er ist rot geworden, ich habe das gar nicht gedacht. Es hat schlimm ausgesehen. Ich wollte nur... Ja, es ist dumm, es ist zu heiss gewesen. ... Dann ist unsere Lehrerin gekommen, Rektorat, Anzeige.

Ein "*blöder Seich*", wie er es heute sieht. Trotzdem relativiert Yasar seine Verantwortung damit, dass es sich nur um ein kleines Taschenmesser handelte, welches von der Polizei zuvor schon einmal kontrolliert worden sei; "*und die haben nichts gesagt*". Yasar distanziert sich heute von solchen Taten und betont mehrmals, dass er es "*auch schon gecheckt*" habe, das "*Gewalt keine Lösung*" sei. Dabei bestreitet er, Gewalthandlungen heutzutage selbst zu provozieren, beschreibt jedoch, sich wehren und verteidigen zu müssen, verbunden mit der Bereitschaft dann aggressiv zu werden, "*wenn es wirklich sein muss*":

> Ich gehe der Gewalt immer aus dem Weg. Aber ja, wenn es sein muss, dann muss man dreinschlagen. So hart, aber es ist so. Wenn jemand mich fertig macht, ich kann nicht einfach weggehen und nichts sagen. Ich muss mich wehren, wenn er mich fertig machen will, oder verletzen. Ich muss mich dann wehren irgendwie.

Yasar erzählt differenziert über die Motivationen, die zur Gewalt führen können. Oft erzählt er nicht direkt von den eigenen Begründungen, sondern stellt die Veranlassungen in allgemeingültige Zusammenhänge. So ist für ihn bereits das Alter ein Katalysator, der bei Jugendlichen häufig zur Gewaltanwendung führt. Die Einsicht komme mit dem Alter:

> Jeder wird das verstehen. Mit zwanzig vielleicht, aber irgendwann wird das jeder verstehen, dass Gewalt keine Lösung ist.

Der Jugendliche meint, dass es bei der Gewalt unter Jugendlichen nicht um die Tätlichkeit an sich gehe, sondern eher darum, seine Position in der Gruppe zu stärken. In der Gruppe sei es wichtig, etwas zu erzählen zu haben: "*Ich habe den geschlagen, heute habe ich jemandem voll die Faust abgedrückt'*". Dabei seien es zumeist die, die sich wehren wollten, die "*am schlimmsten drunter kommen*". Zeige ein Opfer Angst, sei das eine Art Belustigung für die Gruppe und Grund zu verstärkter Aggression.

Yasar gibt an, aus Gründen ihm gegenüber gezeigter Respektlosigkeit bereits gewalttätig geworden zu sein. Nachdem ihn ein Mitschüler aufgrund seiner Religionszugehörigkeit beleidigt hatte, schlug er diesen zu Boden:

> Ich bin wirklich friedlich, ich sage nie etwas. Ich schaue nie böse und so. Ich habe immer Respekt, vor allen Leuten eigentlich, egal was er ist. Und eben dem [dem Mitschüler, Anm. OS] habe ich es zeigen müssen, dass er kein Respekt... Wo ich das nächste Mal in die Schule gekommen bin, er hat so Respekt vor mir gehabt, er hat mich nicht einmal angeschaut. Ich finde es schon blöd, wenn man erst dann Respekt hat, wenn ich jemanden schlagen muss. Also das haben mir auch schon viele gesagt, in der Diskussion und so. Das ist wirklich so, dass man manchmal so Respekt gewinnt.

Ein weiterer Punkt, der für Yasar Gewalt rechtfertigt, ist die Verletzung von Ehre und Stolz. "*Irgendwann ist schon die Grenze*", meint Ya-

sar. Werde diese Grenze erreicht, "*dann musst du schlagen*". Ein Grund für ihn sind Beschimpfungen, die ihn in seiner Ehre kränken. Der Mangel an Sprachgewandtheit der Menschen mit ausländischem Hintergrund bewirke zudem, dass sich "*der Ausländer [...] rechtfertigen will, aber er kann das mit Wörtern nicht richtig sagen*".
Im Gegensatz zu den meisten Schweizern, bei denen "*alles gemütlich*" sei, stecke die Bereitschaft zur Gewalt den ausländischen Mitmenschen "*einfach im Blut*". So beurteilt sich auch Yasar selbst. Er sei zwar "*eigentlich ganz friedlich*", bezeichnet sich jedoch als "*von Blut aus aggressiv*".

> Ich schlage nicht so einfach drein. Wenn aber jemand irgendein Wort falsch sagt, dann macht es bei mir Zuckungen, ich weiss auch nicht. Dann habe ich dass Gefühl, ich muss den schlagen.

Yasar betont im Interview, er lasse sich von anderen nicht so leicht provozieren. Er sieht es als eine besondere Fähigkeit, zu wissen, wie man "*mit denen*" umgeht. "*Es geht darum, wie man redet*"; für Yasar ein Instrument zur Deeskalation von Situationen, in welchen ein Ausbruch von Gewalt droht. Allerdings meint der Jugendliche damit die verbale Auseinandersetzung, die der körperlichen Aggression vorausgeht, wobei der Kontrahent beeindruckt und eingeschüchtert werden soll.

b) Kontextbedingungen – Yasars Netzwerke

Familie

Yasar lebt zusammen mit seinen Eltern und seinen zwei Schwestern seit 1995 in der Landgemeinde Riehen. Das grenznahe Riehen gehört zum Kanton Basel-Stadt und ist aufgrund des Steuereinkommens den reichen Gemeinden zuzurechnen (Statistisches Amt des Kantons Basel-Stadt, 2003a). Yasars Eltern wohnen seit etwa 20 Jahren in der Schweiz. Sein Vater führe eine gut laufende Schuhmacherwerkstadt. Riehen biete Yasar "*schon Ruhe für alles*".

> Wenn ich an der Tramhaltestelle warte, bin ich der Aussergewöhnlichste dort ..., ich meine es hat keine Jugendlichen dort. Ja, ich bin eigentlich der einzige Türke, der dort wohnt.

Yasars Bericht über seine Mutter beschränkt sich darauf, zu erwähnen, sie sei eher ruhig. Sie scheint in der Erziehung eine eher passive Rolle zu spielen. Die Eltern sind mässig religiös, der Vater gehe etwa einmal im Monat in die Moschee. Yasar selbst ist dort nicht mehr sehr häufig anzutreffen, bezeichnet sich jedoch als gläubig.
In der familiären Umgebung wohnen drei verwandte oder befreundete Familien. Die Gemeinschaft zusammen mit dem eigenen Familienkreis bezeichnet Yasar als "*eine Familie*". Zusammen mit einem ehedem gewaltbereiten Cousin, hat Yasar schon mehrfach Gewalt erlebt:

> Wenn ich Probleme habe, ich kann meinen Cousin holen. Man ist Kind, aber man findet es toll irgendwie, findet es cool. Man kann einfach schlagen.

Wie schon bei den Motivationen, die der Jugendliche für die Ausübung von Gewalt angibt, beschreibt er die Rolle der Erziehung oftmals in Gemeinplätzen:

> Ich würde sagen, das hat alles mit den Eltern zu tun, alles mit Erziehung.

> Es ist so, also wenn mein Vater [mich, Anm. OS] geschlagen hätte, ich wäre automatisch ein Schlägertyp ... und ich wäre automatisch in der Szene drin, meine ich.

Yasars Berichte über seine eigene Erziehung beschränken sich fast ausschliesslich auf die Rolle des Vaters. Er habe ihm "*alles gegeben*", um ihm eine gute und verständnisvolle Erziehung zu ermöglichen. Yasar könne mit dem Vater "*über alles reden*". Es sei ein grundsätzliches Problem von sozial abweichenden Jugendlichen, von den Eltern nicht angehört zu werden, sich zu Hause nicht verstanden zu fühlen. Allerdings stört ihn die Kommunikationsbereitschaft des Vaters bisweilen, das Gespräch mit ihm "*geht da rein und da raus*". Vor allem früher habe ihn das Gespräch mit dem Vater oft gereizt und wütend gemacht. Im Alter von etwa fünf bis sechs Jahren habe er deshalb oft geweint:

> Er hat es, glaube ich, auch verstanden ..., dass es falsch ist, dass man eben vielleicht nicht unbedingt schlägt. Er will eben immer reden. Kompromiss will er eingehen. Er macht das schon zuviel. Wir reden immer und so. Immer nur reden, reden, reden. Aber eben, ich mache das eigentlich gar nicht gerne mit meinem Vater.
>
> [...]
>
> Dann bin ich immer gehässig geworden, bin immer weggegangen, habe immer geheult eben.

Schule – Ausbildung

> Das ist auch in der Schule so gewesen, wo ich in der OS [Orientierungsstufe, Anm. OS] in R. gewesen bin. Ich bin der einzige Türke im Schulhaus gewesen, der einzige. Wenn irgendjemand etwas gesagt hat, Scheisstürke oder so, ich bin der einzige gewesen. Ich habe immer alleine fertig werden müssen. Dann kommen sie ins B. [Schulhaus, Anm. OS], dann sind sie die, die ruhig sind und kein Wort sagen können. Weil dort sind ..., 70, 80% sind Ausländer.

Nach dem Schulabschluss auf der weiterbildenden Schule begann Yasar eine Lehre zum Logistikassistenten. "*Das ist schon ein bisschen Glück gewesen*", die Lehrstelle zu bekommen, denn er wollte schon seit der frühen Schulzeit Postangestellter werden. Der Beruf erschien ihm "*gemütlich*". Trotzdem brach er die Lehre nach anderthalb Jahren ab, da ihm die Motivation fehlte.

> [In der, Anm. OS] WBS [Weiterbildungsschule, Anm. OS] bin ich auch locker gewesen und ich habe nie richtig gelernt. Und in der Lehre ist halt noch mehr Stoff gekommen und dann habe ich gar nicht mehr mithalten können. ... Ich habe keine Motivation gehabt, ich habe gewusst, irgend-

> wann ist fertig. Ich kann das nicht mehr. Nach einem Jahr oder weniger habe ich schon keine Motivation mehr gehabt.

Auf der einen Seite bereut Yasar seinen Schritt, die Ausbildung abgebrochen zu haben, denn er sei sich der Bedeutung einer Berufsausbildung bewusst. Auf der anderen Seite beschreibt er, dass die Lehre eine falsche Entscheidung gewesen sei, denn er könne sich "*irgendwie keinen schlimmeren Job vorstellen, wo man so viele Fehler machen kann*", was die überhöhten Ansprüche der Kunden zu einem noch grösseren Problem gemacht habe. Es stellte sich ihm auch die Frage, ob er nach beendigter Ausbildung überhaupt in eine Festanstellung übernommen worden wäre. Ein fester Bezirk wäre ihm auch sehr wichtig gewesen, allerdings hätte er einen solchen erst nach langfristiger Anstellung zugesprochen bekommen. Und zu Letzt rentiere sich der Beruf eigentlich "*für so wenig Lohn*" gar nicht. Vor ihm hätten auch schon drei Auszubildende abgebrochen.
Nachdem er mit der Lehre aufgehört hatte, arbeitete Yasar für drei Wochen in einer Buchdruckerei. Eine Schnupperlehre als Konditor folgte, wobei er nach vier Tagen merkte, dass er sich darin keine Zukunft vorstellen kann. In Zukunft möchte er "*irgendwas mit Gärtner*" machen.

Peers

> Wo ich in der Szene gewesen bin ..., haben wir extra abgemacht, um Leute stressen zu gehen ..., komm wir stressen den, komm wir halten den an', weiss auch nicht so. Das habe ich auch cool gefunden. Ich bin mitgegangen, ich habe auch geschlagen. Aber wirklich, die machen extra ab für das und so.

Im Alter von dreizehn oder vierzehn Jahren traf sich Yasar regelmässig mit gewaltbereiten türkischen Jugendlichen, die er aus der Moschee kannte. Zu der Zeit habe es verstärkt nationalistisch geprägte Jugendgangs gegeben, die oft in Konflikt mit gegnerischen Gruppierungen gerieten. Die Aggressionen der eigenen Gruppe haben sich früher neben der Aversion gegen die verhassten kurdischen Jugendli-

chen vor allem gegen die Nazi- und Skinheadszene gerichtet. Eine Feindschaft zwischen z.B. kurdischen und türkischen Jugendbanden sei aufgrund von politischen Konflikten in den jeweiligen Heimatländern entstanden, die in das Einwanderungsland hineingetragen würden. Im Mangel an Assimilation sieht Yasar einen möglichen Auslöser. Das sei eine "*Anpassungssache*", wobei die Schweiz heute jedoch kein "*Ghetto-Land*" mehr sei.
Yasar berichtet auch von situativer und willkürlich verübter Gewalt durch ihn und seine Kollegen. Die meisten Taten vollzog er in der Gruppe oder in dyadischer Form, zusammen mit einem Klassenkameraden oder seinem Cousin. Der Jugendliche beschreibt eine spezifische Gruppendynamik in Gewaltakten, z.B. wenn er von einem provozierten Jugendlichen erzählt:

> Und dann ist er gekommen, hat ihn [den Kollegen, Anm. OS] schlagen wollen. Dann sind alle rein gegangen. Ich natürlich auch, ich habe selbst auch einen Kick gelassen, aber alle haben schon geschlagen. Er ist am Boden gelegen und wir sind weggerannt. Er ist also schon ein Kasten gewesen … und hat den Kollegen geschlagen. Und dann sind gerade alle gekommen, alle rein und dann hat er nichts machen können. Ich bin rein und einmal geschlagen.

Die Bereitschaft zur Gewalt scheint nicht bei allen Kollegen von Yasar gleich ausgeprägt gewesen zu sein. Es habe bei einigen auch gewisse Skrupel gegeben, wenn es darum gegangen sei, jemandem Schaden zuzufügen, beispielsweise bei Schlägen in das Gesicht: "*Die haben Angst, dass ihm nachher etwas passiert*".
Zur "*Szene*" fühlte sich Yasar während etwa einem Jahr verbunden. Danach habe er sich von der etwa fünf bis sieben Personen zählenden Gruppe distanziert. Ihm "*kommt grad der Hass*", wenn er jetzt auf seine ehemaligen Kollegen trifft, denn diese seien immer noch gewaltbereit. Heutzutage rechnet sich Yasar zur "*Hip-Hop-Szene*", die sich höchstens verbal aggressiv äussere. Die Gruppe, mit der er seit kurzem zusammen Musik macht, setze sich vor allem aus schweizerischen Jugendlichen zusammen. In seiner Clique sind die meisten arbeitslos oder

arbeiten temporär. Solch berufliches Desinteresse hält Yasar jedoch für falsch.

c) Konsequenzen des devianten Verhaltens

Erstmalig hatte Yasar mit der Jugendanwaltschaft zu tun, nachdem eine grössere Anzahl Schuletuis aus seiner Schule entwendet worden waren. Yasar wurde des Diebstahls verdächtigt und die Polizei führte bei ihm zu Hause eine Durchsuchung durch. Sein Vater habe mit einer kommunikativen Auseinandersetzung mit ihm reagiert, da dieser für gewöhnlich auf Gewalt verzichte.

> Wenn er gehässig wird, dann redet er. Er macht psychisch mehr ... okay, mein Vater hat mich auch schon einmal geschlagen.

Yasars Fehlverhalten wurde justitiell nur einmal sanktioniert. Nachdem er seinem Mitschüler die Verbrennung mit dem erhitzten Messer zugeführt hatte, habe er sechs Stunden gemeinnützige Arbeit leisten müssen. "*Es ist gar nicht so schlimm gewesen, es hätte schlimmer kommen können*", meint Yasar.

d) Ausstieg und Zukunftsperspektiven

> Also die von der Szene, wenn ich die jetzt so sehe, die sind immer noch gleich aggressiv und so. Ich bin eh ganz anders von dem her. ... Einfach nicht mehr verkehren, ... ich kann das gar nicht mehr, mit denen verkehren. Das sind andere Dimensionen, anderer Kopf, obwohl wir gleich aufgewachsen sind, das gleiche cool gefunden haben. Aber irgendwann versteht das eben jeder ..., dass Gewalt keine Lösung ist.

Laut Yasar hat er den Ausstieg aus der Gewalt schon hinter sich. "*Ja klar, ich schäme mich*", bekennt er. Ein Grund für seinen Ausstieg sei der ständige Konflikt und die Auseinandersetzungen zwischen zwei Gruppierungen. Irgendwann habe ihm die Szene deshalb nicht mehr gepasst.

Es sei "*schon ein Wunsch*" von ihm, ein geordnetes bürgerliches Leben zu führen, also "*Haus, Familie, Auto*" zu haben. Erreichen möchte er diese Ziele, indem er sich eine Lehrstelle sucht und den Lehrabschluss macht. Zurzeit schwebt ihm eine Schnupperlehre als Gärtner vor. Hoffnungen setzt er in die Rap-Musik, die er zusammen mit seinen Kollegen produziert.

3.6.2 Yasar: "Dass ich nicht alles runter schlucke". Hermeneutisch wissenssoziologische Fallanalyse

In nachfolgender Sequenz erzählt Yasar von einem Vorfall in einem Zugabteil, bei dem es zu einer gewalttätigen Auseinandersetzung zwischen Yasar, seinem Freund und zwei als "*Skins*" identifizierten jungen Männern gekommen ist.

> Wir haben auf Türkisch geredet, aber so ... also türkisch, also nicht auffällig haben wir gelacht und so. Dann haben sie auch so geschaut, dann so was schaust du, was schaust du? Hey, hast du noch nie eine Faust in die Fresse bekommen, was geht ab und so? Komm raus hat er gesagt. Der ist eben ein Kopf grösser gewesen als ich. Dann bin ich gerade ein Schritt hinter ihm raus gegangen, hat er die Kabine aufgemacht hat sich umgedreht und hat mir grade eine Faust abdrücken wollen. Dann habe ich grade so gemacht, gestreift, habe ich ausgeholt, ihm eine Faust abgedrückt, dann mit links eine Faust abgedrückt, dann ist mein Cousin gekommen, hat ihn da hin gekickt, geschlagen, ist am Boden gelegen und wir haben gekickt, gekickt und der andere Kollege, also es sind beide ein Kopf grösser gewesen als wir beide, der andere hat einfach den Zug aufgedrückt, hat nicht mal geholfen oder so. Mir hat das nicht einmal weh getan, als der am Boden gelegen ist, ehrlich gesagt. Aber ich habe den schon von Anfang an, also keine Vorurteile, aber schon von Anfang an, wir haben uns so angeschaut, wenn er Skin ist und so, das provoziert uns irgendwie schon. Von Anfang an, wenn ich einen mit Glatze, Skinjacke und Stiefel sehe und ihn so anschaue. Ja. Dann sagt er komm raus, ich habe nicht mal gesagt, komm raus, er hat es gesagt, macht die Türe auf, dreht sich um, will er mich schlagen, dann ist er selber Schuld gewesen. Das ist eigentlich das grösste Schlägeln gewesen, wo ich nicht mal...

I: Haben sie das schon gekannt, wie zu zuschlagen, also ich meine das kann man ja, nicht einfach so. Also ich wüsste nicht, ob ich es könnte. Ich war noch nie in so einer Situation. Kann man denn das einfach?

B: Also nein, also ich glaube, es ist jetzt ein bisschen blöde gesagt, aber die Ausländer, also die meisten so wie wir einfach, die haben das einfach im Blut, die sehen das einfach in der Szene und so. Und ich bin viel mit Schweizern zusammen, ich bin fast gar nicht mit Ausländern zusammen. Ich sehe, bei denen ist alles gemütlich, wenn es mal Stress gibt, ja hört auf, hört auf und so. Ich bin auch mit anderer Szene zusammen gewesen, ganz früher, wo ich in der Szene gewesen bin. Da sind wir extra, haben wir extra abgemacht, um Leute stressen zu gehen. Und Leute, komm wir stressen den, komm wir halten den an, weiss auch nicht, so. Das habe ich auch cool gefunden, ich bin mitgegangen, ich habe auch geschlagen, aber wirklich, die machen extra ab für das und so.

I: Wie alt sind sie dort gewesen?

B: Ja, dort bin ich dreizehn oder vierzehn gewesen. Also jetzt sieht man auf der Strasse auch dreizehn vierzehn jährige Kinder, die schlägeln wollen. Ich meine, irgendwann checkt das sowieso jeder, dass es dumm ist, zu Leuten hingehen und einfach umsonst stressen gehen, wenn man nichts gemacht hat. Ich weiss nicht, vielleicht wird der irgendwann einmal Trainingskollege.

I: Also wie ist das gegangen, das ist eine Gruppe von Ausländern gewesen?

B: Alles Türken, ja. Die habe ich alle von der Moschee gekannt gehabt, immer nach der Moschee. So Gruppen fünf sechs sieben, sind wir einfach gelaufen, so ja. Wenn ich die Leute jetzt in der Stadt sehe, mir kommt grad der Hass. Ich schäme mich sogar, wenn ich solche Leute jetzt sehe.

I: Wenn sie Junge jetzt sehen, die das gleiche machen.

B: Ja, klar, ich schäme mich. Also ich schäme mich...

I: Aber damals sind sie denn, das sind auch ältere?

B: Ja, ich habe es eben auch schon gecheckt. Ja, nein, etwa 1 Jahr älter, es sind alle gleich.

I: Sie haben es auch schon gecheckt, dass es nicht O.K. ist?

B: Nein, die meisten nicht. Also die von der Szene, wenn ich die jetzt so sehe, die sind immer noch gleich aggressiv und so. Ich bin eh ganz anders von dem her. Aber wir verstehen uns trotzdem. Einfach nicht mehr verkehren, das geht nicht mehr, ich kann das gar nicht mehr. Mit denen verkehren. Das sind andere Dimensionen, anderer Kopf. Obwohl wir gleich aufgewachsen sind, und das gleiche cool gefunden haben. Aber irgendwann versteht das eben jeder, jeder wird das verstehen. Mit 20 vielleicht, aber irgendwann wird das jeder verstehen, dass Gewalt keine Lösung ist.

I: Wie lange sind sie in so einer Gruppe gewesen?

B: Ja, eben, ich bin dreizehn vierzehn gewesen, ein Jahr vielleicht, mehr nicht.

I: Und dann haben sie sich getroffen am Abend...

B: Ja, eher am Nachmittag. Ja, haben uns getroffen, sind im Trämli gewesen, haben 2 Leute gesehen, sind Schweizer, ja, Schweizer, Skaters, und so ja, dann wo sie ausgestiegen sind, sind wir auch ausgestiegen, was macht ihr? Ja, Stress und so, ja, ich erzähle das nicht einmal gerne, weil ich das so blöd finde.

I: Und dann hat es zum Teil heftige Schlägereien gegeben?

B: Also ja, wenn die anderen sich gewehrt haben, dann sind sie auch aggressiv geworden, haben dreingeschlagen. Wenn sie Angst gehabt haben, dann haben sie auch nichts machen können, dann haben sie auch eine Ohrfeige kassiert, plötzlich irgendein falsches Wort. Die meisten, die sich wehren wollen, das sind die, die am schlimmsten drunter kommen.

Yasar präsentiert sich als Person, welches in einem Prozess gelernt hat, dass Gewalt "*keine Lösung*" sei. Wie andere Jugendliche des Samples auch verortet Yasar seine Gewalttätigkeit in einer für ihn abgeschlossenen Vergangenheit. Eine gewisse Inkonsistenz in den Schilderungen des Jugendlichen wird sichtbar, wie er zum einen meint, dass er "*eh ganz anders*" als die noch immer aggressiven Jugendlichen sei und dies unterstreicht, dass er einen anderen "*Kopf*" als jene habe. Zum anderen jedoch äussert er: "*Das habe ich auch cool gefunden, ich bin mitgegangen, ich habe auch geschlagen...*". Diese Inkonsistenz in der Selbstrepräsentation Yasars wird schliesslich in dem Gefühl der Scham seinem eigenen früheren Verhalten (e.g. seiner Repräsentation des vergangenen Selbst) gegenüber offenbar, welches ihn in der Interviewsituation überkommt. Scham gibt Yasar als eine der zwischen den verschiedenen Selbstrepräsentationen differenzierenden Gefühlsqualitäten an, weiter nennt er Hass auf jene Jugendlichen, die noch immer gewalttätig handeln. Interessant ist auch Yasars Bemerkung, dass die Person, welche die Peer-Gruppe angreift, später "*Trainingskollege*" sein könnte, was darauf hinweist, dass die von der Gruppe als Opfer anvisierten Personen *willkürlich* ausgewählt werden, also nicht aufgrund eines bereits bestehenden Konfliktes, sondern ohne spezifische Beziehungsgeschichte, sodass die Möglichkeit oder gegebenenfalls die Gefahr besteht, zu dem Opfer könnte (oder müsste) später eine kollegiale Beziehung eingegangen werden.
Yasar entwickelt zwei bestimmende Argumentationsstränge hinsichtlich seiner Selbstidentifikation in Auseinandersetzung mit dem Sinngebiet Gewalt im Interview, die in einem implizit geäusserten Aushalten von Ambiguität münden: "*aber die Ausländer, also die meisten so wie wir einfach, die haben das einfach im Blut*". Auch an anderer Stelle des Interviews präsentiert Yasar sich als leicht reiz- und provozierbares Individuum, was er auf biologische Gegebenheiten zurückführt: "*von Blut aus bin ich aggressiv*". Entgegen stellt Yasar seine aktuelle Repräsentation, die sich klar von der Anwendung physischer Gewalt distanziert, weil "*Gewalt keine Lösung*" sei. Verschiedene, auch in anderen Interviews des Samples präsentierte Legitimationen stützen nun die kontrastierenden Einstellungen Yasars: Einerseits "*muss*" nach Yasar

eine Provokation wie "*Hurensohn*" aus Gründen der Wiederherstellung von Ehre und verletztem Stolz auch jetzt noch mit physischer Gewalt bestraft werden, andererseits behauptet der Jugendliche, dass "*mit 20 vielleicht ... irgendwann ... jeder verstehen*" werde, dass Gewalt keine Lösung sei, und stellt damit Gewaltausübung in der frühen Jugendphase und die Distanzierung davon im Übergang in das Erwachsenenalter als entwicklungsbedingt hin. In folgender Passage wird die Ambivalenz Yasars hinsichtlich der Anwendung von Gewalt deutlich. Sein Versuch, die Eskalation von Gewalt durch diskutieren zu verhindern, scheitert jedoch schliesslich:

> Ja, und dann haben wir auch diskutiert und diskutiert, ich wollte den nicht schlagen, der war bei mir in der Klasse, ich sehe den, ich sehe den immer, ich will nicht vor allen den schlagen oder eine Schlägerei anfangen, das will ich nicht, aber der hat mich so hässig gemacht dort, der hat das geschafft, wirklich. Habe ich gesagt, hey, hast du noch nie eine Faust in die Fresse bekommen, willst du unbedingt? Willst du eine Faust kassieren? Habe es ihm so gesagt. Höre auf, halt die Fresse, geh weg, du machst mich hässig und so. Ich habe glaube ich das erste mal so lang geredet, ich habe so gezittert, das hat man glaube ich von weitem gesehen, ich habe so gezittert, ja er ist auch grösser und ein Kasten als ich gewesen, aber dann hat es bei mir den Strom geschlagen, Rucksack an den Boden geschossen, es hat noch geregnet gehabt, den Schirm an den Boden geschossen. Dann habe ich däng däng däng. Ja und der hat mich einfach fertig gemacht, also mit Wörter und so. Ich habe auch mitgemacht mit reden, immer zurück und er mich und so. Dann irgendwann hat es halt Bumm gemacht.

Auch Yasar berichtet wie andere Jugendliche des Samples von einer plötzlichen Eskalation der Gewalt, der jedoch immer eine Interaktion der Provokation vorläuft; Yasar erkennt seine Beteiligung an diesem Prozess zuletzt doch an: "*Ich habe auch mitgemacht mit reden*". Auch diese Präsentation der Eskalation von Gewalt enthält wie jene oben (die Auseinandersetzung mit den "*Skins*") Inkonsistenzen, wenn einerseits die Verantwortung für die Eskalation dem Gegenüber zugeteilt wird, jedoch zugleich nur schwach ausformulierten Hinweisen zu entnehmen ist, dass Yasar die Provokationsspirale mit vorangetrieben hatte.

3.6.3 Zusammenfassende Fallrekonstruktion

Vergleichen wir die ambivalente Auseinandersetzung Yasars mit dem Sinngebiet Gewalt mit den Ergebnissen der Fallstrukturbeschreibung, zeigt sich das Bild eines Jugendlichen, der stark bemüht ist, sprachlichen Ausdruck für individuelle und soziale Phänomene zu finden. Rap-Musik scheint Yasar die Möglichkeit zu bieten, die innere Spannung zwischen grosser Reizbarkeit und dem Anspruch auf Gewaltverzicht zu verarbeiten. Er rekonstruiert damit ein Verhalten kommunikativer Kompetenz, welches bereits sein Vater während seiner Sozialisation praktiziert hatte und weswegen er seinen Vater als den "*aussergewöhnlichsten*" aller türkischen Väter bezeichnet.

> Eben das finde ich anders, ich kann mit meinem Vater über alles reden. Ich will nicht mit dir reden, das habe ich früher nicht sagen können, aber jetzt, er will ja, dass ich ihm alles sagen kann, was ich grad will und so. Dass ich nicht alles runter schlucke. Ja, wenn das dann draussen ist...

Mitbedingt durch sein Interesse an sprachlichem Ausdruck hat Yasar zu einer neuen Szene und einem neuen Freundeskreis gefunden, der die Ablösung von der gewaltbereiten Jugendgruppe offensichtlich erleichterte. Der Jugendliche identifiziert sich mit den Normen der institutionalen Ordnung, strebt ein an bürgerlichen Normen orientiertes Leben an, wobei schliesslich eine Ambiguität zwischen durch die Realität enttäuschten Illusionen (Post-Lehre) und ideenreicher Zukunftsbewältigung (Rap-Musik) sichtbar wird. Ein Faktor, der diese ambiguen Verhältnisse seiner Selbstidentifizierung mit verstärken mag, ist die immer wieder im Interview aufscheinende Problematik der Bi-Kulturalität.

> Ja, die sehen, alles Schweizer, keine Ausländer, ich bin der einzige Türke, dann kommen sie ins B. [Schulhaus, Anm. OS], dann sind sie die, die ruhig sind und kein Wort sagen können. Weil dort sind achtzig Prozent, siebzig Prozent,

> achtzig Prozent sind Ausländer. Wenn man im Gymnasium schaut, ein Prozent Ausländer. Das ist etwas anderes. Aber eben, es sind alles Ausländer, Türken, Albaner, Jugos und zwei, drei Schweizer und dann sind die eigentlich die, wo eigentlich im eigenen Land sind, aber die fühlen sich dann mehr als Ausländer vielleicht. Aber dann kann ich auch sagen, jetzt weisst du, wie man sich als Ausländer fühlt.

Yasar weist hier auf die marginalisierte Stellung der als "*Ausländer*" bezeichneten sozialen Gruppe hin, mit welcher er sich identifiziert. Ich spreche hier von Konstruktion der Gruppe der Ausländer, um nicht vorschnell einen Terminus, der soziologischen Bestimmungsschwierigkeiten unterliegt, zur binären Differenzierung der Gesellschaft einzusetzen (vgl.: Hradil & Schiener, 1999: 328). Hier ist auch auf den Umstand zu verweisen, dass sich unter den jugendlichen StraftäterInnen auffällig viele Rückkehr-SchweizerInnen (vgl. Kap. 2.5.2) finden, was die Aufmerksamkeit auf Fragestellungen der Integration, denn auf die polarisierte Thematik 'Ausländer' lenkt. Die Konflikte und Auseinandersetzungen, welche durch die bikulturelle Situation von Jugendlichen auftreten, können im besten Fall zu individuellen Syntheseleistungen zwischen neuer und alter Heimatkultur führen, im ungünstigsten Fall zu Orientierungs- und Heimatlosigkeit, d.h. Entfremdung (Türkeistudien, 1994: 268). Yasar steht mit seiner kreativen musikalischen Auseinandersetzung für die Möglichkeit individueller Syntheseleistung von Bikulturalität und dem Aushalten von Ambiguität, wenn auch diese Leistung nicht Gewähr bietet, eine gesellschaftliche Honorierung in Form von Inklusion zu erlangen.

3.6.4 Andric: "Vor etwa 100 Zuschauern". Darstellung der Fallstruktur

a) Gewaltdarstellung und präsentierte Erklärungsmuster

Andric ist siebzehn Jahre alt, Kind einer bosnischen Mutter und eines serbischen Vaters. Im Alter zwischen zwölf und sechzehn Jahren führte sein wiederholt delinquentes Verhalten zu mehreren Verfahren durch die Jugendanwaltschaft, anfangs vor allem aufgrund von körperlichen Übergriffen, später auch wegen Einbruchdiebstählen.

Andric erklärt, dass er seit etwa zwei Jahren aufgehört habe, sich delinquierend zu verhalten. Darstellungen von ehemaligen Gewalttaten präsentiert Andric in emotional distanzierter und rationaler Weise. Die Antworten fallen zumeist kurz aus und bejahen oder verneinen oft nur das Gefragte, ohne weiteres auszuführen. An verschiedenen Textstellen fängt Andric zu stottern an. Meistens dann, wenn seine Antwort ausführlicher ausfällt.

Andric erzählt, er habe im frühen Jugendalter wenig gewalttätig agiert. Allerdings "*gewöhnt* [man, Anm. OS] *sich schnell dran*" [...] "*und dann weiss man auch, wie* [man, Anm. OS] *schlägern*" muss. Eine ständige und feste Peer-Gruppe war und ist nach Andrics Aussagen nicht existent. In den Ausführungen Andrics tritt zwar immer wieder die Rolle der Gruppe hervor und Übergriffe fanden in den meisten Fällen zu mehreren statt. Jedoch beschreibt er Gewalttaten vorwiegend als in eigener Verantwortung vollzogen. Er habe "*es immer selber geregelt*". Früher sei zirka einmal im Monat "*etwas gelaufen*". Körperliche Gewalt habe er nie geplant ausgeübt, diese sei meist zufällig entstanden, einfach "*passiert*". Vor allem im Umfeld der Schule sei es zu Tätlichkeiten gekommen:

> Am Wochenende war mehrheitlich ruhig. Sind wir nur Saufen gegangen, nichts sonst. Mehr in der Schule war so Zeug. Hat es auch gegeben in der Freizeit, aber weniger.

Nachdem gegen Andric bereits mehrere Verfahren wegen körperlicher Übergriffe eingeleitet wurden, sei es "*einmal heftiger geworden*" und "*ein bisschen viel gewesen*", als er sich bei einer Streiterei mit einem Mitschüler eines Baseballschlägers als Waffe bediente. Im Interview reflektiert Andric die Entstehung des Streites als "*eigentlich ganz dumm*":

> B: Ja, es ist schnell gegangen. Zuerst rumschubsen, Fäuste ins Gesicht und dann hat er irgendwie gehen wollen. Dann habe ich gesagt: "Nein, jetzt bleibst du da" und habe den Ding nach vorne genommen, den Baseballschläger und habe auf den Rücken zuerst, dann auf den Oberschenkel. Und dann habe ich auf den Kopf wollen, wo sehr dumm wäre,

> aber er hat noch den linken Arm rauf gehalten ein paar Mal und dann habe ich gedacht: "komm, scheiss auf den" und der ist am Boden gelegen dann.
>
> I: Dann haben sie nicht mehr weitergemacht?
>
> B: Dann bin ich Heim gegangen.

Es kam daraufhin zur Anzeige der Straftat und zur Verurteilung durch das Jugendstrafgericht, auf die ein fast halbjähriger Aufenthalt im Aufnahmeheim folgte. Seit fast drei Jahren besucht Andric nun schon das Schulheim Schillingsrain in Liestal.
Seine im Interview präsentierte Beziehung zu den Opfern ist durch eine kühle Distanziertheit und eine geringe Empathie gekennzeichnet. So erzählt Andric mehrfach davon, auf am Boden liegende Opfer eingeschlagen, oder Verletzte sich selbst zu überlassen zu haben, wenn das Eintreffen der Polizei drohte. "*Schon noch hart*" beurteilt Andric auf Nachfrage die Gewaltanwendung ihrer aus fünf Personen bestehenden Peer-Gruppe gegen zwei Jugendliche:

> B: Die haben nichts gemacht. Ja, weil der eine eine Brille angehabt hat und einen Kick ins Gesicht bekommen hat und irgendwie ist dann gerade auf dem Boden gelegen, hat sich das Gesicht gehalten. Weil, ja, konnte sein, dass er einen Splitter vom Glas ins Auge gefallen ist. Dann habe ich geschaut gehabt und habe gedacht: 'Nein, die Brille ist noch ganz, nur ein bisschen verbogen'. Dann haben wir weiter rein geschlagen. Dann hat es noch einen zweiten gegeben. Den haben wir auch drunter genommen. Und der hat dann geschrieen: "Ich habe mein Bein operiert" und so. Und wir ah, noch besser und ins Bein rein geschlagen, also da Oberschenkel, wo er operiert wurde, weiss nicht wo. Ich habe ihn ja nicht gekannt. Ja.
>
> I: Und dann noch rein geschlagen, wo sie schon am Boden gelegen sind, so gekickt, oder wie?
>
> B: Ja, ins Gesicht gekickt und draufgetrampelt. Und mit Fäusten auch.

Meist seien es Kleinigkeiten gewesen, die ihn hätten tätlich werden lassen. Provoziert fühlte er sich schon, wenn ihn ein Unbekannter schräg angeschaut habe, genauso wie wenn Kontrahenten ein "*freches Maul*" hatten. Die Einbruchdiebstähle wie auch die Prügeleien stellten für ihn eine Herausforderung dar, durch die er die Lust am Gewinnen zu befriedigen versuchte. Zum einen galt es gegenüber der Polizei der schnellere zu sein, zum anderen habe er sich "*vorgenommen*", bei körperlichen Übergriffen nicht zu unterliegen. Oft beschreibt er Motivationen, die einem Lustprinzip folgen. Es habe ihm einfach "*Spass*" und "*Freude*" bereitet, wenn andere aufgrund seiner Aggression mit Angst reagierten und wenn ihm in der Folge durch die Gruppe eine gewisse Bewunderung zuteil wurde. Aggressives Verhalten hätten auch "*alle*" von ihm erwartet:

> Jeder hat es eigentlich auch von mir sehen wollen ..., weil jeder hat mich so gekannt.

b) Kontextbedingungen - Andrics Netzwerke

Familie

Die Eltern von Andric sind Anfang der siebziger Jahre gemeinsam in die Schweiz immigriert. Der Vater ist aufgrund von Herzproblemen 1994 in Basel verstorben. Zusammen mit seinem etwa zwei Jahre älteren Bruder ist Andric im Kleinbasler Altstadtquartier am Kasernenareal aufgewachsen. Der Bruder, ausgelernter Koch, habe es im Gegensatz zu Andric "*nicht nötig gehabt*", straffällig zu werden, ihn jedoch aufgrund seiner Taten bewundert. Der Bruder wohnt noch zu Hause, möchte jedoch in spätestens einem Jahr das Elternhaus verlassen.

> Ich habe immer auf sie [die Mutter, Anm. OS] gehört und so. Ich habe nie dumm getan und immer geholfen zu Hause. Ich bin meistens mit ihr einkaufen gegangen, das mache ich jetzt noch zu Hause. Wäsche waschen geholfen. Das mache ich jetzt schon selbständig. ... Ich sollte es lernen einfach, hat sie gewollt und ich habe es auch gewollt. Es gibt ja Leute, die können nicht mal ein Spiegelei kochen.

Der Beziehung zu seiner Mutter misst Andric eine starke Bedeutung bei. Die Mutter, die seit geraumer Zeit aufgrund einer Operation ihrer Hände arbeitsunfähig ist und ihrem früheren Beruf als Raumpflegerin nicht mehr nachgehen kann, bezeichnet Andric vorwegnehmend als an seinem strafbarem Verhalten nicht schuld. Seine Erzählungen geben keine Hinweise auf familiäre Gewalt.
Der Familienkreis von Andric lebt in den balkanischen Republiken Bosnien und Serbien, in der Schweiz selbst besitzt er keine weiteren Verwandten. Zuletzt sei er im Jahre 1999 im ehemaligen Jugoslawien zu Besuch gewesen, telefoniere jedoch regelmässig mit seinen dortigen Verwandten. In diesem Jahr habe er vor, gemeinsam mit seiner Mutter nach Bosnien zu fahren. An den Vater kann sich Andric nicht mehr so genau erinnern. Er beschreibt ihn als "*freudigen Menschen*", der gerne getrunken habe, jedoch nie im Übermass. An den Tod des Vaters habe er sich mit der Zeit "*gewöhnt*". Man "*denkt nicht mehr viel daran*".

Schule – Ausbildung

> I: Sind sie dort auch zur Schule gegangen?
>
> B: Nein, Bläsiring. Dann Wettstein – Thomas Platter. Dann bin ich dort geflogen, einmal nach einer Attacke auf eine Lehrerin. Dann bin ich ins Vogesenschulhaus gekommen. Nach fünf Tagen bin ich dort schon wieder draussen gewesen, Schlägerei gehabt auf dem Pausenhof. Dann bin ich ins Sandgrubenschulhaus gekommen.

Andric hat während seiner obligatorischen Schulzeit oftmals die Schule wechseln müssen. In dieser Zeit sei er immer wieder durch körperliche Übergriffe auffällig geworden, habe sich nie auf die Schule konzentriert und sei im Unterricht oft nicht anwesend gewesen. Wie oben bereits erwähnt, besucht er als Auflage eines Verfahrens des Jugendstrafgerichts nun schon seit drei Jahren ein Schulheim in Liestal nahe Basel.
In drei verschiedenen Betrieben hatte Andric Schnupperlehren zum Chemiekanten absolviert, fiel jedoch stets durch die Aufnahmetests.

Seine derzeitige Lehrstelle zum Elektromonteur habe er sich, wie er betont, "*selbständig*" gesucht. Er arbeitet nun im ersten Lehrjahr in einem kleinständischen Handwerksbetrieb. Die Lehre sagt ihm zu, "*das gefällt mir*", bedeutet er. Seit Beginn der Ausbildung habe sich sein deviantes Verhalten reduziert. Er widme seine Aufmerksamkeit nun dem Lehrabschluss.

Peers

> I: Aber das war schon so, dass sie dann so ein bisschen den Ton angegeben haben?
>
> B: Ja, ich und noch so ein Kollege. ... Also ich und der Kollege kennen uns schon... halt eine Zeit lang, sind wir immer zusammen gewesen. Und jeder hat uns gekannt in der Schule eben und jeder hat auch gewusst, wenn er mich stresst, bekommt er Schläge von mir und dem anderen und umgekehrt auch. Dann hat der andere Stress.

Andric stellt dar, zusammen mit einem Kollegen Anführer einer Gruppe gewesen zu sein, deren Mitglieder ihm hauptsächlich aus der Schule bekannt waren. Unter anderem sei die Hierarchie auf den Grössenunterschied zurückzuführen, da die anderen aus der Gruppe körperlich kleiner gewesen seien. Wie oben angeführt, ist jedoch die Existenz einer ständigen und festen Gruppe nicht überliefert, obwohl strafbares Verhalten meistens gemeinsam verübt wurde. Die Gruppen, in denen Andric sich bewegte, scheinen unterschiedlich besetzt gewesen zu sein. So spricht Andric zum einen von einer Gruppe, bestehend aus verschiedensten Nationalitäten (i.e.: Serben, Italiener, Türken, Kroaten, Franzosen und Schweizern), mit der er Gewalt verübt habe. Zum anderen habe er die Einbruchdiebstähle zusammen mit "*zwei Typen*" begangen, die offensichtlich nicht mit der Gewalt-Peer zusammenhingen.
Innerhalb seines Freundeskreises seien nie Diskussionen um Herkunft und Nationalität entbrannt. Es habe sonst auch keinen Streit zwischen den Gruppenmitgliedern gegeben, sondern es soll ein einträchtiges Verhältnis der Solidarität geherrscht haben. Falls ein Kollege keine

körperliche Gewalt ausüben wollte, sei das akzeptiert worden: "*Der hat dafür andere Fähigkeiten gehabt. Mit dem Klauen zum Beispiel*".
Gewalttätige Eskalationen sind nach Andric nicht durch zielgerichtete Konflikte ausgelöst worden, sondern Opfer wurden zufällig ausgewählt. Provokationen mit anderen Gruppen habe es schon gegeben, jedoch existierten laut Andric keine speziellen Feindschaften gegenüber rivalisierenden Banden.
Seine Gewaltsozialisation führt Andric selbst auf seinen ehedem schlechten Umgang mit Kollegen zurück:

> Ich bin schon als Kleiner, also mit zehn draussen gewesen. Immer dort bei der K., und da ist es früher ein bisschen schlimmer gewesen, also mit Drogenszene und so Scheiss, oder. Da sind meine Kollegen, ja, sind siebzehn gewesen und da habe ich das Meiste von ihnen gelernt.

Andric hat in seiner frühen Jugend in einem Sportclub Basketball gespielt. Fünf Jahre sei er dort aktiv gewesen bevor er vermehrt straffällig wurde. Heute sei er mit Freunden gerne im Basler Nachtleben unterwegs. Er besuche am Wochenende öfters öffentliche Partys und Diskos, wobei es seinerseits jedoch nicht zur Gewaltanwendung komme.

c) Konsequenzen des devianten Verhaltens

Während seiner Schulzeit musste Andric aufgrund von wiederholten körperlichen Übergriffen mehrmals die Schule wechseln. Unter anderem anlässlich eines Angriffs auf seine Lehrerin, die ihm wegen seiner Weigerung einen Text vorzulesen, eine Ohrfeige gab. Daraufhin schlug er mehrfach auf sie ein.
Nachdem er mit einem Baseballschläger einen Mitschüler angegriffen hatte, wurde Andric zuerst in der geschlossenen Abteilung des Aufnahmeheims Basel verwahrt. Nach etwa sechs Wochen verlegte man ihn für fünf Monate in die offene Abteilung. Nach der Gerichtsverhandlung vor dem Jugendstrafgericht wurde Andric dann in ein Schulheim verwiesen.

> I: Dann sind sie dementsprechend auch mehrfach bei der Jugendanwaltschaft gewesen?
>
> B: Ja. ... Am Anfang Schlägereien nur, nur das. OS [Orientierungsstufe, Anm. OS] Zeit bis Ende Real, also achte Klasse. Und ab der Neunten hat es angefangen mit Einbruchdiebstählen. Dort. Das hat mir noch Spass gemacht, sozusagen. Ich habe es nicht wegen dem Geld und so gemacht, sondern mehr wegen dem Spass.

Zusammen mit zwei Kollegen verübte Andric eine Serie an nächtlichen Einbruchsdiebstählen in Geschäften in Basel und Frankreich. Als Andric davon schon Abstand genommen hatte, wurden seine Kollegen erwischt. Diese denunzierten ihn daraufhin bei der Polizei. Er wurde zu einem Verhör vorgeladen und kam anschliessend für zwei Wochen in Untersuchungshaft, die ihn offensichtlich nicht weiter beeindruckt haben:

> I: Hat das etwas ausgelöst? Haben sie das Gefühl gehabt: "Jetzt muss ich aufpassen"?
>
> B: Mmm, nein, ich habe es sehr easy genommen. Wo ich gehört habe: "Zwei Wochen lang", habe ich gedacht: "Okay".

Insgesamt sei ihm der Umgang auf der Jugendanwaltschaft nicht unangenehm gewesen, vielmehr fand er den Aufenthalt dort sogar "*nett*". Andric spricht von einem fast schon freundschaftlichen Verhältnis zu den Beamten:

> Mit der Zeit kennt man die Leute auch. Jede und jeder dort. Jetzt, wenn ich dort rein laufe, kennt mich jeder.

Seine Mutter reagierte auf die wiederholten Schulverweise und Vorladungen mit Enttäuschung, sei mit der Zeit allerdings daran "*gewöhnt*" gewesen. Sie habe zwar stets mit ihm über die Vorfälle gesprochen, habe jedoch "*nie darüber streiten wollen*".

d) Ausstieg und Zukunftsperspektiven

> Dann hat es aufgehört plötzlich. Wo die Lehre angefangen hat, habe ich mir vorgenommen, ich mache so Sachen nicht mehr.

Andric spricht in der Form des Passivs, wenn er von seinem Ausstieg aus der Delinquenz erzählt. Ähnlich wie auch seine Berichte über das Zustandekommen von Gewaltsituationen, die durch ihn unbeeinflusst einfach so passiert seien, spricht er vom Ende seines Lebens als Straftäter, wie von einem nun kurierten Krankheitsbild. Interessant dabei ist die mehrmalige Betonung der unerwarteten und augenblicklichen Einsicht, der begonnenen Lehre zukünftig eine grössere Bedeutung beizumessen. Wie er meint, hätten ihn weder Aufnahmeheim noch Untersuchungshaft zum Sinneswandel motiviert, sondern er habe zu sich selbst gesagt: "*Ich brauche das nicht mehr*".
Heute glaubt sich Andric nicht mehr so einfach provozieren zu lassen. Im Gegensatz zu früher, wo er schnell die Kontrolle verloren habe, habe er seit zwei Jahren "*irgendwie auch keine Lust mehr*". Auf Beleidigungen, die ihn ehemals gereizt hätten, reagiere er nun nicht mehr. Er würde erst dann wieder tätlich werden, wenn der Kontrahent ihn zuerst schlüge.
Andric möchte weiterhin in Basel wohnen bleiben und einige Kurse zur Weiterbildung im Bereich der Elektrotechnik besuchen. Danach wolle er gerne zur Polizei gehen. Wie er sagt, reize ihn an dem Beruf "*der Spass daran*". Mit "*Spass*" meint Andric Verfolgungsjagden, für die er allerdings erst noch einen Schleuderkurs absolvieren müsse.

3.6.5 Andric: "Jeder hat eigentlich gewusst gehabt wie ich bin". Hermeneutisch wissenssoziologische Fallanalyse

> I: Ist denn das nur in der Schule passiert oder auch in der Stadt?
>
> B: Auch in der Freizeit, ja. Ist es auch gewesen. Es ist einmal gewesen. Ich bin einmal mit drei Kollegen beim T. gestanden, dort bei der Trämlistation. Dann laufen Zwei durch, ich bin dort dreizehn, vierzehn gewesen, so und die ande-

ren auch in meinem Alter auch. Dann laufen Zwei durch, etwa neunzehn sind die gewesen, oder. Schauen uns nur schräg an und wir denk zurück, oder .. also zurück geschaut. Sind sie umgekehrt, haben gesagt, was ist los, bla bla bla. Dann haben sie uns geschupft und so, wir ruhig gewesen. Dann sind sie ins Trämli gestiegen, wir hintenrein gerade, bis irgendwo dort Z. vom B. aus, dort sind sie (stottert) raus, wir auch dann grade dreingeschlagen, also nicht lange geredet.

I: Also die anderen? Oder sie?

B: Wir, weil die sind zu Zweit gewesen und wir zu Viert und dann ist noch ein Kollege gekommen, grad per Zufall, dann sind wir zu Fünft gewesen gerade. Dann haben wir auf die eingeschlagen.

I: Wie ist denn das ... haben sich die denn auch gewehrt?

B: Nichts. Die haben nichts gemacht. Ja. Weil der eine hat eine Brille angehabt und hat einen Kick ins Gesicht bekommen und irgendwie ist dann grade an den Boden gelegen, hat sich das Gesicht gehalten. Weil ja, konnte sein, dass er einen Splitter vom Glas ins Auge gefallen ist. Dann habe ich geschaut gehabt und habe gedacht, nein, die Brille ist noch ganz, nur ein bisschen verbogen, dann haben wir weiter dreingeschlagen. Dann hat es noch einen Zweiten gegeben, den haben wir auch grade drunter genommen, und der hat dann geschrieen, ich habe mein Bein operiert und so und wir, ah, noch besser und ins Bein dreingeschlagen, also da Oberschenkel, wo der operiert hat, weiss nicht wo, ich habe ihn ja nicht gekannt. Ja.

I: Und dann auch noch dreingeschlagen wo sie schon am Boden gelegen sind, so gekickt, oder wie?

B: Ja, ins Gesicht gekickt und draufgetrampt und mit Fäusten auch.

I: Also so auf den Kopf?

B: Mmmm.

I: Also es ist schon noch...

B: Schon noch hart gewesen, ja.

I: Was haben sie für ein Gefühl gehabt, während dessen sie das gemacht haben?

B: Uhh, das weiss nicht mehr so. Weiss nicht. Ja, einfach, nachher, schnell weg. Wenn uns jemand sieht.

I: Wegen der Polizei.

B: Ja.

I: Und nachher, wie ist die Stimmung in der Gruppe gewesen?

B: Freudig. Ja. (lacht) Ja, so, habt ihr gesehen, wie ich ihn geschlagen habe, bla bla bla und so einfach.

I: Ist denn das ... also hat man sich das auch gegenseitig beweisen müssen oder wie?

B: Ja, schon...

I: Und der, der der Härteste gewesen ist, ist dann auch ein bisschen der Anführer der Gruppe gewesen?

B: Schon meistens ja.

I: Und das waren sie?

B: Ja, meistens, weil ich habe dort auch einen Grössenvorteil gehabt, die anderen sind kleiner als ich, so, so. Aber alle gleich alt.

Andric schildert in obiger Sequenz eine Gewalttat, die von einer nicht fest bestehenden Peer-Gruppe verübt wurde. Wie andere Jugendliche des Samples auch führt Andric eine Rechtfertigung für die Gewaltanwendung an: Gewalt als Verteidigung gegen Provokation. Bedeutsam ist hier die Betonung Andrics, dass die Reaktion auf die Provokation eine unhinterfragte Selbstverständlichkeit darstellt: "*Schauen uns nur schräg an und wir denk zurück*". Die Schilderung der Gewalttat zeigt zwar Parallelen zu anderen im Sample beschriebenen Gewalttaten, unterscheidet sich jedoch in Form und Mass der Eskalation von diesen. Andric beschreibt zwei Situationen der gewalttätigen Auseinandersetzung ohne vorangehende verbale Aktivität seiner Peer-Gruppe: Zuerst, als sie von den zwei Jugendlichen provoziert worden seien, "*wir ruhig gewesen*", dann, als die Jugendlichen das Tram verlassen; "*wir auch gerade dreingeschlagen, also nicht lange geredet*". Im Hinblick auf bereits beschriebene situative Eskalationsmuster scheint dieser Verlauf eher ungewöhnlich, das Fehlen einer vorhergehenden verbalen Auseinandersetzung jedoch – wir werden darauf zurückkommen – bezeichnend für Andrics Handeln.

Das Mass der geschilderten Eskalation der Gewalt überschreitet die sonst im Sample beschriebenen Akte beträchtlich. Zwei Aspekte in der Präsentation Andrics sind besonders hervorzuheben: Die Schilderung einer sadistischen und jene einer kaum kontrollierten physischen Gewalt. Die Gewalttat am frisch operierten Bein des Opfers findet eine euphorische Zustimmung, weil die Aussicht auf eine Erhöhung des Leidens des Opfers besteht. Andric beschreibt hier das Gefühl der Freude am Quälen des Opfers, also eine Form von Sadismus (vgl.: Fromm, 1996). Fragezeichen für die Interpretation wirft die die Schilderung der sadistischen Aktion abschliessende Bemerkung auf, dass er nicht wisse, wo die Operationswunde des Opfers sich befunden habe: "*ich habe ihn ja nicht gekannt*". Abgesehen von der – angesichts der dargestellten Brutalität – bereits bestehenden Irritation des Interviewers und des Interpretierenden (eine Person) lässt sich diese Äusserung zwar logisch nachvollziehen, irritiert aber gerade aufgrund der dargestellten – scheinbar – rationalen Argumentation stark.[45] Eine Vermutung wäre, dass Andric in der Interviewsituation die sadistische Irrationalität – auch angesichts deren sozialen Unerwünschtheit –

[45] Vgl. zu der Bedeutung von Irritation im Interpretationsprozess: Heizmann (2003).

nicht offen stehen lassen kann und die Schilderung deshalb mit einer intersubjektiv nachvollziehbaren Schlussfolgerung beendet.
Die Brutalität der Gewaltakte findet in der Schilderung Andrics ihren Höhepunkt mit dem vollzogenen Angriff auf den Kopf der am Boden liegenden Opfer. Die Darstellung eines solchen Aktes findet sich in den anderen Interviews nicht, im Gegenteil, zumeist werden die gewalttätigen Auseinandersetzungen als durch informelle Regeln geleitet beschrieben, Regeln, die die Brutalität einschränken und schwerere Verletzungen des Opfers (mit entsprechenden juristischen Folgen für den Täter oder die Täterin) verhindern sollen. Indem Andric äussert, dass die Gruppe nach dem vollzogenen Gewaltakt "*schnell weg*" wollte, damit niemand sie sehe, zeigt sich jedoch auch hier die Orientierung des Handelns ausserhalb der Gewaltsituation an den institutionellen Normen.
"*Freudig*" sei die Stimmung nach dem Gewaltakt in der Gruppe gewesen, meint Andric ein wenig verlegen lachend im Interview. Die Peer-Gruppe scheint in euphorischer Stimmung gewesen zu sein, das Geschehen wird Annerkennung heischend nacherzählt, Brutalität wird mit Gruppenstatus entlohnt. Auch in anderen Sequenzen des Interviews wird die Ausübung von Gewalt als von Glücksgefühlen begleitet dargestellt:

> I: Was glauben sie, warum sie es nötig gehabt haben?
>
> B: Mmm, keine Ahnung mehr. Warum. Weiss ich jetzt nicht. Spass eigentlich einfach, das hat mir gefallen, das was ich gemacht habe, ich habe Spass dran gehabt. Das ist es gewesen.

Auf direkte Fragen nach der aktuellen Beurteilung der früheren Gewalttaten bewertet Andric diese negativ, meint z.B. eine Attacke gegen eine Lehrerin sei "*schlecht gewesen*" und er würde heute "*sicher nicht*" mehr so handeln. In den Erzählungen über die Gewalttaten finden jedoch Wertungen anderen Inhalts Platz:

> I: Und das ist ein gutes Gefühl gewesen, so zu wissen...

> B: Ja, schon. Und das beste ist dann noch gewesen, nachdem ich die Lehrerin geschlagen habe, etwa ein Jahr später ist es gewesen, im S.schulhaus bin ich gewesen, dann ist unsere Franzlehrerin krank gewesen und dann ist eine Ding gekommen, eine Aushilfe. Und das ist die gewesen und die ist die ganze Zeit ruhig gewesen während der Stunde, hat mir nichts gesagt, mach dies oder mach das. Ich bin einfach dort gesessen und jeder hat das gewusst in der Klasse und alle haben gelacht und nichts gemacht in der Stunde und sie ist ruhig gewesen dort, hat nichts gesagt oder. Das habe ich irgendwie noch lustig gefunden.

Die Angst der Lehrerin vor der Gewalttätigkeit Andrics und die Macht, die ihm aus diesem Grunde in der Situation zugekommen ist, hat Andric in seiner Darstellung "*irgendwie noch lustig gefunden*". Seine Erzählung offenbart die Genugtuung, welche ihm durch die Gewalt begründete Machtposition bei der Lehrerin und der Schulklasse erwachsen ist und noch immer positiv besetzt scheint. An anderer Stelle spricht Andric von der "*Lust*" an Gewalt:

> I: Kennen sie das an sich häufiger, dass sie so wie die Kontrolle verlieren?
>
> B: Früher war das so, ja. Jetzt eigentlich nicht mehr, ich habe irgendwie auch keine Lust mehr. Es hat auch mehr etwas (stottert) mit Lust zu tun gehabt, die Schlägereien, also wenn man immer gewinnt so zu sagen, also nie drunter kommt. Hat man immer mehr Lust weiterzumachen. Und eben, bei mir hat es plötzlich mal aufgehört.

Gefühle der "*Lust*" haben sich für Andric eingestellt, wenn die angegriffene Person unterlag, sich über die Gewalt eine Bemächtigung des Opfers einstellte. In diesem Punkt unterscheiden sich die Darstellungen der Gewalttätigkeit Andrics deutlich von jenen der anderen Jugendlichen des Samples. Der Gebrauch des Wortes 'Lust' für die Beschreibung der Motivationen und die Gewalt begleitenden Gefühle lassen eine Interpretation zu, die den Akt der Gewalt mit dem Bedürfnis nach körperlicher Nähe in Verbindung bringt. Verschiedene

Stellen des Interviews weisen in diese Richtung: "*Dann kommen sie sich näher und schon ist es passiert*".
Im Falle Vlados (Kap. 3.4.7) z. B. können wir von instrumenteller Gewalt sprechen, da hier eine klare Zweck-Mittel Relation vorherrscht, d.h. die Gewalt dient dem Ziel, das Opfer gefügig zu machen; es geht zu Boden. Weitere Gewaltanwendung wird dann als sinnlos erachtet und unterlassen (vgl. Sofsky, 2001: 52). Andrics Verhältnis zur Gewalt scheint ein anderes zu sein; diese Form der Gewalt hat sich von Rücksichten enthoben, die Gewalt beginnt, ihren Zweck in sich selbst zu finden: "In dem Masse, wie sich Gewalt von allen Rücksichten befreit und ganz sie selbst wird, verwandelt sie sich in Grausamkeit", schreibt Sofsky (ebd.: 53). Die Irritation des Interviewers über diesen Umstand des – zumindest präsentierten – Fehlens einer Instrumentalität im Gewalthandeln ("*Weiss ich jetzt nicht. Spass eigentlich einfach, das hat mir gefallen, das was ich gemacht habe, ich habe Spass dran gehabt*") zeigt die Grenzen möglicher Interpretation eines scheinbar irrationalen Handelns und Begründens.[46] Andric zieht kaum die bereits beschriebenen Legitimationen (vgl. Kap. 3.5) zur Rechtfertigung seiner Gewalttaten herbei, auch vollzieht er Gewalttaten nicht nur im Gruppenkontext. Vielmehr betont er – die Legitimation eines Männlichkeitsstereotyps benutzend – die Eigenständigkeit seiner Gewaltausübung:

> ...also schon auch in Gruppen, aber meistens habe ich selber rein geschlagen, also ich habe keine Hilfe gebraucht von irgendjemand. Ich habe es immer selber geregelt.

---

[46] Die Grenzen der Erklärungsmächtigkeit nicht nur der Wissenschaft sondern des menschlichen Verständnisses überhaupt zeigt der Film 'Elephant' Gus van Sants auf. Ein (nachgestelltes) Massaker an einer High Scool in Amerika von zwei Schülern begangen, wird im Film mit kaum einer erklärenden, Ursachen vorstellenden Szene dargestellt, sondern nur in dessen Sinnlosigkeit abgebildet. Gus van Sant: "Sobald Sie eine Erklärung liefern, werden fünf andere Möglichkeiten dadurch negiert, dass Sie die eine gewählt haben. Ausserdem stellte sich auch die Frage, was es bringen soll, nach einer Erklärung für etwas zu suchen, für das es nicht unbedingt eine Erklärung gibt." (Elephant Dossier für Lehrkräfte, 2003)

Zur Attacke gegen einen Mitschüler mit einem Baseball-Schläger (vgl. 3.6.4) meint Andric, dass es ein "*bisschen zu viel*" gewesen sei, danach sei er dann "*normal heimgegangen*" und sein Bruder sei "*stolz*" gewesen, er habe "*bluffen können vor den Kollegen*". Andric beschreibt die Situationen der Eskalation als durch einen sozialen Druck der Etikettierung ausgelöst, die nicht nur den Jugendlichen als schuldigen Täter identifiziert, sondern die Gewalt von ihm systematisch erwartet, quasi als Aufrechterhaltung der gegebenen Ordnung:

> Ja, also wenn ich jetzt von einem Typen irgendwie dumm angemacht worden bin, und ich ihn in Ruhe gelassen hätte, hätten alle irgendwie so schräg geschaut und hätten gesagt, ja was, schlägt er nicht drein. Ja, jeder hat es eigentlich gewusst gehabt, wie ich bin.

Das Sinngebiet der Gewalt scheint für Andric eine habitualisierte Gewohnheit geworden zu sein, die jetzt, in Auseinandersetzungen mit den Verhaltenserwartungen der institutionalen Ordnung, im Aufbrechen begriffen ist.

> B: Ja, das ist jetzt fast zwei Jahre her seit dem .. .also so seit ich mit den (stottert) Einbrüchen angefangen habe dort ... das hat dann ein Jahr gedauert, also die ganze 9. Klasse. Und dann hat es aufgehört, plötzlich, wo die Lehre angefangen hat, habe ich mir vorgenommen, ich mache so Sachen nicht mehr.
>
> I: Wegen der Lehre?
>
> B: Ja, wegen der Lehre, denn ich will nicht rausfliegen wegen einem Scheiss oder.

3.6.6 Zusammenfassende Fallrekonstruktion

Andric hat im Alter von acht Jahren seinen Vater durch dessen Tod verloren. Zu den Gefühlen nach dem Tod des Vaters meint Andric: "*Mit der Zeit ist man es sich ja gewohnt, denkt man gar nicht mehr viel daran*". Wie andere Biographien dieser Studie ist Andrics Kindheit durch den Verlust einer engen Bezugsperson geprägt. Die Frage, wie das

Leben nach dem Tod des Vaters weitergegangen sei, beantwortet Andric wortkarg mit: "*normal*". Auf die Erziehung durch seine Mutter angesprochen, wehrt Andric einen möglichen Rückschluss auf seine Gewalttätigkeit im vornherein ab:

> I: Was mich noch interessieren würde, wie würden sie ihre Mutter einschätzen, also wie hat sie sie erzogen, also sie und ihren Bruder?
>
> B: Also ganz normal eigentlich. Also das mit der Gewalt kommt nicht irgendwie, weil sie mich schlecht erzogen hat, sondern weil ich einen schlechten Umgang mit Kollegen gehabt habe.

Der Jugendliche verhält sich im Interview verschlossen, wenn auf die Thematik der familiären Biographie angesprochen, trotzdem wird aus den wenigen Äusserungen ersichtlich, dass er einen Zusammenhang zwischen der familiären Biographie und seiner Gewalttätigkeit nicht in Erwägung zieht. Eine vorsichtige Interpretation dieses Umstands hiesse, dass Andric traumatische Anteile seiner Biographie verdrängt (vgl. Hobmair, 1997: 429; Schneewind & Weiss, 1998: 1037). Andrics selbst berichtete extreme Gewalttätigkeit und die – präsentierte – Absenz von Empathie stützen eine solche Vermutung.

Andric, dessen Gewaltakte sich durch Elemente der Grausamkeit kennzeichnen, dessen irrationale Züge der Verwendung des Sinngebietes Gewalt irritieren und eine Entfernung von der institutionalen Ordnung vermuten lassen, präsentiert im Interview eine Zukunftsvorstellung, "*was eigentlich keiner denkt, dass ich das machen würde*". Er möchte zur Polizei. Was ihn an diesem Beruf besonders faszinieren würde, sind "*Verfolgungsjagden*". Diese sollen, wie man ihm erzählt habe, "*sau Spass*" machen; auch hier wieder das Motiv der Euphorie in der Ausübung von Gewalt (Jagen). Der Wunsch Andrics, den Beruf des Polizisten auszuüben, baut auf Phantasmen, die zeigen, dass der Jugendliche damit nicht den Eintritt in eine 'friedliche' institutionale Ordnung wünscht, sondern beabsichtigt, das Sinngebiet Gewalt in einem tolerierten Rahmen der institutionalen Ordnung zu etablieren.

Zugleich wird aber die Erfolgsorientierung als Bedürfnis der Inklusion in diese Ordnung sichtbar. Andric möchte nicht aus der Lehre "*rausfliegen*", er möchte die "*Lehre*" beenden und Kurse zur Fortbildung besuchen. Auch im Falle Andric erweisen sich die Erwartungen und Zwänge der institutionalen Ordnung als wirksame Instrumente der Inklusion. Angesichts der aber nur beschränkt zum Ausdruck kommenden differenzierenden Gefühlsqualitäten in Bezug auf die eigene Gewalttätigkeit und den daraus für die Identität erwachsenden Folgen, stellt sich jedoch die Frage, ob Andric in absehbarer Zeit eine nachhaltige Dekonstruktion des Sinngebietes der Gewalt vollziehen wird.

3.6.7 Jasmina: "wie man es sieht, so macht man es auch". Darstellung der Fallstruktur

a) Gewaltdarstellung und präsentierte Erklärungsmuster

Die siebzehn Jahre alte Jasmina erklärt, sie sei "*früher ein Teufel gewesen*". Seit etwa einem Jahr habe sie jedoch eine positive Entwicklung durchgemacht und konzentriere sich nun auf die Bewältigung ihres zukünftigen Lebens. Früher sei sie schon mehrfach zu Anhörungen auf die Jugendanwaltschaft vorgeladen geworden, weshalb sie die Einladung zum Interview wegen eines Missverständnisses anfangs beunruhigt habe.

Jasmina gesteht sich ihre ehemalige starke Reizbarkeit ein, die sie oft aggressiv habe werden lassen. Etwa vier Jahre lang habe sie "*viel Stress gehabt*", das heisst "*viel Scheisse gemacht*". Hingegen beschreibt sie, in ihrer frühen Kindheit "*anständig*" gewesen zu sein. Seit Beginn der obligatorischen Schulzeit sei sie zusammen mit ihren Kollegen und Kolleginnen fast täglich auffällig geworden. Neben Prügeleien hätten Jasmina und ihr Freundeskreis "*allgemein alles kaputtgeschlagen*". Körperliche Übergriffe und Vandalismus hätten fast immer im schulischen Rahmen stattgefunden. "*Megaviele Schlägereien in der Schule*", zumeist mit Mitschülerinnen, und häufige Fehlzeiten als Elevin hätten damals ihren Schulalltag bestimmt:

> Ich bin immer am Schlagen gewesen, von der Schule geflogen... damit habe ich ein Problem gehabt. Ja, und dann... ja, ich weiss auch nicht. Ich bin immer so... ich bin früher schnell aggressiv geworden, ich habe immer gleich rein geschlagen.

Jasmina beschreibt ihren früheren Umgang mit Gewalt und ihr destruktives Verhalten als eine Art des Zeitvertreibs: "*Jetzt, wenn man überlegt, ist das ohne Grund gewesen*", erklärt sie. Früher habe es schon zur Gewaltanwendung führen können, wenn jemand vorbeigekommen sei und etwas "*kleines*" gesagt oder "*blöd*" geschaut habe.
Der ersten Tätlichkeit, die sie verübt habe, sei ein Zerwürfnis mit den Eltern vorausgegangen, woraufhin sie von zu Hause abgehauen sei.

> Stress daheim gehabt und dann draussen ... auch Stress gehabt, mit so Weibern von der Schule ... Und dann habe ich mich geschlagen, wie immer eigentlich. Und dann haben sie mich angezeigt.

Nach dem Urteil der Jugendanwaltschaft hatte Jasmina mehrere Arbeitsstunden in einer Gärtnerei zu leisten. Übrige Verzeigungen anderer Vorfälle hätten nicht zu weiteren Konsequenzen geführt, da sie es zusammen mit ihren Freundinnen verstanden habe, die Beschuldiger so einzuschüchtern und zu bedrohen, dass diese ihre Anzeigen wieder zurückgenommen hätten.
Eine weitere körperliche Auseinandersetzung, die aufgrund einer beidseitigen verbalen Provokation zustande gekommen sei, habe für Jasmina im Krankenhaus geendet. Sie habe von der Prügelei mit ihrer Mitschülerin eine Wirbelsäulenverletzung davongetragen. Ihre Kontrahentin habe einen Ausschluss aus der Schule erfahren müssen. Einen weiteren Vorfall des Angriffs auf einen Lehrer schildert Jasmina so:

> Ja, weil wir geredet gehabt haben. Und dann... wir haben so einen Psychopatenlehrer, ich weiss nicht, das ist ein saukomischer gewesen. Der hat etwas gegen Kinder gehabt, vor allem gegen Ausländer. Und dann hat er immer gesagt gehabt, wir sollen ruhig sein, wir sollen ruhig sein. ...

> Und wir sind ruhig gewesen, dann haben wir weitergeredet gehabt. Und dann hat er uns so einen ... Tannenzapfen angeschossen. Und dann habe ich den so am Eck liegen und habe es ihm zurück geschossen.

Die Konsequenz der nachfolgenden Strafanzeige durch die Schule war die Entlassung aus dieser und ein "*Megastress mit den Eltern*". Im Nachhinein bezeichnet Jasmina ihre Handlung als "*total scheisse*".

b) Kontextbedingungen – Jasminas Netzwerke

Familie

> Es hat immer Streit gegeben. Und darum sind wir auch so geworden, dass wir Stress gemacht haben. Weil, ... wenn man anständig erzogen wird, ich meine anständig, dass es kein Stress daheim gegeben hätte, dass man eine richtige Kindheit gehabt hätte, hätte es das nicht gegeben. Das ist eben alles... wie man es sieht, so macht man es auch. Und zu dem ist es dann auch gekommen, dass ich so aggressiv gewesen bin. Aber am Schluss merkst du erst, dass es gar nichts nützt, wenn man schlägt. Da tut man immer jemandem Leid zufügen. Das bleibt dann alles so im Kopf. Wenn mich einer schlägt, das vergeht, die Wunde, das geht zurück. Aber das im Kopf, das hat man für immer. Das ist genau wie eine Vergewaltigung. Einmal hat man es, aber du hast es immer im Kopf, es will nicht raus.

Jasmina berichtet, ihre Eltern seien vor etwa 20 Jahren in die Schweiz umgesiedelt. Sie selbst lebe erst seit zirka 13 Jahren hierzulande. Die ersten vier Jahre ihres Lebens habe sie im ehemaligen Jugoslawien bei ihrer Grossmutter verbracht. Jasminas grosser Bruder sei ein Jahr älter als sie und von klein auf bei den Eltern aufgewachsen. Nach Jasmina ist der Bruder "*auch megagestört*" gewesen und durch sein Verhalten oft aufgefallen. Insgesamt habe er die Schule sechsmal wechseln müssen, einmal wegen eines Angriffs auf einen Lehrer.
Der jüngere Bruder Jasminas ist elf Jahre alt. Die Mutter besitze eine abgeschlossene Berufsausbildung zur Friseurin, würde jedoch aufgrund mangelnder Sprachkenntnisse in einer Cafeteria arbeiten.

> [Der Vater, Anm. OS] hat Probleme mit meiner Mutter gehabt. Dann hat er zu Saufen angefangen. Und er hat es einfach an uns ausgelassen dann.

Der Vater sei zwar "*ein lieber Vater sozusagen*", habe jedoch selbst sehr viele Probleme. Er sei Invalide und könne seinem Beruf als Gipser nur zu fünfzig Prozent nachgehen. Jasminas Beschreibung nach kann man den Vater als stark alkoholabhängig bezeichnen. Es habe zu Hause "*immer Streit*" gegeben, weshalb die Mutter schon eine Scheidung in Betracht gezogen haben soll. Daraufhin habe ihr der Vater allerdings "*die Hölle heiss gemacht*". Jasmina erzählt auch von körperlicher Gewalt durch den Vater. Als Konsequenz für ihr Fehlverhalten habe er sie nicht nur mit Ohrfeigen bestraft, sondern sie habe "*Arschtritte, alles mögliche*" erfahren müssen. Zusätzlich sei ihr seitens des Vaters mehrfach gedroht worden, er würde sie nach Kroatien schicken. Nun sei er jedoch stolz auf seine Tochter. Die Eltern hätten nie direkt von ihren Problemen in der Schule erfahren, oft habe sie sie belogen. Vor allem der Vater sei ahnungslos gewesen, da sie Deckung von der Mutter erfahren habe: diese unterschrieb ihr die Entschuldigungsbriefe für die Fehlzeiten.

Die Zeit bevor Jasmina in die Schweiz kam, bezeichnet sie als "*viel schöner*". Sie habe damals nur sehr wenig Kontakt zu den Eltern gehabt. Nur zu besonderen Anlässen, wie Geburtstag und Weihnachten habe sie von ihnen gehört.

> Und dann nach vier Jahren kommen einfach so zwei Personen, nehmen dich mit, fertig. "Du kommst jetzt hier her, lebst dein Leben hier".

Die erste Zeit in der Schweiz sei schwierig für Jasmina gewesen. Sie sei in den Anfangsjahren auch hier nicht bei ihren Eltern aufgewachsen, sondern zur Einschulung zusammen mit ihrem damals einjährigen Bruder in einem Erziehungsheim untergebracht worden. Ihr grosser Bruder habe sich zu der Zeit schon im Heim aufgehalten. "*Wir haben einfach alle Stress daheim gehabt*", fasst Jasmina zusammen. Das sei der Grund gewesen, weshalb sich das Jugendamt eingeschaltet

habe. Die erste Zeit im Erziehungsheim sei dann jedoch "*sehr gut gegangen*". Sie hat viereinhalb Jahre dort verbracht.
Jasmina berichtet mehrfach von Streitereien zwischen ihr und ihren Eltern. Vor allem der Vater besitze in vielen Punkten einen gegenteiligen Standpunkt. Zur Auseinandersetzung führe vor allem eine unterschiedliche Auffassung der Geschlechterrollen. Jasmina berichtet, sie werde gegenüber ihren Brüdern von den Eltern ungerecht behandelt. Der grosse Bruder mache "*eigentlich alles, was er will*". Vor allem in Punkten der eigenen Entscheidungsfreiheit als Frau beschreibt Jasmina ihre Probleme mit den unterschiedlichen Einstellungen innerhalb der zwei Kulturkreise, in denen sie sich bewegt. Auf der einen Seite stünde der Kreis der Herkunftsfamilie, in dem es aufgrund eines kulturellen Rollenkonfliktes zwischen Männern und Frauen auch zu Problemen in den Ehen gekommen sei:

> In meiner ganzen Familie, jeder hat Stress. Ich kann ihnen nicht mal eine Person sagen, die noch miteinander verheiratet ist. Das gibt es bei mir nicht, alle sind getrennt. Alles. Und ja... Das ist eben das... Männer. Unsere Männer sehen Frauen: "ja, die putzt daheim, sie kocht, ... auf die Kinder schauen. Ich gehe raus, habe daneben noch andere Frauen und so". Und das ist so bei uns. Und für das hasse ich Jugos. Für das eben... für das hasse ich auch meinen Vater, weil er das gemacht hat.

Auf der anderen Seite sei die Erziehung in der Schweiz "*offener*". Schweizerische Mitbürger hätten "*sicher mehr Freiheiten*":

> Dagegen haben wir ein Scheissleben, wirklich. Manchmal wünsche ich mir so, dass ich irgendetwas anderes wäre, einfach kein Jugo. Das ist nicht zu ertragen.

Vor allem beim Thema des Berufs und der Partnerwahl stiesse Jasmina auf den Unwillen ihrer Eltern. Ihr Wunsch, eine Lehre als Köchin zu beginnen, widerstrebe den Vorstellungen der Eltern. Diese wünschten, Jasmina würde in die Fussstapfen der Mutter treten. Sie solle eine Lehre zur Friseurin machen und einen Partner mit gleicher

Religion wählen. Allerdings beurteilt Jasmina die Vorbildfunktion ihrer Mutter eher kritisch:

> Sie hat mit 19 geheiratet, was hat es ihr gebracht? Es hat ihr nichts gebracht. Und das will ich nicht. Ich will eben nicht so werden.
>
> [...]
>
> Ich meine, ich muss das ja nachher machen ... und nicht sie. Wenn sie das nicht verstehen, haben sie Pech gehabt. Ja, da kann ich nichts machen.

Jasmina möchte, sobald sie 18 Jahre alt wird, "*einfach gar keinen Kontakt mehr*" mit der gesamten Familie haben. Ein Grund dafür sei die soziale Kontrolle, die innerhalb der Verwandtschaft stattfinde. Es würde viel über die einzelnen Familienmitglieder gesprochen. Dies auferlege ihr eine gewisse Verantwortung, da man darauf achten müsse, dass das eigene Verhalten nicht eine Art "*Beleidigung*" der Familie hervorrufe. Sie lege nur noch auf den Kontakt mit ihrer Cousine Wert, diese sei "*wie eine Schwester*" für sie.

Schule – Ausbildung

Nach dem ersten, viereinhalb Jahre dauernden Heimaufenthalt Jasminas, habe sie die zwei Jahre der Sekundarstufe von zu Hause aus und die restliche obligatorische Schulzeit teilstationär von einem Heim aus absolviert. Es sei der Besuch der Weiterbildungsschule gefolgt und nun besuche sie eine einjährige Berufsorientierungsschule.

Die Berufsorientierungsschule ist ein Zusatzjahr für Jugendliche, die innerhalb der Regelschulzeit keine Lehrstelle finden können. Innerhalb des Unterrichts erhalte man Hilfe beim Verfassen von Bewerbungen und man habe die Möglichkeit, verschiedene Schnupperlehren zu erproben. In Jasminas derzeitiger Schulklasse, die siebzehn MitschülerInnen umfasse, hätten es etwa sieben Klassenkameraden geschafft, nun eine Lehrstelle zu finden.

In der früheren Schulzeit scheint Jasmina viele Probleme durch ihre Aggressivität gehabt zu haben. Sie sei oftmals an körperlichen Übergriffen in der Schule oder auf dem Pausenhof beteiligt gewesen. Auch habe sie oft im Unterricht gefehlt:

> Ich bin auch nie in die Schule gegangen, sozusagen. Also ab und zu, wenn es mir halt wieder nach Schule gewesen ist. Und sonst bin ich nie gegangen. Ja... bis dann einfach mal ein Brief nach Hause gekommen ist. Vorladungen. Und dann...Viel Scheisse gemacht.

Nach der Attacke mit dem Tannenzapfen auf ihren Lehrer und der darauf folgenden Anzeige, habe sie die Schule wechseln müssen. Seit dem Besuch der Weiterbildungsschule, habe sich ihr Verhalten allerdings geändert. Eine Lehrerin habe sie dazu ermutigt, wieder regelmässig zum Unterricht zu erscheinen und sich auf ihre Ausbildung zu konzentrieren. Im Gegensatz zu früher, als ihr von Seiten der Schule keine Unterstützung zuteil geworden sei und sie sich "*immer irgendwie alleine*" gefühlt habe, habe sie in dieser Lehrerin eine Ansprechpartnerin gefunden, also jemand der ihr "*Mut gemacht*" habe. Seither meint sie sich im Unterricht nicht mehr zu verspäten und immer anwesend zu sein. Sie habe sich damals gesagt: "*'Höre, ich zeige ihr jetzt auch, ich zeige der ganzen Welt, dass ich das auch so kann.' Das hat mich auch verändert*".

Nun sucht Jasmina zum Unbill ihrer Eltern eine Ausbildungsstelle als Köchin. Die Lust am Essen und die Freude am Kochen schätze sie an dem Beruf. Allerdings habe sie auf die vielen Bewerbungen, die sie geschrieben habe, lediglich Absagen bekommen. Aus diesem Grund möchte es Jasmina nun ausserhalb des Kantons versuchen. Später würde sie lieber in einer Küche im Altersheim arbeiten als in einem Restaurant, denn sie sei "*noch gerne mit Menschen zusammen*". Anlässlich dessen habe sie sich auch für einen Beruf im Pflegedienst beworben. Allerdings müsse man zuerst ein Vorpraktikum abschliessen, was jedoch erst ab dem 19. Lebensjahr möglich sei. Dem Wunsch ihrer Eltern, sie solle eine Ausbildung zur Friseurin angehen, möchte sie nicht entsprechen. Unter Zwang habe sie zwar eine Woche lang eine

Schnupperlehre in einem Friseurbetrieb begonnen, sei dort allerdings nur mit Putzarbeiten beschäftigt gewesen oder habe Haare waschen müssen. Nach einem allergischen Hautausschlag an den Händen hat Jasmina beschlossen: "*Das ist nichts für mich*".

Peers

> I: Also... was sind das so für Leute. Eben sie haben gesagt, sie haben auch Drogen genommen, sind viel auf der Strasse gewesen...
>
> B: ...Absturzkinder... Haben auch alles nur so Probleme gemacht. Die meisten, wo dort gewesen sind, sind gar nicht mehr in die Schule gegangen, oder sie sind schon in der Schule gewesen, aber sie sind einfach gar nicht gegangen. Noch viel schlimmer als das ich gemacht habe. Ja, tagtäglich einfach am Joint drehen und all das Zeug. Eben immer auf der Strasse. Und, ja, einfach...
>
> I: Und sich auch geschlagen und so?
>
> B: Ja, noch schlimmer als ich. Sie sind sogar mal in der Zeitung gestanden. Es hat am Rhein um drei Uhr am Morgen eine Schlägerei gegeben, wo sie sich totgeschlagen haben, sozusagen. Sind alle im Spital gelegen, mit Messern und all das Zeugs. Und, ja... das ist eben der falsche Umgang gewesen.

Den ehemaligen Freundeskreis beschreibt Jasmina zusammengesetzt aus MitschülerInnen und Bekannten, die sie auf Partys kennen gelernt habe. Die Nationalitäten seien unterschiedlich gewesen. So habe sie Jugendliche aus dem ehemaligen Jugoslawien, Spanier und Schweizer verschiedenen Geschlechts gekannt. Den "*Stress*", den Jasmina seit Beginn der obligatorischen Schulzeit verursacht hat, führt sie im Laufe des Interviews mehrfach auf einen "*falschen Umgang*" zurück. Sie betont zudem, dass ihr Verhalten weniger extrem als das ihrer Kollegen und Kolleginnen gewesen ist. So habe sie im Gegensatz zu ihren Freunden keine Drogen genommen. Ihre Freizeit hätten sie und ihre Freunde fast ausschliesslich auf der Strasse verbracht, "*wie auf der*

Strasse gelebt". Mit der Zeit sei sie kaum mehr zu Hause gewesen, habe oft auch nicht daheim geschlafen.
Neben körperlichen Übergriffen und Vandalismus hätten sie und ihre Freunde zudem ihre Beschuldiger bedroht, so dass diese ihre Anzeigen zurückzogen. Auch zwischen den Peermitgliedern habe es öfters Streitereien gegeben. Jasmina berichtet von mangelndem Zusammenhalt innerhalb der Gruppe und erwähnt in dem Zusammenhang eine Prügelei zwischen mehreren ihrer ehemaligen Freundinnen, bei der sich ausser ihr niemand eingemischt haben soll. Ihr Eingreifen habe allerdings nur bewirkt, dass sie selbst etwas abbekommen habe. Auch als sie nach der oben erwähnten Auseinandersetzung mit ihrer Mitschülerin mit einer Wirbelsäulenverletzung im Spital gelegen sei, habe sie keinen Besuch von ihren Freunden bekommen. Daran erkannte Jasmina, dass das "*eh der falsche Umgang*" gewesen sei.
Seit sie sich von der Gruppe gelöst habe, beschäftige sich Jasmina in ihrer Freizeit hauptsächlich mit den Anforderungen der Schule. Freundschaftlichen Kontakt würde sie, neben den zu ihrer Cousine, mit einer "*Hand voll*" neuen Bekannten pflegen. Sie erklärt, dass ihr diese Gesellschaft genüge.

c) Konsequenzen des devianten Verhaltens

Jasmina meint, schon mehrfach in Verfahren der Jugendanwaltschaft involviert gewesen zu sein. Allerdings habe sie als direkte Konsequenz nur einmal eine Strafe in Form von Arbeitsstunden verbüssen müssen, da die meisten Anzeigen schon im Vorfeld aufgrund der Erpressungen und Bedrohungen ihrer Gruppe von den KlägerInnen zurückgezogen worden seien. Bevor sie anlässlich der Anzeige des Lehrers die Schule habe wechseln müssen, sei sie dazu verpflichtet worden, wegen ihrer Aggressionen den Schulpsychologen aufzusuchen. Da ihre Eltern ahnungslos gewesen seien, was ihre Auffälligkeiten in der Schule und der Freizeit betroffen habe, sei Jasminas Betragen den Eltern erst durch einen Brief der Schule und beim Erhalt ihres Zeugnisses aufgefallen. Die soziale Kontrolle innerhalb des Familienkreises scheint eine starke Wirkung auf Jasmina ausgeübt zu haben. Es sei ihr wichtig gewesen, dass ihr Verhalten im Kreise der Verwandten nicht als eine "*Beleidigung*" der eigenen Familie erscheine. Jasmina erzählt, mit ihrem Vater anlässlich ihres Verhaltens mehrfach Streit gehabt zu haben. Einen grossen Stellenwert in Bezug auf ihre Abwendung von der Gewalt misst sie der vom Vater immer wieder geäusserten Drohung zu, sie müsse zurück nach Kroatien, wenn sie sich nicht bessere.

d) Ausstieg und Zukunftsperspektiven

Jasmina beschreibt heute ihre Schamgefühle in Bezug auf ihr früheres Verhalten. Sie sehe im Nachhinein selbst keinen Sinn in ihrem damaligen Verhalten. Ihren Wandel beschreibt sie als eine Art Ergebnis der adoleszenten Entwicklung. Es ist ihren Aussagen zu entnehmen, dass sie ihr ehemaliges Handeln selbst nicht nachvollziehen kann, nun sei es "*zum Glück vorbei*":

> Jetzt schäme ich mich so richtig. Ja, wirklich. Jetzt erst merke ich, was ich überhaupt gemacht habe.

Der andauernde Streit mit den Eltern, vor allem mit dem Vater, scheint zudem ihre Einstellung beeinflusst zu haben. Der Vater habe ihr einerseits die Strafe angedroht, sie müsse zurück nach Kroatien ziehen, falls sie nicht "*anständig*" werden würde. Das habe sie geängstigt, da sie davon überzeugt gewesen sei, dass der Vater die Drohung ernst gemeint habe. Auch die Ansichten des Vaters überzeugten sie:

> Weil er sagt: "Wir sind hier Ausländer und wir können nicht machen, was wir möchten". Das stimmt schon, ich gebe ihm schon Recht. Ich meine ich kann jetzt nicht hier... wirklich blöd. Ich schlage mit jedem. Was habe ich davon? Nichts. Weil erstens ich bin nicht achtzehn und er hat das Sorgerecht für mich und er bekommt ein Problem. Und ich muss halt die paar Strafen da und ich muss schaffen gehen oder irgendetwas. Aber sonst bekommt er Probleme. Und dann habe ich mich auch geändert, weil ich will keinen Stress haben mit meinem Vater oder mit meiner Mutter.

Jasmina beschreibt schliesslich das Negativvorbild der Gruppenmitglieder ihres ehemaligen Freundeskreises als weiteren Grund für ihren Ausstieg aus dem gewalttätigen Verhalten. Im Interview betont sie mehrfach, sie habe sich damals schon in der Qualität ihrer Entgleisungen von ihren Freunden unterschieden, diese seien "*noch viel schlimmer*" gewesen. So habe sie beispielsweise keine Drogen genommen. Als keiner ihrer Freunde sie während ihres Spitalaufenthalts besucht habe, sei ihr die Erkenntnis gekommen:

> Keine ist bei mir gewesen als es mir scheisse gegangen ist. Und dann habe ich auch gemerkt gehabt, was ist los, das ist eh der falsche Umgang. Und dann ist mir erst klar geworden: "Jasmina, mache etwas aus deinem Leben". Weil sonst... wenn ich jetzt nichts geändert hätte, wäre ich immer noch gleich. Weiss Gott, was jetzt noch wäre, vielleicht wäre ich sogar fähig, dass ich jemanden umbringen würde, oder so. Ich würde sicher zu solchen Sachen kommen, zu härteren Drogen, oder so.

In einer weiteren Aussage unterstreicht Jasmina die Bedeutung einer Lehrerin, die sie nach ihrem Schulwechsel kennen gelernt hat:

> Ich habe den Kontakt abgebrochen zu den anderen Leuten, weil mit denen mit denen ich verkehrt habe, haben alle Drogen genommen, also sozusagen gekifft und Pilze und so Sachen genommen und... schlechter Umgang einfach. Und bin dann gleich so geworden. So, ich habe nicht... keine Drogen genommen, nichts, aber ich bin auch so draussen gewesen mit denen. Sozusagen wie auf der Strasse gelebt, sind wir früher gewesen. Und ja, als ich von der Schule geflogen bin, habe ich eine sehr nette Lehrerin gehabt. Mit der habe ich immer reden können. Und dann hat sich alles geändert.

Seitdem Jasmina die Weiterbildungsschule B. besucht, möchte sie sich jeder Auffälligkeit enthalten. Das sei "*eben die Lehrerin gewesen*" von der sie Zuspruch und Ermutigung erfahren habe. In ihrer früheren Schulzeit meint sie keine Unterstützung erfahren zu haben. Damals habe sie sich auf sich allein gestellt gefühlt. Jasmina beschreibt, sie habe die Weiterbildungsschule dank des Beistandes durch die Lehrerin ohne weitere Fehlzeiten oder Verspätungen bestanden. Auch die

Bedeutung eines Schulabschlusses und der Berufsausbildung sei ihr durch die Lehrerin bewusst geworden:

> Weil ich bin dann jetzt die ganze Zeit in die Schule gegangen. Weil, ja, es bringt nichts, wenn ich schwänze. Es bringt mir nichts... ich meine... man kommt zu keiner Lehrstelle .... Und darum... darum gehe ich auch regelmässig [lacht] in die Schule.

Heute wolle Jasmina "*nie mehr irgendwie so Probleme*" haben:

> Einfach keine Schlägereien mehr. Ich will mich dort einfach raushalten. Ich mag das nicht mehr. Das ist scheisse.

Es sei nun ihr Ziel, eine Lehrstelle als Köchin zu finden. Da alle Bewerbungen bisher abgelehnt worden seien, möchte sich Jasmina in einem anderen Kanton umsehen. "*Vielleicht findet man dort etwas*", hofft sie. Daneben sei ihr das eigene Leben wichtig. Sie lege Wert darauf, zukünftig selbständig und selbst bestimmt leben zu können, Rücksicht auf die Eltern wolle sie nicht mehr nehmen. So erklärt Jasmina, dass sie auf ihren 18. Geburtstag warte, der es ihr ermögliche, frei zu entscheiden. "*Und dann mache ich es und nicht mehr ihr*", erklärt sie in Bezug auf ihre Eltern. Mit der gesamten Verwandtschaft wolle sie "*einfach gar keinen Kontakt*" mehr haben, sobald sie volljährig sei. Mit einer eigenen Familie möchte Jasmina noch warten, solange sie sich noch nicht selbst finanzieren könne, sie müsse vorher "*einfach mit beiden Beinen im Leben stehen*". Es könne noch sechs oder sieben Jahre dauern, bis sie Kinder haben möchte. Der Lebensweg ihrer Mutter, mit 19 Jahren zu heiraten und früh Kinder zu bekommen, ist für sie nicht vorstellbar.

3.6.8 Jasmina: "Mach etwas aus deinem Leben". Hermeneutisch wissenssoziologische Fallanalyse

> I: Ist das so... das klingt jetzt so, als wäre das so ein bisschen eine Gruppe an jungen Frauen, wo das ab und zu so vorgefallen ist, oder wie?

B: Mhm [bejaht]. Das ist nicht... da ist tagtäglich irgendwie irgendetwas gewesen. Eins-, zwei-, dreimal (...?...) involviert in der Schule. Haben Scheiben kaputtgeschlagen, alles mögliche. Nicht ... wir haben nicht nur mit der Schlägerei... also wir haben nicht nur Schlägereien gehabt. Wir haben einfach auch allgemein alles kaputtgeschlagen. Es ist einfach Kindergarten... ja. Jetzt schäme ich mich so richtig. Ja, wirklich. Jetzt erst merke ich, was ich überhaupt gemacht habe.

I: Sie machen das jetzt nicht mehr?

B: Nein, sicher nicht. Nein seit ich im B. [Schulhaus, Anm. OS] gewesen bin, (...?...) von der Schule geflogen bin im B. Seitdem habe ich nichts mehr gemacht. Keine Anzeige mehr gehabt, nichts. Geschlagen, nichts.

I: Und dann als sie ins B. gekommen sind, ist fertig gewesen?

B: Ja, das ist fertig gewesen, weil mein Vater stresst, weil der hat gesagt: "Entweder du wirst anständig, oder du gehst für immer runter, kannst du dir aussuchen".

I: Das heisst zurück in ihre Heimat, also nach...

B: Ja, Kroatien... Entweder so oder so. Dann habe ich gesagt, dann mache ich es lieber so. Weil hier habe ich das bessere Leben als unten.

I: Das hat er auch ernst gemeint?

B: Ja das hätte er... [lacht]. Das hätte er gemacht. Das hätte er wirklich gemacht. Und darum habe ich auch gesagt, warum, das bringt mir nichts.

I: Also, nicht weil sie von der Schule geflogen sind. Das wäre jetzt nicht so ein grosses Problem gewesen, oder?

B: Ja, es ist schon... es ist schon ein Megaproblem gewesen. Es ist ein sehr schlimmes Problem gewesen. Für ihn, für ihn ist das ja einfach irgendwie eine Beleidigung sozusagen. Für die Familie und so. Das ist halt so bei uns, das ist einfach so. Sobald irgendein Kind irgendetwas macht, wird gesagt: "Ah, schaue das Kind an. Was hast du für ein Kind? Tu es abschieben" und nicht so… und das ist bei uns so. Ähm, ich habe schon ein Megaproblem damit gehabt, aber er hat sich wieder beruhigt.

I: Also das ist bei ihnen in der Familie so, oder… sie haben gesagt "bei uns"…

B: Ja… nein, einfach von der ganzen Familie , also in Kroatien. Einfach auf dem Balkan ist das so, das ist einfach…ähm, wie soll ich sagen… für sie das Kind nicht irgendwie Scheisse machen, oder so. Von der Schule fliegen, das ist auch sehr schlimm. Dann heisst es gerade, ja zum Beispiel deine Schwester, oder so: "Was hast du für eine Tochter? Sie wird von der Schule ge… äh, geflogen. Sie ist… sie schmeissen sie von der Schule und so". Das ist einfach alles so Beleidigung und so. Und ja… typisch unsere Leute.

I: Das finden sie nicht okay?

B: Nein, überhaupt nicht. Genau das gleiche… die Männer haben mehr Rechte als Frauen. Das ist genau gleich (...?...) bei uns. Und das… ich finde das blöd. Sie sollen gleichberechtigt werden und fertig. Ich meine, was ist ein Mann besser als eine Frau? Ich verstehe es nicht. Wegen dem habe ich immer Stress mit meinem Vater [lacht]. Weil er das halt nicht versteht. Na, und dann mein Bruder. Mein Bruder ist jetzt 18. Und mein Bruder macht eigentlich alles, was er will. Er hat die Lehre abgeschlossen, er hat alles. Er ist aber… er ist früher… er ist… er hat mal sechs Mal ist er von der Schule geflogen. Hat müssen sechs Mal eine andere Schule…

I: Ihr Bruder?

B: Mein kleiner… äh, mein grosser Bruder. Ja

I: Warum das?

B: Ja, weil er sich auch geschlagen hat. Der ist auch so mega- [lacht] gestört wie ich gewesen. Hat sich auch nur geschlagen. Und dann am Schluss... ähm, hat auch ein Lehrer eine Anzeige gemacht, weil er hat auch einen Lehrer geschlagen, aber nicht so wie ich, dass ich zurück geschossen habe, sondern einfach mit einem Stiel geschlagen und so. Und dann ist er in ein Heim gekommen. Und dann...

F: Das ist nicht so ein grosses Problem gewesen für den Vater?

B: Das ist... das ist schon ein grosses Problem gewesen, aber für ihn ist einfach... ein Mann wird anders angeschaut in seinen Augen. Ein Mann ist immer... ein Mann könnte jetzt jemanden umbringen, es wäre nicht so schlimm, wie wenn es eine Frau machen würde. Und, ja, das ist eben das Blöde. Und ich verstehe das nicht. Und wegen dem hat es einfach immer, also bei uns hat es einfach immer Stress gehabt, sobald ich irgendetwas gemacht habe. Wenn ich einmal geschwänzt habe und mein Vater hat es erfahren. Mein Vater hat nie gewusst gehabt, dass ich geschwänzt habe, meine Mutter hat immer unterschrieben, sie hat nie etwas gesagt gehabt. Und ich habe ihr immer irgendwie erklärt, ja ich habe sie angelogen. Aber ich habe immer wieder erklärt gehabt warum und so. Aber mein Vater hat das nie gewusst gehabt. Und dann am Schluss, wo das Zeugnis gekommen ist, hat es einfach einen Terror gegeben, wieso ich nicht in die Schule gehe, und ob ich lieber unten sein möchte. Dann kann ich dort weiss Gott was machen halt. Keinen Abschluss, nichts.

Wie Yasar (Kap. 3.6.2) spricht Jasmina von Scham, welche sie überkommt, wenn sie an die – vergangene – Zeit der Gewalttätigkeit denkt. Das Bekenntnis zum Gefühl der Scham stellt hier auch ein kommunikatives Mittel dar, die aktuelle Identität mit all ihren Erlebensweisen als von einer hypostasierten vergangenen Identität völlig unterschiedlich abzuheben. Das Selbst[47] wird zwar als Kontinuität

[47] 'Selbst' verwenden wir kongruent zum Begriff der Identität (vgl. auch Kap. 3.7), wobei an dieser Stelle das Selbstkonzept, also die geschilderte 'Konstruk-

präsentiert, für die frühere Konstruktion und Selbstreflexion kann jedoch kein 'Verständnis' aufgebracht werden: "*Jetzt erst merke ich, was ich überhaupt gemacht habe*". Das frühere Selbst wird dargestellt als nicht-reflexiv, unmündig, gleichzusetzen einem Kinde, für welches man sich schämt, da die Nachsichtigkeit, die dem Status des Kindes sonst zukommt, für dieses Alter nicht mehr gelten kann. Früheres und aktuelles Selbst präsentiert Jasmina als diametral entgegengesetzt: Vergangen ist ein Selbst, welches affekt-dominiert, nicht-reflexiv und stark zerstörerisch agiert, aktuell ein Selbst, welches rational, überlegt und erfolgsorientiert einer differenziert unterschiedenen Umwelt gegenübertritt. Weiter unten bezeichnet Jasmina sich und ihren Bruder, der ebenfalls gewalttätig aufgefallen und in ein Heim versorgt worden ist, als ehemals "*gestört*". Aktuell präsentiert wird die Identität schliesslich konform zu den Normen der institutionalen Ordnung. Jasmina führt insgesamt vier Ereignisse an, die zur Abkehr von ihrem früheren Verhalten, zur Abkehr vom vergangenen Selbst geführt haben: Der Verweis von der Schule, die Drohung des Vaters, sie in das Ursprungsland zurückzuschicken, fehlende Bindung in der Peer-Gruppe und, später im Interview genannt, die Hilfe einer von ihr geschätzten Lehrerin:

> B: Und ja, als ich von der Schule geflogen bin, habe ich eine sehr nette Lehrerin gehabt. Mit der habe ich immer reden können. Und dann hat sich alles geändert. Habe ich...
>
> I: Also im B. [Schulhaus, Anm. OS]?
>
> B: Ja, im B. Habe ich eine sehr liebe Lehrerin gehabt. Und sie hat mich sehr unterstützt. Weil ich habe... am Anfang bin ich gleich gewesen in den Sachen, dass ich geschwänzt habe. Da schon. Aber da habe ich mich nicht geschlagen. Und sie hat zu mir alles (...?...) gestrichen gehabt. Weil sie hat gesagt: "Ich will dir das Leben nicht zerstören" und so. Ja, dort hat sie mir einfach so... so Mut gemacht. So irgendwie, ich weiss nicht... aufgemuntert. Weil ich gewusst

---

tion von Identität' im Vordergrund steht (vgl.: Kohut, 1973: 14f.; Oerter & Montada, 1998: 346).

> gehabt habe, wenn ich ein Problem gehabt habe, habe ich zu ihr gehen können. Und das habe ich früher in der Schule nie gehabt. Ich bin immer irgendwie alleine dort gewesen.

Jasmina findet Hilfe und Unterstützung in einer Lehrerin, die ihr "*Mut*" macht. Dies scheint bei ihren Eltern nicht der Fall gewesen zu sein; ihr Vater habe "*nie etwas gewusst*" und die Mutter habe sie "*angelogen*", um entschuldigte Absenzen für die Schule zu erhalten. Im Gegenteil: Das Verhältnis zu ihren Eltern beschreibt Jasmina als sehr schlecht. Am Ende des Interviews streicht sie heraus, dass sie nur darauf warte, die Mündigkeit zu erlangen, um dann den Kontakt zu ihren Eltern, vor allem dem alkoholkranken und gewalttätigen Vater abzubrechen.

> Und ich weiss, bald werde ich achtzehn: "Tschüss zusammen", dann habe ich es nicht nötig, mit den Eltern... Ich will einfach gar keinen Kontakt mehr mit ihnen haben, sobald ich achtzehn bin und sobald ich mein Leben habe. Ja, das klingt blöd. Mein Bruder ist auch schon dran. Jetzt im Sommer wird er also, wird er jetzt endlich, also schliesst er endgültig ab, hat dann seine Abschlussprüfungen. Falls er es schafft, ist er auch weg. Weil er ist elf Jahre im Heim gewesen, elf Jahre. Und das ist alles wegen den Eltern gewesen. Und so ein Leben kann man nicht führen. Mir ist einfach nur... mir tut es einfach nur leid, dass mein kleiner Bruder das alles erleben hat müssen. Weil mit einem Jahr, man weiss nichts. Im ersten Jahr... das was das Kind im ersten Jahr erlebt, das bleibt für die Ewigkeit.

Die besondere Bedeutung, die die Unterstützung einer Lehrerin für Jasmina hatte, zu welcher sie gehen konnte, wenn sie ein "*Problem*" hatte, wird angesichts der familiär chronisch prekären Situation verstehbar. In diesem Zusammenhang ist eine Studie über fünf junge Frauen von besonderem Interesse, die Sue McGinty (1999) trotz hoher belastender Stressfaktoren als resilient bezeichnet, d.h. in der Lage, geeignete Coping-Strategien zu entwickeln: "A resilient child is defined as one who has the capacity to cope effectively with both the internal stressors that produce vulnerability, such as autonomic reactivity, developmental imbalances, and unusual sensitivities, and external stressors, such as illness, major losses, and dissolution of the family." (ebd.: 3) McGinty fand heraus, dass in allen Fällen eine unterstützende, ermutigende Lehrperson, welche an das Potential der Jugendlichen glaubte und dies auch kommunizierte, eine hohe Bedeutung für deren Schulerfolg hatte. Auch Jasmina berichtet von einer Lehrerin, die ihr Vertrauen gewinnen konnte und sie ermunterte, in ihre Bildung und Ausbildung zu investieren. Sie schildert, wie aufgrund dieser Beziehung ein Umdenken stattgefunden hat: "*Höre, ich zeige ihr jetzt auch, ich zeige der ganzen Welt, dass ich das auch so kann.*" Ein Ereignis, welchem Jasmina in dieser Phase ebenfalls besondere Bedeutung zumisst, ist das aktive Verlassen der von ihr als hochgradig gewaltbereit und Suchtmittel missbrauchend geschilderten Peer-Gruppe:

> Das ist irgendwie mal... eine hat mal sehr fest bekommen. Ich weiss ja nicht... das ist glaube ich wegen einem Typen gewesen. Und sind drei sie schlagen gegangen. Und keiner hat sich eingemischt. Niemand. Dann habe ich mich auch eingemischt, habe ich auch bekommen. Ja, ich meine, das sind Kolleginnen gewesen. Ja, und... Da sieht man ja schon, dass das die falschen Kolleginnen gewesen sind, weil als ich verschlagen worden bin, als ich im Spital gelegen bin, ist keiner gekommen. Keine hat mich besucht. Keine ist bei mir gewesen als es mir scheisse gegangen ist. Und dann habe ich auch gemerkt gehabt, was ist los, das ist eh der falsche Umgang. Und dann ist mir erst klar geworden: "Jasmina, mache etwas aus deinem Leben". Weil sonst... wenn ich jetzt nichts geändert hätte, wäre ich immer noch gleich. Weiss Gott, was jetzt noch wäre, vielleicht wäre ich sogar fähig, dass ich jemanden umbringen würde, oder so. Ich würde sicher zu solchen Sachen kommen, zu härteren Drogen, oder so.

Als Jasmina in einer Notsituation von ihrer Peer-Gruppe keinen Beistand erhält, die Bindungen sich als nicht tragfähig und nicht empathisch erweisen, erkennt sie plötzlich, dass sie "*etwas aus ihrem Leben*" machen müsse. Präsentiert wird hier eine Art Schockerlebnis, welches ein radikales Umdenken, eine Neupositionierung von Selbst in Umwelt und Handeln zur Folge hat. 'Etwas-aus-seinem-leben-machen' interpretiere ich nicht nur im Sinne von rationaler Erfolgsorientierung, also einem Wunsch nach Inklusion, sondern zugleich und für das Individuum von weit greifender Bedeutung als Symbol für den Wunsch nach einer Rekonstruktion des Selbst unter anderen Rahmenbedingungen.

3.6.9 Zusammenfassende Fallrekonstruktion

Die Analyse findet positive und negative motivationale Faktoren, die zu einer Rekonstruktion des Selbstkonzeptes bei Jasmina führen. Positive Identifikationen werden in der Rede von der unterstützenden Lehrerin sichtbar, negative Identifikationen in der Ablehnung der Eltern, der patriarchalischen Herkunftskultur und der Peer-Gruppe. Das durch negative Identifikationen veränderte Selbstkonzept wird in der Literatur unter anderem als 'negative Identität' bezeichnet, ein Begriff, den wir jedoch aufgrund missverständlicher Assoziationen nicht verwenden möchten (vgl.: Hausser & Filipp, 1983: 147). Bedeutend scheint uns vielmehr, dass Jasmina zugleich aufgrund positiver wie negativer Identifikationen eine fast diametral entgegen gesetzte Rekonstruktion eines vergangenen und aktuellen Selbstkonzeptes präsentiert: Das affektbestimmte, nicht-reflexive Selbst gegenüber dem aktuell rationalen, differenzierten Selbst. Jasmina präsentiert im Interview eine 'Erarbeitete Identität', das heisst, eine Identität, die sich auszeichnet durch ein hohes Selbstwertgefühl, ein Autonomiebestreben, welches auf internaler Kontrolle beruht (vgl. z.B. Berufswunsch) und einen kognitiven Stil, der reflexiv und komplex erscheint (Oerter & Montada, 1998: 353). Differenzierende Emotionen, die Jasmina im Interview beschreibt, scheinen uns die Grundlage für die kognitiven Differenzierungen zu bilden.
Eine negative Identifikation besonderer Art bildet für Jasmina der Vater, der in der Erziehung gewalttätig agiert, die Mutter betrogen hat und für Jasmina den Inbegriff einer verhassten Kultur der Ungleichheit zwischen den Geschlechtern darstellt. Gegen den Druck ihrer Eltern zu einer konformen Identität versucht Jasmina nun eine Erar-

beitete Identität zu gewinnen. Für Jasmina bedeutet dies den Verlust der Beziehung zu Peer-Gruppe, Eltern und Verwandten. Die Lehrerin, zu welcher Jasmina Vertrauen gefasst hat und sie unterstützt, bildet sicher ein Faktor für die Ausbildung von Resilienz bei Jasmina, angesichts der vielfältigen Belastungen (Beruf, Familie, Peers) ist das Mass an Resilienz indes erstaunlich.

3.6.10 Zusammenfassende Fallrekonstruktionen: Roberto

Roberto ist ein 17-jähriger männlicher Jugendlicher, dessen Eltern von Sizilien in die Schweiz eingewandert sind. Weil er keine "*Bemühungen*" veranstaltet habe, habe er keine Lehrstelle gefunden. Roberto ist zurzeit arbeitslos und lebt bei und mit der finanziellen Unterstützung der Mutter, die sich in seinem 11. Lebensjahr von seinem Vater getrennt hatte und seither keine neue Partnerschaft eingegangen ist. In die Zeit der Trennung der Eltern fiel Robertos Auffälligkeit in der Schule, die zur Einweisung in ein Erziehungsheim führte, wo Roberto ein Jahr verwahrt wurde:

> In der Schule habe ich mich dann halt angefangen anders zu benehmen, also so nervös, immer beweglich und dann haben sie gefunden und ja ich habe auch Leute runter gemacht bis sie angefangen haben zu flennen. Dann haben sie gefunden, ja ich müsse in ein pädagogisches Zwischenjahr. Also eigentlich zum ein Jahr abschieben, weil sonst wollten sie mich ins Internat machen und meine Eltern haben das nicht akzeptiert, da haben sie mich lieber ein Jahr weggeschickt von der Klasse. Nicht um mir zu helfen, sondern für die Klasse. Dann bin ich zurückgekommen.

Roberto meint, es gäbe "*verschiedene Arten von Gewalt*" und er habe es nie nötig gehabt, physische Gewalt einzusetzen. Andere mit Wörtern "*psychisch kaputtmachen*" habe ihm mehr "*Spass*" bereitet. Roberto erzählt ausführlich und zuletzt sehr emotional, wie seine Kindheit geprägt wurde durch den Alkoholismus und die Gewalttätigkeit des Vaters. Die Mutter sei während der Ehe regelrecht eingesperrt gewesen. Nach der Scheidung habe der Vater die Mutter lange terrorisiert, bis diesem gesetzlich verboten wurde, sich Orten zu nähern, an dem die Mutter sich gewohnheitsmässig aufhält.

> Ich meine, ich bin der gewesen, der meiner Mutter geholfen hat, nachdem sie gesagt hat, höre ich lasse mich scheiden. Mein Vater ist voll durchgefallen. Ich war der, der sich im WC eingeschlossen hat und den Bullen angerufen hat. Dann mein Onkel, also alle von der Seite meines Vaters, die haben meine Mutter abgestossen. Und meine Brüder sind noch zu ihnen gegangen, die sind immer mit Geschenken zurückgekommen. Aber ich bin eigentlich nie gegangen.

Der Jugendliche distanziert sich von der Familie des Vaters mit äusserster Vehemenz. Er hat jeglichen Kontakt abgebrochen und verurteilt verständnislos das opportunistische Verhalten seiner älteren Brüder: "*Sie* [sind, Anm. OS] *Arschlecker*". Im Alter von 11 Jahren hat Roberto begonnen, Ladendiebstähle zu begehen und SchulkollegInnen verbal anzugreifen und zu unterdrücken. Während des Aufenthaltes im Erziehungsheim schaffte Roberto neue Beziehungen zu Insassen, mit welchen er nach der Entlassung diverse Diebstähle beging. Es folgten wiederholt Einbrüche in Gartenlauben, die zu einer Verurteilung wegen Einbruchs, Diebstahls und Besitz illegaler Betäubungsmittel (Cannabis) führten. Roberto erzählt, wie es bei seiner Verhaftung ohne seine Gegenwehr zu Polizeigewalt ihm gegenüber gekommen sei, Schläge, zu Boden werfen und Abführen in Handschellen. Daraufhin sei er einen Tag im Gefängnis in Einzelhaft verwahrt worden, ohne Essen und ohne die Möglichkeit, seine Mutter über seinen Verbleib zu informieren. Die Richterin habe während der Verhandlung gedroht, dass bei einem weiteren Vergehen unmittelbare Heimeinweisung erfolge. Roberto deutete die Gewaltanwendung ihm gegenüber als Versuch, ihn einzuschüchtern und dafür zu bestrafen, dass er als Ausländer seinen Schweizer Kollegen zur Tat verführt hätte:

> Und dann habe ich eigentlich geschnallt, die wollen mich psychisch, oder, die wollen mir psychisch Angst machen,

> darum auch Gefängnis und Speichelprobe und all der Scheiss, das ist eigentlich alles überflüssig, die haben eigentlich damit dir eine Lektion erteilen wollen und ich bin mir sicher, sie haben gemeint, ich bin der ältere, ich bin der Ausländer, ich bin der, der ihn dazu gebracht hat. Der wo einen Schweizer vom Weg bringt. Sagen wir es so.

Der damals noch nicht mündige, 16 Jahre alte Jugendliche gibt an, dass ihn die Behandlung der Polizei getroffen habe:

> Ja, als ich nach Hause gekommen bin, und dann das Zimmer gesehen habe, habe ich schon gedacht, ja Scheisse, ich mache solche Sachen nicht mehr.

Es verhält sich nun jedoch nicht so, dass Roberto jeglichen illegitimen Handlungen abschwört und sein Handeln nunmehr innerhalb der Grenzen der institutionalen Ordnung vollzieht, die scharfen Sanktionen scheinen eine Neuorientierung vor allem im Hinblick auf die juristische Verfolgbarkeit der Delinquenz nach sich gezogen zu haben; gestärkt wurde vielmehr das Bewusstsein für die Möglichkeit von Delinquenz im Rahmen der institutionalen Ordnung.

> Wenn ich etwas mitgehen lasse, dann vielleicht ein Velo, aber nicht etwas Grosses. Wenn dann etwas kleines, kiffen, Velo, aber jetzt nicht, ich würde zum Beispiel niemals ein Auto oder ein Scooter nehmen. Also nicht etwas, wo ich weiss, das wäre zu riskant. Weil ein Velo, da können sie nichts sagen. Sie machen schon etwas, aber ja, es passiert nicht viel.

Bezeichnend für die verschiedenen Orientierungen und Motivationen Robertos entlang der institutionalen Ordnung sind Ambivalenzen, bis hin zu offensichtlichen Divergenzen. Der Jugendliche reflektiert seine 'Selbstsabotage' in Bezug auf Lehrstellenfindung ganz deutlich, meint, er sei zu "*faul*" gewesen, Bewerbungen zu schreiben und habe den Praktikumsplatz verlassen, weil er wie seine Peers "*Ferien*" machen wollte. Zugleich bekundet er zuletzt im Interview ein bedeutendes Engagement, eine Lehre als Koch zu absolvieren und mit seiner

Freundin das Restaurant ihrer Eltern zu übernehmen. "*Ich will etwas, wo ich dann später sehe, was ich gemacht habe*", ist eine Aussage, die treffend den Willen Robertos charakterisiert, eine konstruktive Lebensbewältigung auch über Erwerbsarbeit anzugehen.

3.6.11 Zusammenfassende Fallrekonstruktionen: Ronja

Ronjas Eltern sind, als diese 10 Jahre alt war, vor dem drohenden Krieg aus dem heutigen Serbien in die Schweiz geflüchtet. Ronja hat nach Abschluss des neunten Schuljahres drei Jahre ungelernt als Pflegerin gearbeitet und absolvierte zurzeit der Erhebung eine einjährige Ausbildung zur Pflegeassistentin. Mit ihrer vier Jahre jüngeren Schwester und ihren Eltern wohnt die Jugendliche in einer 3,5-Zimmerwohnung.[48] Sie schildert, dass ihr Vater nach einer Ausbildung zum Schweisser in der Schweiz nun als Kranführer beschäftigt sei und ihre Mutter an der Rezeption einer Bank arbeite. Ronja ist die Freundin von Mirjana (Kap. 3.4.11), sie war anwesend, als Mirjana eine Schlägerei mit einer anderen Jugendlichen auf der Toilette einer Disco begonnen hatte. Ronja meint, die Kontrahentin ihrer Freundin habe sie später bei der Polizei angezeigt, weil sie fälschlicherweise angenommen habe, sie selbst hätte sie auch geschlagen und die Türe der Toilette zugehalten, um der Freundin den Angriff zu ermöglichen.

> Nein nicht in der Nähe, es ist schon eine Kollegin gewesen, die geschlagen hat, aber ich bin dann einfach mitgegangen. Irgendwann einmal habe ich sie dann auseinander genommen. Aber sie hat das anders gesehen.

Ronja kann sich an die Vorgänge in der Disco "*nicht so dran erinnern*", erst auf insistierendes Nachfragen meint sie, die von ihrer Freundin geschlagene Jugendliche habe "*nur Prellungen gehabt und Nasenbluten*". Im Gegensatz zu dieser Schilderung mit verharmlosendem Beiklang

---

[48] "Als überbelegt wird eine Wohnung dann angesehen, wenn mehr Personen die Wohnung belegen als Wohnräume zur Verfügung stehen. In diesem Fall liegt eine Unterversorgung mit Wohnraum vor." Unterversorgung mit Wohnraum ist ein Kennzeichen von Armut. (Kutzner et al., 2004: 82)

steht eine Äusserung zu ihrem Empfinden während der Tat an späterer Stelle:

> Nein, das war schon unangenehm. Zuerst war ich wie gelähmt. Es war auch irgendwie sehr brutal und dann bin ich dagestanden und habe ich gedacht, ja was mache ich jetzt? Wenn ich jetzt auf sie springe, dann schlägt sie mich vielleicht auch. Ich habe sie dann zurückgezogen. Es ist sehr schwer.

Ronjas Urteil über die Verantwortung für die Verletzungen der Kontrahentin Mirjanas fällt eindeutig aus:

> Sie tut mir leid, aber sie hat es verdient.

Die Jugendliche gibt an, ausser in diesem Verfahren, wo sie von Schuld freigesprochen wurde, keinen weiteren juristischen Verfolgungen ausgesetzt gewesen zu sein. Zwar habe sie in Discos öfters gewalttätige Auseinandersetzungen erlebt, jedoch sich immer aus solchen heraus gehalten. Ihre Kindheit beschreibt Ronja als "*glücklich*":

> Bis jetzt bin ich immer sehr gut behandelt worden, also sehr verwöhnt, weil wir halt Mädchen sind.

Auf ihre Zeit in ihrem Herkunftsland angesprochen, meint Ronja, sich kaum an diese erinnern zu können. Die Migration in die Schweiz sei für sie problemlos verlaufen, die Integration in einen neuen Freundeskreis und Schulsystem ohne Hindernisse. Auf Nachfrage, ob es denn für sie wirklich kein Problem gewesen sei, hier ein neues Bezugssystem zu finden, meint Ronja:

> Nein, als Kind hat man es leichter, als wenn man als Erwachsener hierher kommt, dann hat man es schwieriger, sich anzupassen.

Überhaupt scheint Ronja keinen nennenswerten Schwierigkeiten begegnet zu sein und äussert auch für ihre jetzige Situation nur positive

Gefühle. Ihren Eltern ist sie "*dankbar*" und empfindet die Beziehung zu ihnen als sehr gut:

> Und ich rede auch sehr viel mit meinem Vater, über alles eigentlich. Da gibt es kein Geheimnis, gar nichts. Weil da kommt man sich auch näher und man traut sich auch viel mehr. Auch die Mutter. Ich meine, sie reden beide gerne. Sie möchten wissen, was wir machen, sie unterstützen uns, wo sie auch nur können. Für das bin ich auch sehr dankbar und rede auch gerne mit ihnen und sage auch, wie es steht um mich oder was auch immer.

Klar bringt die Jugendliche zum Ausdruck, dass durch die offenen Gespräche mit ihren Eltern für sie ein Klima des Vertrauens entstanden ist, in dem sie sich viel mehr "*traut*", d.h., auch eigene Offenheit und Verletzlichkeit zulassen kann. In der guten Beziehung zu ihren Eltern sehen wir einen Faktor, der die Resilienz Ronjas stärkt. Resigniert hingegen äussert sie sich zu Fragen der Weltpolitik. Was man tun könne gegen Gewalt und Rassismus?

> Nichts.

3.6.12 Zusammenfassende Fallrekonstruktionen: Conradin

Conradin ist ein 15-jähriger Schweizer, der im zweiten Schuljahr der Weiterbildungsschule (WBS) steht. Der Jugendliche lebt mit Vater, Mutter und zwei Schwestern in einer Mietwohnung in Basel-Stadt. Der Vater scheint im grafischen Gewerbe beschäftigt zu sein, Conradin kann keine genaueren Angaben dazu machen. Die Mutter bezeichnet Conradin als Hausfrau. Er möchte nach der WBS entweder einen weiteren schulischen Weg mit der Diplommittelschule (DMS) gehen, oder aber Tiefbauzeichner lernen, was ihm wegen der Möglichkeit möglichst bald Geld zu verdienen mehr zusagt.

Mit einem Freund hatte Conradin einer Lehrerin einen "*obszönen*" Brief geschrieben, worauf diese, anscheinend auf Anraten der Lehrerschaft, Anzeige erstattete. Die Jugendanwaltschaft verurteilte den Jugendlichen und dessen Freund zur Ableistung von 12 Stunden Gemeinwesenarbeit in einem Altersheim. Der Jugendliche schätzt sein Vergehen als verbale Gewalt ein:

> Also es ist eigentlich nichts mit... also es ist keine Schlägerei oder so gewesen. Es ist eigentlich... es ist eigentlich verbale Gewalt gewesen. Also, wir haben nur einen Brief geschrieben. Ja, also ich und der Kollege.

Conradin behauptet erst, die Tat sei "*nicht geplant*" gewesen, den beteiligten Jugendlichen sei einfach langweilig gewesen. Später im Interview entgegnet der Jugendliche dieser Schilderung, indem er meint, dass eine ganze Gruppe von Jugendlichen "*abgemacht*" habe, der Lehrerin den Brief zu schreiben und bei der Vollstreckung der Tat schliesslich nur er und sein Kollege übrig geblieben seien: "*Und dann haben wir gedacht, jetzt machen wir das*". Der Jugendliche bekundet, ausser in diesem Fall keinen weiteren juristischen Verfolgungen ausgesetzt gewesen zu sein. Überhaupt habe er immer zu jenen Gruppen gehört, die in der Schule nicht durch die Anwendung von Gewalt aufgefallen seien. Seine Gruppe sei eher "*normal*" gewesen, es habe "*viele Skater darunter*" gehabt. Die Gruppe der "*Schlägertypen*" charakterisiert Conradin wie folgt:

> Es ist ja so: Es gibt solche, die sind ein bisschen Machos und die sind immer so ein bisschen zusammen. Und dann die restlichen halt, die sind auch so ein bisschen zusammen, halt.

In dieser Gruppe habe es nur "*Ausländer*", meint der Jugendliche, vor allem Türken und Jugoslawen und, wie er präzisiert, besonders Albaner. Conradin umreisst seine Strategie im Umgang mit diesen Gruppen wie folgt:

> Ich finde, solange man sie in Ruhe lässt, lassen sie einen auch in Ruhe.

Schlägereien und Diebstahl gebe es vor allem ausserhalb der Schule, da diese Jugendlichen Angst hätten, von den Lehrern bestraft zu werden. Nicht eigentlich ihr Ausländersein sei das Problem dieser Jugendlichen, sondern weil diese "*das Gefühl haben, als seien sie vielleicht ein bisschen zurückgelassen*". Zwar würde solchen Jugendlichen von den anderen, nicht gewalttätigen Peer-Gruppen Respekt entgegengebracht, hingegen unterscheidet sich das Verhalten je nach Anwesenheit solcher Personen:

> Man lacht sie hinter dem Rücken eigentlich aus und... Ja, aber vor ihnen getraut man sich einfach weniger, solche Sachen zu sagen.

Conradin lehnt 'Ausländer', die sich nicht "*unserer Kultur anpassen*" und "*rumstressen und andere anmachen*" deutlich ab und ist der Meinung, diese müssten das Land verlassen. Freunde von ihm, die in die Schweiz immigriert sind, trifft diese Meinung nicht, da diese sich auch "*ein wenig besser integriert hätten*".

3.7 Zweite Schlussfolgerung: Gewalt und Identität

"Living is learning and growing is learning", eröffnet Robert J. Havighurst (1950: 5) in 'Developmental Tasks and Education'. Auch angesichts der mittlerweile breit rezipierten Vorstellung vom lebenslangen Lernen kann die Phase der Adoleszenz als Zeit besonders intensiven Lernens, gerade auch was die Herausbildung von Identität anbelangt, angesehen werden. Identität kann als Antwort auf die Frage "Wer bin ich?" fungieren, zugrunde gelegt im Kindesalter, jedoch erst zu einem reflexiven Selbstverständnis zwischen Kohärenz und Diffusion im Jugendalter führend (vgl.: Blasi, 1988).
Nach Berger & Luckmann (1996) ist Identität ein Schlüssel zur subjektiven Wirklichkeit, die in dialektischer Beziehung zur Gesellschaft steht: "Gesellschaft hat Geschichte, in deren Verlauf eine spezifische Identität entsteht. Diese Geschichte jedoch machen Menschen mit spezifischer Identität." (ebd.: 185) Identität ist damit gestaltet durch Gesellschaft, d.h. letztlich Kommunikationen, gestaltet zugleich immer Gesellschaft, also die Struktur der Kommunikation. Identität beschreibt Marcia (1980: 159) als "eine innere, selbstkonstruierte, dyna-

mische Organisation von Trieben, Fähigkeiten, Überzeugungen und individueller Geschichte". Was diese Konzeption der Identität von anderen Vorstellungen über die psychische Ontologie des Individuums unterscheidet, ist die Betonung der *Selbstkonstruiertheit* von Identität, d.h., Identität existiert im Bewusstsein des Individuums als reflektierbares, diskutierbares Konstrukt. Identität in diesem Sinne sagt also weniger etwas über die Frage "wer bin ich?" aus, als vielmehr z.B. über die Frage "wer bin ich im Vergleich zu damals?" (Hausser & Filipp, 1983: 22). Identität wird auf diese Weise dynamisch konzipiert, als Aushandlungsprozess des Individuums mit seiner Umgebung, primären und sekundären Bezugsgruppen, bis hin zu Normen und kulturellen Mustern, als Prozess schliesslich des Sich-in-beziehung-setzens auch zu vergangenen Konstrukten eigener Identität.

Mit aller Deutlichkeit zeigte sich bei der Mehrzahl der befragten Jugendlichen eine klare Distanzierung von der 'Person des vergangenen Handelns', d.h. von der ehemals gewaltaffinen Identitätskonstruktion. Zwei Anmerkungen methodischer Art sind dazu vorwegzunehmen: Für die Interviews ausgewählt wurden Jugendliche, die im Jahre 2001 in einem Verfahren der Jugendanwaltschaft gestanden sind. Die Interviews wurden zwei Jahre später geführt, d.h., einige der Befragten stehen deshalb in Entwicklungsprozessen ganz anderer Natur (z.B. Berufslehre) als noch während der Zeit der juristischen Verfolgung. Ein weiterer Punkt ist eine mögliche Verzerrung des Samples, da zu vermuten ist, insbesondere solche Jugendliche hätten sich zur freiwilligen Teilnahme an einem Interview bereit erklärt, welche eine sozial erwünschte Identitätskonstruktion ausweisen können; d.h. die eigene Gewalttätigkeit als vergangene Phase darzustellen vermögen. Trotz dieser methodischen Vorbehalte glaube ich in der Spezifik der Distanzierung vom eigenen vergangenen Handeln – bis hin zu der angestrebten Umkonstruktion der Identität ein wesentliches Moment des Entwicklungsprozesses der gewalttätigen Jugendlichen nicht nur dieses Samples zu sehen.

3.7.1 Von der abgelehnten zur Erarbeiteten, Balancierenden Identität

Viele Jugendliche äussern weitgehendes Unverständnis über ihre eigenen vergangenen Gewalthandlungen. Oftmals findet sich eine Differenz zwischen aktueller und vergangener Identität, die die abgelegte als der Kindheit und entsprechenden Merkmalen zugehörig bezeichnet. Das einstige Gewalthandeln wird als affekt-dominiert und irrational dargestellt. Die Destruktivität des früheren Handelns wird zum Teil vehement abgelehnt, begleitende Gefühlsqualität ist oft z.B. 'Scham' gegenüber dem eigenen Handeln. Das Sich-schämen für das eigene Handeln in der Interviewsituation zeigt deutlich das intensive Bedürfnis dieser Jugendlichen, sich von ihrem Handeln zu distanzieren und den moralisch-ethischen Impetus dieses Aktes auch in Bezug auf die Darstellung der eigenen Vergangenheit. Die Schwierigkeit vieler Jugendlicher, ihre gewalttätige Vergangenheit in eine normale, d.h. normkonforme Biographie und Identitätskonstruktion einzuordnen, wurde schon durch andere Studien belegt (vgl. Matt, 1999). Verschiedene kommunikative Strategien finden dazu Anwendung; Darstellung der vergangenen Handlungen als Jugendsünden, als alters- und entwicklungsbedingt, als durch die Dynamik der Peergruppe bestimmt, als durch situative Gegebenheiten 'erzwungen' (z.B. Verteidigung). Wie in Kapitel 3.5 bereits beschrieben, können wir diese Strategien als Techniken der Normalisierung oder Neutralisierung des Gewalthandelns verstehen, die jedoch zugleich auch den Versuch darstellen, sich von diesem Handeln zu distanzieren und eine 'konforme Identität' herzustellen.

Diese konforme Identität kennzeichnet sich für die Jugendlichen vor allem durch die Übernahme der Rollenerwartung des erwerbstätigen Mitgliedes der Gesellschaft. Daran knüpft sich der Wunsch, von den Eltern finanziell unabhängig zu werden und eine eigene Wohnung zu beziehen. Die Jugendlichen konstruieren für sich den – normativ erwarteten – Zusammenhang zwischen Erwerbsarbeit und Autonomie, eine Entwicklungsaufgabe des Jugendalters, die bereits Havighurst (1950: 40) beschrieben hat.

Nach Lothar Krappmann ist Identität zu gewinnen und zu präsentieren, "ein in jeder Situation angesichts neuer Erwartungen und im Hinblick auf die jeweils unterschiedliche Identität von Handlungs- und Gesprächspartnern zu leistender kreativer Akt" (Krappmann, 2000: 11).[49] Ich glaube nun, dass es verfehlt wäre, das vorliegende Material so zu interpretieren, dass die befragten Jugendlichen nach einer Phase der Identitätsdiffusion (oder einer solchen der 'Übernommenen Identität' (vgl.: Hausser & Filipp, 1983: 122)) einhergehend mit Gewaltausübung nun zu einer gefestigten, autonomen Identitätskonstruktion, die der Gewalt abschwört, gelangen würden. Dies würde einer falschen Polarität und einer vorschnellen 'Genesungsthese' Raum geben. Bei einigen Jugendlichen scheint die Übernahme der Rollenerwartungen der institutionalen Ordnung vielmehr eine Anpassungsleistung zu sein, denn ein Weg über eine Identitätskrise zu einer 'Erarbeiteten Identität' (ebd.: 123).[50]

Mit Jasmina (Kap. 3.6.7), Yasar (Kap. 3.6.1) und Adrian (Kap. 3.4.10) meinen wir Beispiele für den Entwicklungsprozess hin zu einer 'Erarbeiteten Identität' gefunden zu haben, also eine Identität, die sich auszeichnet durch ein hohes Selbstwertgefühl, ein Autonomiebestreben, welches auf internaler Kontrolle beruht und einen kognitiven Stil, der reflexiv und komplex erscheint (Oerter & Montada, 1998: 353). Differenzierende Emotionen, die Jasmina im Interview beschreibt, scheinen uns schliesslich die Grundlage für die kognitiven Differenzierungen zu bilden. Im Hinblick auf eine psychoanalytisch orientierte Entwicklungspsychologie der Affektivität nehmen wir jedoch an, dass Kognition und Emotion auf denselben Entwicklungsprozess verweisen, d.h., dass die im Interview beschriebenen Emotionen eine affektive *Komponente* von kognitiven 'Ordnungsschemata' (vgl.: Hurrelmann & Ulich, 1991: 567) darstellen – oder die kognitiven Schemata eine Komponen-

---

[49] Dies gilt ohne Zweifel auch für die Repräsentation der Identität(en) in der Situation des Interviews, weswegen die Rekonstruktion dieser für die Interpretation gleichfalls besonderen Bedingungen unterliegt.

[50] Wir halten den Begriff der 'Erarbeiteten Identität' für problematisch, da dieser eine statische Konzeption intendiert, verwenden diesen dennoch in Ermangelung eines besseren.

te der Emotionen. Wir wollen damit betonen, dass letztlich die bereits oben beschriebenen differenzierenden Gefühlsqualitäten die kognitiven Ordnungsschemata unterscheiden helfen, zur Unterscheidung zwischen verschiedenen Sinngebieten beitragen. Ein beredetes Zeugnis stellt hier der Umgang Adrians mit 'Respekt' und den zugehörigen Gefühlsqualitäten dar (vgl. Kap. 3.4.10).

Die Möglichkeit, Neutralisierungstechniken anzuwenden, bedingt oft eine soziale Einbettung, die diese Strategien legitimieren. Im Falle Jasminas zerbrach mit dem enttäuschten Verlassen der Peer-Gruppe auch das Sinngebiet Gewalt; die Solidarität, das Sich-aufeinander-verlassen-können in gewaltsamen Auseinandersetzungen, entpuppte sich als brüchig. Mit dem Bruch der Solidarität der Peer-Gruppe können so auch die Legitimationen dekonstruiert werden, die das Sinngebiet Gewalt aufrecht, bzw. sinnvoll halten. Für viele Jugendliche scheint der Prozess der Dekonstruktion des Sinngebietes Gewalt an die Einbettung in ihre Peer-Gruppe gebunden zu sein. Aber auch hier haben wir Beispiele gefunden, die trotz – auch ganz klar gegen die Gewalt der Gruppe motiviertem – Verlassen der Peer-Gruppe darauf hinweisen, dass das Sinngebiet Gewalt weiterhin fortbesteht (vgl. z.B. Alois, Kap. 3.4.3)

Zu vermuten ist, dass einige Jugendliche mit der präsentierten Distanzierung von ihrer vergangenen Identität eine Identität zu konstruieren versuchen, die primär den sozialen Erwartungen entspricht. Darauf weist die beständige Verwendung von Legitimationen des Sinngebietes Gewalt bei den meisten der befragten Jugendlichen hin (vgl. Kap. 3.5). Inklusion in die Funktionssysteme der Gesellschaft wird zwar erreicht, justitiable Auffälligkeit vermieden und die Interaktionen entsprechen weitgehend den Normen der institutionalen Ordnung. Damit ist für die Instanzen der institutionalen Ordnung (z.B. Polizei, Gericht und Schule) die Problematik bereinigt, nicht unbedingt jedoch für das Individuum ein Weg hin zu einer 'Erarbeiteten Identität' beschritten. Zu befürchten steht, dass die Gewalt dann statt auf der Strasse zum Beispiel in intimen Beziehungen wieder ausgelebt wird, oder, wie im Fall Andric (Kap. 3.6.4) auf die beruflich-legale Sphäre übertragen wird ('Zur Polizei gehen').

Lothar Krappmann (2000: 92) beschreibt in dem Werk "Soziologische Dimensionen der Identität" Identität nicht als etwas einmalig Erreichbares, abgesichert Konstruierbares, sondern als balancierenden Prozess, in welchem "Identität grundsätzlich in Situationen mit divergierenden und sich wandelnden Erwartungen aufgebaut werden muss". Identität soll sich damit auch gegen divergierende Erwartungen abheben und erst das spezifisch Individuelle ausbilden, denn eine totale Adaption an die gesellschaftlichen Verhaltenserwartungen führt zu einem äusseren Selbst, einer Auflösung in Rollenidentitäten.
'Balancierende' oder 'Erarbeitete Identität' stellt sich über die Herausbildung von Grundqualifikationen kommunikativen Handelns her; Empathie, Rollendistanz, Ambiguitätstoleranz, Identitätsrepräsentation und das diese Fähigkeiten tragende Sprachvermögen (ebd.: 210). Wir haben Beispiele für Ambiguitätstoleranz und Rollendistanz bei Yasar (Kap. 3.6.2) gefunden, für Empathie bei Adrian (Kap. 3.4.10) und eine gegen divergierende Erwartungen sich abhebende Identitätsrepräsentation bei Jasmina (Kap. 3.6.7), um nur einige Beispiele zu nennen. Es sollen an dieser Stelle keine einseitigen Zuschreibungen vorgenommen werden, wo subtile, vielschichtige, manchmal inkonsistente und divergierende Entwicklungsprozesse bei den Jugendlichen stattfinden – wir haben auf solche in den einzelnen Interpretationen verwiesen –, schliesslich kann es nur darum gehen zu verstehen, wie Prozesse der Subjektwerdung – zum Teil unter widrigen Umständen – sich gestalten, und welche Faktoren zu einer produktiven, kreativen Auseinandersetzung mit Selbst und Umwelt verhelfen. Nicht immer mag diese Auseinandersetzung gleichbedeutend mit der – erwarteten – Inklusion in die Funktionssysteme sein, ich halte diese Auseinandersetzung jedoch für eine Grundbedingung für 'Gelingende Identität'. Nur 'Gelingende Identität' bildet die Grundlage für eine Inklusion, die nicht unbemerkt institutionell bedingte Frustrationsmomente in die private Sphäre abzuschieben imstande ist und wieder justitiabel unauffällig macht, wo grösste Beachtung angezeigt wäre.

Das Sinngebiet der Gewalt zu verlassen, beinhaltet mehr als den Rollenerwartungen der institutionalen Ordnung zu entsprechen.[51] Die durch verschiedene sozialisatorische Einflüsse entstandene kognitive und emotionale Bindung an das Sinngebiet der Gewalt (vgl. Kap. 3.5.1) verliert ihre Legitimität erst, wenn alternative Steuerungsmedien oder Interaktionsstrukturen zur Verfügung stehen – solche, die mit Gefühlsqualitäten besetzt werden können, die verschiedene Sinngebiete unterscheiden helfen. Denn "nicht dort, wo sich Individuen an vorgegebenen Normen unreflektiert orientieren, treten Menschen besonders intensiv miteinander in Beziehung, sondern in Interaktionen, die gestatten, das besondere Verhältnis der Interaktionspartner zu Erwartungen aufgrund von balancierender Identität aus immer neuen Blickwinkeln zu bestimmen" (ebd.: 171).

> Aber am Schluss merkst du erst, dass es gar nichts nützt, wenn man schlägt. Da tut man immer jemandem Leid zufügen. Das bleibt dann alles so im Kopf. Wenn mich einer schlägt, das vergeht, die Wunde, das geht zurück. Aber das im Kopf, das hat man für immer. (Jasmina)

Die 'Abweichenden' und die 'Normalen' bilden schliesslich ein einziges Kontinuum, "ihre Situation im Leben ist innerhalb des gleichen Rahmens analysierbar" (Goffman, 1996: 157). Sichtbar wird dergestalt der Doppelcharakter von Gesellschaft auch über deren Zeitlichkeit hinweg. Der vom Individuum internalisierte Schmerz externalisiert sich später über Positionen in Funktionssystemen wieder als strukturelle Gewalt. Es ist der "*Kopf*", der unsere Welt erschafft.

---

[51] Die Sozialwissenschaften sollten besondere Beachtung den Funktionalisierungen ihrer selbst durch mächtige Funktionssysteme schenken, um nicht vorschnell Resultate zu liefern, die der Stigmatisierung und Funktionalisierung von – zum Teil sogar konstruierten – sozialen Gruppen Vorschub leisten (vgl. dazu: Goffman, 1996: 172; Willke, 2001: 248ff.).

3.8 Schluss: Das Strukturelle der individuellen Gewalt

"Gewalt zerstört", schreibt Wilhelm Heitmeyer (1998: 11). Das ist die Kurzformel einer Haltung, die in der Gewalt eines der, wenn nicht *das* Grundübel des menschlichen Daseins ortet. Aus Gewalt wächst demnach nichts Konstruktives, Gewalt ist immer Schattenseite der Bemühungen von Menschen, Wege der Auseinandersetzung und Koexistenz zu finden, die die Achtung und Würde der Einzelnen bewahren. Die qualitativen Interviews mit den jugendlichen GewalttäterInnen zeigen jedoch noch eine andere Seite der Gewalt: Gewalt kann auch zu Erkenntnis und Entwicklung führen.

Der überwiegende Teil der befragten Jugendlichen distanziert sich von ihrem vergangenen Gewaltverhalten, hat sich von den gewaltbereiten Peer-Gruppen entfernt und eröffnet eine Lebensplanung, in welcher von Gewalt Abstand genommen wird. Auch wenn in diesem Prozess, wie die Analyse gezeigt hat, Ambivalenzen weiter vorhanden sind, so scheint doch ein Grossteil der Jugendlichen im Verlauf ihrer Entwicklung Gewalt als ungeeignetes Mittel menschlicher Interaktion zu erkennen. In einzelnen Interviews offenbart sich darüber hinaus ein bemerkenswerter Prozess. Die persönliche Auseinandersetzung mit Gewalt, selbst erlebter, selbst verübter, führt zu einem Reifeprozess hin zu einer Balancierenden, Erarbeiteten Identität, die das traditionell überlieferte Sinngebiet der Gewalt durchschaut und ihrer 'scheinheiligen' Legitimationen entlarvt.

> Jetzt erst merke ich, was ich überhaupt gemacht habe.
> (Jasmina)

Darin zeigt sich der ambigue Charakter von Gewalt als Verdichtungsmoment in Lebenswelten von Menschen, wo Lösungen für drängende Problematiken sich aufzwingen. Präventions- und Interventionskonzepte können diese Erfahrungen nutzen und versuchen, eine Reflexion darüber in Gang zu setzen. In Kapitel 4 versuchen wir in verschiedenen Perspektiven die Ergebnisse der qualitativen und

quantitativen Untersuchung für die Entwicklung von Kriterien für präventive und interventive Programme zu nutzen.
Die 'Selbstverständlichkeit' (Schütz & Luckmann, 2003: 60) des Sinngebietes der Gewalt wird von Individuen so lange als gegeben erachtet, wie nicht andere Realitätsakzente die Stimmigkeit dieser Legitimationen durchbrechen. Wir haben gefunden, dass allein schon neue Entwicklungsaufgaben, wie z.B. der Eintritt ins Berufleben, das Sinngebiet der Gewalt im Alltagsleben der Jugendlichen in Frage stellen und das Gewalthandeln von den Jugendlichen in und mit der Peer-Gruppe eingeschränkt, wenn nicht ganz aufgegeben wird. Der Prozess hin zu einer Erarbeiteten, Balancierenden Identität verlangt jedoch nach mehr, als nur eine Übernahme der institutionalen Ordnung in Form von gesellschaftlichen Erwartungen und der Unterlassung physischer Gewaltanwendung. Da das Sinngebiet der Gewalt aus der Mitte unserer Gesellschaften entspringt (Rommelspacher, 1998), birgt die Anpassung der Jugendlichen an die institutionale Ordnung die Gefahr, dass die Ausübung von Gewalt in anderer – auch staatlich legitimer – Form fortgesetzt wird. Das Fortbestehen des Sinngebietes der Gewalt bei den befragten Jugendlichen können wir einer Vielzahl von Äusserungen entnehmen. Gewalt wird gerechtfertigt, versucht zu normalisieren, oder als dumme Jugendsünde abgetan (vgl. Kap. 3.5).
Der Weg hin zu einer Erarbeiteten, Balancierenden Identität, bedeutet für die befragten Jugendlichen, Normen und Werte ihrer Bezugsgruppen, hier besonders Peer-Gruppen und Herkunftsfamilien, zu hinterfragen und manchmal den Verlust dieser sozialen Beziehungen. Das Sinngebiet der Gewalt bleibt schliesslich so lange *Sinn*-Gebiet, wie Kommunikationen Legitimationen liefern, dieses aufrecht zu erhalten. Diese Feststellungen rücken die Perspektive des polythetisch, d.h. gesellschaftlich vermittelten Sinngebietes der Gewalt ins Zentrum. Die Frage stellt sich dann nicht mehr ausschliesslich nach der individualisierten Bearbeitung von GewalttäterInnen, sondern nach den gesellschaftlichen Reproduktionsmechanismen des Sinngebietes der Gewalt, im Sinn von struktureller Gewalt. Prävention und Intervention kann sinnvoll nur auf Grund dieser Erkenntnis funktionieren.

4 Kriterien für Präventions- und Interventionsansätze (Olivier Steiner)

4.1 Einleitung

Präventions- und Interventionskonzepte zu Jugendgewalt existieren mittlerweile in einer nahezu unüberblickbaren Vielzahl (vgl.: Holtappels, Heitmeyer, Melzer & Tillmann, 1999: 354). Eine grosse Anzahl dieser Konzepte bewegt sich im Bereich der Sekundär- und Tertiärprävention, d.h., die Programme zielen auf Risikogruppen, z.B. männliche Jugendliche in Schulen oder auf schon als deviant festgestellte Personen, ab. Im Anschluss an die Folgerungen, die im qualitativen Teil der vorliegenden Studie dargelegt wurden, erachte ich es als sinnvoll, verstärkt primärpräventive sowie therapeutisch-beratende Massnahmen in die Ansätze zur Verhinderung von Jugendgewalt einzubeziehen. Ich strukturiere die Betrachtung in der Folge in Anlehnung an Caplan (1964, zit. nach Autrata, 2003: 124) nach Gesichtspunkten primärer, sekundärer und tertiärer Präventionsmassnahmen. Primäre Prävention strebt global eine Risikominimierung für die Gesellschaft an, sekundäre Prävention die Früherkennung und Reduktion aktueller Gefährdungsbereiche, tertiäre Prävention die Minimierung von Folgeschäden und Rückfallrisiken (ebd.).

In den folgenden Kapiteln werden die einzelnen Präventionsbereiche in der Netzwerkperspektive jeweils ausführlicher erläutert. Angestrebt wird eine Zusammenführung der Ergebnisse der qualitativen und quantitativen Untersuchung mit Präventionskonzepten, wie sie in der Literatur zum Thema beschrieben sind. Ziel ist es, grundlegend Möglichkeiten zur Prävention von Jugendgewalt aufzuzeigen. In Anlehnung an das in Kapitel 3.5 beschriebene Konzept des Sinngebietes der Gewalt soll vor allem Prävention eine strukturelle Einbettung erfahren.

Die Entwicklung von Präventionskonzepten kann sich aus deduktiven sowie induktiven Methoden speisen. Deduktive Methoden schliessen aus theoretischen Ansätzen oder empirischen Ergebnissen auf die Handlungsebene. Induktive Ableitungen versuchen durch die Evaluation bestehender Präventions- und Interventionsprogramme diese zu verändern oder neue Kriterien zur Entwicklung von Präventionskonzepten zu entwerfen. Im Idealfall bilden induktive und deduktive Methoden sich ergänzende Vorgehensweisen, Präventions- und Interventionsprogramme zu entwickeln und anzupassen. Folgende Abbildung zeigt schematisch einen solchen Ansatz:

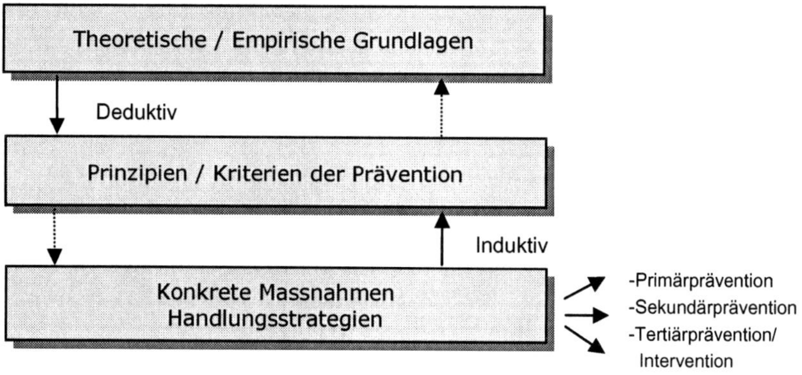

Abbildung 1: Induktive und deduktive Methoden der Entwicklung von Präventions- und Interventionskonzepten (Abbildung nach: Holtappels (1999: 362))

Im Folgenden soll die Diskussion von deduktiv abgeleiteten Prinzipien und Kriterien der Prävention und Intervention im Zentrum stehen. Diese gründen auf die Ergebnisse der in den Kapiteln 2 und 1 beschriebenen theoretischen und empirischen Analysen. Kapitel 4.2 wird sich mit Aspekten der Primärprävention im Hinblick auf die Annahme der Existenz eines Sinngebietes der Gewalt auf gesellschaftlicher Ebene befassen. Eine weitgreifende theoretische Grundlage für solche primärpräventiven Konzepte bieten die Überlegungen von Johan Galtung (1993) zu struktureller Gewalt. Kapitel 4.3 entwickelt sekundärpräventive Prämissen, die sich aus der Überlegung speisen, dass die Adaption von Legitimationen und Erlebnisstilen aus dem Sinngebiet Gewalt vor allem über soziale Netzwerke geschieht. Im Zentrum der Überlegungen stehen hier vor allem die Netzwerke Familie, Schule und Peers. In Kapitel 4.4 wird schliesslich versucht, Prävention als integrale Netzwerkförderung vorzustellen, in welcher die drei betrachteten Netzwerke die hauptsächlichen Arbeitsfelder bilden sollten.

4.2 Primärprävention: Das Sinngebiet der Gewalt in der Gesellschaft

Die Darstellungen in Kapitel 1 führen zur Annahme, dass Präventionsstrategien zur Verhinderung von Jugendgewalt neben der Bezugnahme auf Risikogruppen oder bereits delinquente Jugendliche darauf abzielen sollten, gesamtgesellschaftliche Veränderungsprozesse, die auf die Re- oder Dekonstruktion des Sinngebiets der Gewalt abzielen, einzuleiten. Einen Ansatzpunkt hierzu bieten die Darstellungen Johan Galtungs, der einen sehr weit gefassten Gewaltbegriff einführt. Für den gewählten Ansatz macht diese Verknüpfung insofern Sinn, als dass dadurch in sozial-räumliche Strukturen eingebettete Gewaltstrukturen in den Blick kommen, Gewaltstrukturen, die gewissermassen der objektivierte Ausdruck des in Kapitel 1 dargestellten Sinngebietes der Gewalt sind. Die hier vertretene These lautet, dass ein Sinngebiet der Gewalt erst dort sich ausbreiten und vertiefen kann, wo strukturelle Gewalt bereits politische und wirtschaftliche Ungleichheiten geschaffen hat. Oder anders gesagt: In einer Gesellschaft, die sich im Zustand eines 'positiven Friedens' befindet, verliert das Sinngebiet Gewalt an Geltungskraft, weil dessen Legitimationen aufhören in Strukturen der Ungleichheit zu greifen.[52] Galtung unterscheidet zur

[52] Jürgen Habermas (1997, Bd. 2: 111ff.) stellt die eigensinnigen kommunikativen Strukturen, welche über Vernunft einen gewaltfreien Diskurs des verständigungsorientierten Handelns ermöglichen, gegen kolonisierende Systemimperative der Steuerungsmedien Geld und Macht. Struktureller Friede, wie Galtung ihn beschreibt, kann als Einlösung der Forderung Habermas' nach einem gewaltfreien Diskurs gesehen werden.

Kennzeichnung der Dichotomie Struktureller Gewalt vs. Strukturellem (positivem) Frieden sechs Dimensionen: Natur, Person, Soziales, Welt, Kultur und Zeit. Folgende Tabelle stellt diese Dimensionen im Überblick dar.

Dimensionen	Strukturelle Gewalt	Struktureller (positiver) Frieden
Natur	Ökozid	Nicht-anthropozentrischer Öko-Frieden
Person	Psychopathologien	Intra- / Interpersonaler Frieden
Soziales	Klasse, Patriarchat	Entwicklung, Parität, Gleichheit
Welt	Imperialismus, Handel	Friedensregionen, Wirtschaftssteuerung, UN
Kultur	Kultureller Imperialismus	Kulturelle Koexistenz
Zeit	Geschichte/Zukunft von Ausbeutung/Repression	Aufrechterhaltung des Obigen

Tabelle 22: Dimensionen der Strukturellen Gewalt gegenüber Strukturellem (positiven) Frieden (vgl.: Galtung (1993: 53))

Galtung plädiert für eine Vermittlung von Wissen in Erziehung und Ausbildung zur 'Friedensfähigkeit', die holistisch und global Aufklärungsarbeit über alle Formen struktureller und direkter Gewalt einbezieht (Galtung, 1993: 56). Der in der Friedensforschung geführte Diskurs entfernt sich jedoch mittlerweile von einem einzig auf dem Gewaltbegriff fussenden Konzept von persönlichem und gesellschaftlichem Frieden (vgl.: Schmitt-Egner, 1993). Angeknüpft wird an Galtungs Konzept der 'collective self-reliance', dessen unbedingt einander bedingende Grundbausteine bereits Ghandi formuliert hat: Satyagraha (Wahrheitsbewegung), Swaray (Selbstregierung), Sarvodaya (Selbstversorgung) und Ahimsa (Gewaltfreiheit). Eine durch primärpräventive Bemühungen angestrebte 'Kultur des Friedens' wäre also darauf verwiesen, diese vier Prinzipien als integrale Bestandteile einer *transspezifischen Lebensethik* zu vermitteln (ebd.: 127). Nur indem diese

Prinzipien als unabdingbare Teile eines übergeordneten Prozesses der Errichtung einer Friedensethik verstanden werden, wird die theoretische (ebd. 94ff.) und damit unvermeidlich praktische Schwäche isolierter Ansätze zur Reduktion von Gewalt angegangen.
Mit primärpräventiven Programmen könnten in den von Galtung formulierten Dimensionen (Natur, Person, Soziales, Welt, Kultur) Möglichkeiten zur Anwendung der vier Prinzipien der *transspezifischen Lebensethik* erarbeitet werden. Zu denken wäre hier einerseits an Programme, die Wissen über diese Form der Lebensethik vermitteln (Ausbildung und Erziehung), andererseits an solche, die Zielgruppen Möglichkeiten bieten, die Prinzipien konkret in ihrer Lebenswelt umzusetzen (z.B. Partizipation, Selbstversorgung). Wie auch andere Autoren (vgl.: Willems, Eckert, Hill & Würtz, 1993: 99) stellen wir bei den befragten Jugendlichen nicht einen Mangel an Partizipationschancen fest, jedoch kaum die Bereitschaft oder die Fähigkeit, diese Möglichkeiten zu nutzen.
Information kann nur als integrales, praktisches Wissen funktionieren, wenn für das angesprochene Individuum strukturelle Änderungen in den Blick kommen. Im Folgenden soll am Beispiel der Schule (Kap. 4.2.1) und des Sozialraumes (Kap. 4.2.2) exemplarisch aufgezeigt werden, wie eine so begriffene Primärprävention konkretisiert werden kann.

4.2.1 Gesellschaftlicher Friede: Beispiel Friedenserziehung in der Schule

Die Institution Schule bietet einen möglichen Zugang, um Programme der Friedenserziehung, die schliesslich auch präventive Wirkung entfalten, zu installieren. Die Schule, eine der zentralen gesellschaftsreproduzierenden Instiutionen, würde damit gesamtgesellschaftlich langfristig in verstärktem Masse primärpräventive Wirkung ausüben. Für solche primärpräventiven Anstrengungen eignet sich die Institution Schule besonders, da hier staatliche Einflussmöglichkeiten auf breiter Basis möglich sind. Zu fragen wäre also, wie Formen der Partizipation und Selbstversorgung im Schulalltag umgesetzt werden können. Ansätze bieten Konzepte wie Schülerräte und -verbände,

demokratisch organisierte Mitbestimmungsrechte, Selbstunterricht etc. (vgl. z.B. www.megaphon.ch).
Zu den Ergebnissen eines Forschungsprojektes über das Verhältnis von Jugendlichen im Schul- und Berufsschulalter zu Demokratie und Politik in Sachsen-Anhalt stellt Ralf Schmitt (2001: 30) resümierend fest: "Unter dem Gesichtspunkt der Förderung unterrichtlicher Partizipation ... besteht also weiterhin Reformbedarf vor allem vor dem Hintergrund des Nachweises, dass eine partizipative Schulkultur das schulische Wohlbefinden und die Motivation der Schüler für die Schule und die Bereitschaft, sich für die Gestaltung des Schullebens mitverantwortlich zu fühlen, steigert."[53] Im Zusammenhang mit der Vermittlung von Wissen zu einer 'transspezifischen Lebensethik' sind solche Überlegungen nicht mit einem Abbau von heute schon als bedroht angesehenen Lernstoffen gleichzusetzen, sondern als Um- und Neugestaltung von bestehenden Lerninhalten im Sinne der von Galtung genannten sechs Dimensionen. Eine Kombination von Fachunterricht und Friedenserziehung kann durchaus erfolgreich möglich sein.
In diesem Bereich gibt es bis heute nur vereinzelte Anstrengungen. Noch ist die Schule entgegen anderen gesellschaftlichen Institutionen in hohem Masse obrigkeitsstaatlich organisiert. Fiedler (2003: 271) kritisiert, dass durch zentral gelenkte und beaufsichtigte Strukturen der Schule zwar Wissensvermittlung geregelt, jedoch eine zeitgemässe demokratische Erziehung verhindert werde. Für Österreich ist nach einer Metastudie zur demokratischen Alltagskultur in Schulen sogar ein deutlich pessimistischer Schluss zu ziehen: Die Partizipation von SchülerInnen am Unterricht hat in den 90er Jahren wieder abgenommen, die SchülerInnen machten nur selten die Erfahrung, dass sie als gleichwertige Partner akzeptiert werden (Eder, 1998: 58ff. und 169).

Das Sinngebiet der Gewalt kann von Jugendlichen nur aufrecht erhalten werden, da gesellschaftliche Legitimationen existieren und weiter

[53] Vgl. auch die Ausführungen zu integrativen Formen der Schulsozialarbeit in Kap. 4.3.3

vermittelt werden, die Gewalt rechtfertigen und mit Sinn ausstatten (vgl. Kap. 3.5). Strukturelle Gewalt, auch die in weiten Bereichen fehlende demokratische Alltagskultur an den Schulen, fungiert sozusagen als Unterbau, auf welchem das Sinngebiet der Gewalt Halt finden und so auch strukturell bedingte Frustration ausgelebt werden kann. Primärprävention kann es deshalb nicht bei Information bewenden lassen, sondern sollte zum Ziel haben, strukturelle Gewalt an Orten abzubauen, die nachhaltigen Einfluss auf das zukünftige soziale System ausüben. Die Schule stellt hier einen möglichen Zugang dar, der Sozialraum der Städte ein weiterer (vgl. Kap. 4.2.2).

Eine in Deutschland aktive Vereinigung, das Institut für Friedenspädagogik in Tübingen, beschreibt die Grundlagen von Friedenspädagogik: "Friedenspädagogik orientiert sich an einem prozesshaften positiven Friedensbegriff, der sich durch abnehmende Gewalt und zunehmende Gerechtigkeit auszeichnet. Friedenspädagogik zielt deshalb auf die Entwicklung einer umfassenden Friedenskultur als Basis für ein zukunftsorientiertes Miteinander." (Gugel & Jäger, 2004: 1) Gugel und Jäger plädieren für eine Friedenskultur, die Werte, Traditionen, Verhaltensweisen und Lebensformen fördert, die sich auf die Achtung der Menschenrechte, die Prinzipien der Gewaltlosigkeit und der Toleranz gründen. Friedenspädagogik sei eine Kultur des "Hinschauens und Eingreifens" (ebd.: 2), die zu einem Bewusstwerden der eigenen Lebenssituation führe und Handlungsmöglichkeiten anbiete, sich mit dieser auseinander zusetzen. Wie schon Galtung betont hat, heben auch Gugel und Jäger hervor, dass Friedenspädagogik als ganzheitliches und umfassendes Lebenskonzept zu verstehen sei, welches Friedenskompetenz, Friedensfähigkeit und Friedenshandeln umfasse. Im Folgenden sind zusammengefasst die grundlegenden Elemente von Friedenspädagogik nach Gugel und Jäger beschrieben:

Friedens-pädagogik	Friedens-kompetenz	• Zusammenhänge begreifen, Entwicklungen einordnen, selbständige Analysen und Strategien zur Auseinandersetzung mit Konflikten, Gewalt und Krieg entwickeln. • Wissen über die Eskalationsmechanismen von Konflikten und über die Ursachen von Krieg und Gewalt sowie Kenntnisse über die individuellen Voraussetzungen von Friedensfähigkeit und deren gesellschaftliche und internationale Rahmenbedingungen. • Einsicht in die eigenen Möglichkeiten, Fähigkeiten und Grenzen.
	Friedensfähigkeit	• Soziale Kompetenz, die Ich-Stärke, Empathie und die Fähigkeit zu Perspektivenwechsel sowie kommunikative und kooperative Fähigkeiten.
	Friedenshandeln	• Motivation und Fähigkeit zu praktischem gesellschaftlichen und politischem Handeln im Sinne der Entwicklung von Demokratie, der Verwirklichung von Menschenrechten und der Überwindung von Gewalt. • Friedenshandeln zielt auf die Beeinflussung politischer Entscheidungen und Entwicklungen auf kommunaler, staatlicher und internationaler Ebene. Dabei muss jedoch stets Verantwortung übernommen und Konformitätsdruck ausgehalten werden.

Tabelle 23: Elemente der Friedenspädagogik nach Gugel & Jäger (2004)

Die Elemente einer so verstandenen Friedenspädagogik sind nicht einzig im Bereich Schule sinnvoll anzuwenden; als weitere Zielgruppen kommen die Netzwerke der Familie und der Peers in Betracht, die im Kapitel 4.3 im Zusammenhang mit sekundärpräventiven Massnahmen Erwähnung finden. Sekundär- und Tertiärprävention haben immer auch primärpräventive Wirkung, da von solchen An-

strengungen auch eine Signalwirkung im Sinne der Veränderung von kulturellen Praxen (und damit Sinngebieten) ausgeht.
Ein niederschwelliges, zeitlich unbegrenztes Angebot der Sozialen Arbeit an Schulen ist die Schulsozialarbeit. Schulsozialarbeit kann über die dauerhafte Einwirkung an Schulen dazu beitragen, strukturelle Gewalt zu vermindern (vgl. Kap. 4.3.3).

4.2.2 Gesellschaftlicher Friede: Beispiel Sozialraum

Primärpräventive Programme müssen verstärkt auch sozialökologische Aspekte aufgreifen, bei welchen es um eine Verbesserung des sozialökologischen Kontextes geht, in welchem Kinder und Jugendliche aufwachsen. Detlef Baum fordert für einen 'strukturellen Kinder- und Jugendschutz' sozialökologisch und sozialraum-orientierte Interventionen, da durch "die räumliche Verdichtung sozialer Problemlagen auch Gefährdungspotentiale erwachsen, die sich im sozialen Raum und durch ihn ergeben" (Baum, 2001: 131). Baum ortet eine relative Deprivation von Jugendlichen vor allem in sozial benachteiligten Wohngebieten, wo Kinder und Jugendliche unter problematischen Bedingungen aufwachsen würden (vgl. unsere übereinstimmenden Ergebnisse: Kap. 2.5.3, Tabelle 5). Dies zeitige negative Folgen auf die Ausbildung von Identität, was in Kombination zum lokalen Angebot an gefährdenden Orten, Kommunikationszusammenhängen und Stoffen, zu einem hohen Fremd- und Selbstgefährdungspotential führe (ebd.). Die Anforderungen an eine städtische Struktur- und Ordnungspolitik gehen nach Baum deshalb weit über Stadtplanung hinaus, es seien "Strukturen zu schaffen, in denen es Kindern und Jugendlichen gelingt, Alternativen zu entdecken und zu leben, die ihnen Identität ermöglichen, Sozialraumorientierung verschaffen, um zu sagen, 'das ist mein Viertel', Identifikation zu erzeugen mit bestimmten Netzwerken und Institutionen" (ebd.: 134).

Für Untersuchungen im Bereich der Gewaltprävention heisst dies, dass weniger einzelne auffällige Personen oder Gruppen fokussiert werden, sondern der ganze Sozialraum in den Blick zu nehmen ist. Zu prüfen ist, wo der Sozialraum partizipationshemmende und sozial

isolierende Bedingungen generiert (Autrata, 2003: 136). Dieser Ansatz wurde für das Bundesmodellprojekt 'Gewaltprävention und Gewaltbekämpfung im kommunalen Sozialraum' für die Stadt Rottenburg am Neckar gewählt, um in einem "breit-aktivierenden Prozess" den Sozialraum am Diskurs zu Gewaltprävention zu beteiligen (ebd.: 137). Schwind & Baumann (1990) schlagen vor, das Augenmerk nicht nur auf Kinder und Jugendliche aus dem so genannten "Multi-Problem-Milieu" zu richten, sondern auf Bedürfnisse von Jugendlichen und Kindern allgemein in verstärktem Masse einzugehen.
Als besonders wichtig erachten die Autoren die Schaffung von Erlebnisräumen für kindliches und jugendliches Gruppenverhalten: "Gefordert sind Räume, in denen sich Bewegungsdrang, Abenteuerlust und anderes, was für 'Jugendlichkeit' kennzeichnend ist, ausagieren können, ohne sofort auf den Zorn der Erwachsenen oder die totale Reglementierung zu stossen. ... Letztere kennzeichnet sowieso zunehmend den öffentlichen Raum in den Städten, aber auch bereits in anderen Gemeinden. ... Präventive Bedeutung ist ferner der Beteiligung von Jugendlichen an der Gestaltung ihrer Umwelt beizumessen ... . Auch in dieser Richtung sind daher verstärkt Bemühungen aufzunehmen ..." (ebd.: 140f.).

Für den hier vorgeschlagenen umfassenden Präventionsansatz einer transspezifischen Lebensethik ist insbesondere der letzte Punkt von Bedeutung. Die Partizipation Jugendlicher an der Gestaltung ihres Wohnumfeldes, Quartiers oder Stadtteils fördert die Identifikation mit dem Umraum der Lebenswelt. Vandalistisches Verhalten zum Beispiel kann viel eher da verübt werden, wo die bauliche Umwelt wenig informelle Sozialkontrolle und nachbarschaftliche Kommunikation ermöglicht. Um nachhaltig präventive Programme planen und umsetzen zu können, ist nach Kube und Steffen (1990: 438) eine Zusammenarbeit und ein abgestimmtes Vorgehen der beteiligten Instanzen, Institutionen und Personen notwendig. Ergänzend kann festgehalten werden, dass eine Beteiligung von Jugendlichen in einem solchen Gremium Voraussetzung für das Gelingen eines so gestalteten Präventionskonzeptes ist.

4.3 Sekundärprävention: Die Funktion der Netzwerke Familie, Peers und Schule

Wenn wir die Anwendung physischer oder psychischer Gewalt unter wissenssoziologischen Gesichtspunkten analysieren, finden wir Anhaltspunkte für die Existenz eines geschlossenen Sinngebietes, in welchem Gewalt eine spezifische Form eines Erkenntnis- und Erlebnisstiles darstellt (vgl. Kap. 3.5). Die Kategorie eines solchen Sinngebietes umschliesst zugleich subjektive Erfahrensweisen als auch gesellschaftliche Wissensstrukturen, es zeigt sich Struktur im Übergang von Individuum zu Gesellschaft. Diese Fassung muss weit reichende Konsequenzen für die Ausarbeitung eines theoretischen Rahmens zu handlungsanleitenden Konzepten zeitigen. Denn in den Blick geraten so nicht einzig die von präventiven oder interventiven Massnahmen anvisierten Gruppen, in diesem Falle jugendliche GewalttäterInnen, sondern prinzipiell alle an Gesellschaft beteiligten Menschen. Sinngebiete lassen sich nicht als juristisch oder moralisch schuldhaft identifizierten Personen alleine zurechnen, sie sind *per definitionem* gesellschaftliches Gut, aus Sinngebieten setzt sich der Wissenshorizont aller an Gesellschaft beteiligten Individuen zusammen.

Eine erste Folgerung für die Entwicklung von Präventionskonzepten, die sich aus diesen Überlegungen ableitet, heisst, Präventionsarbeit nicht nur im Hinblick auf eine als gefährdet angesehene Gruppe zu betreiben, sondern möglichst alle Mitglieder der Gesellschaft daran zu beteiligen. Die Erkenntnis der gesellschaftlichen Bedingtheit individueller Gewalttätigkeit muss dazu führen, dass durch die Sozialwissenschaften die Entwicklung von umfassenden Präventionskonzepten vorangetrieben wird (vgl. Kap. 4.2).

Die bestehende Polarität zwischen staatlich legitimer und deshalb moralisch gutgeheissener Gewalt und oftmals als pathologisch angesehener nicht-legitimer Gewaltausübung Einzelner, in diesem Falle Jugendlicher, steht beispielhaft für die gesellschaftliche Konstruktion eines Sinngebietes der Gewalt, welche auf eine kleine soziale Gruppe fokussiert und diverse staatliche oder andere von einer Vielzahl der

Bevölkerung verübter Gewalt ausblendet (vgl. Eisner et al., 1999: 15ff.). Niggli (1998) meint, dass Gewalt ein kaum zu ordnendes Spektrum von Phänomenen darstelle und "primär durch die gesellschaftliche Missbilligung geeint" scheine (ebd.: 125f.). Dieselbe Gesellschaft könne das Phänomen Gewalt nicht verstehen, da sie dieses mit einer solchen Begriffskonzeption nicht zu verstehen im Stande sei, sondern eher verdunkle. Auf diese Weise wird ausgeblendet, dass das Sinngebiet der Gewalt eine Konstruktion der Gesellschaft ist und darin enthaltene Erkenntnisstile und Legitimationen (vgl. Kap. 3.5) weit verbreitet sind.

Gesellschaft, also der Wissenshorizont der Lebenswelt, wird den Jugendlichen zuallererst über soziale Netzwerke vermittelt, in die diese eingebettet sind (Hanke, 1998: 129). In dieser Perspektive rücken insbesondere drei auch von den für die vorliegende Studie befragten Jugendlichen zentral genannten Netzwerke in den Blick: Familie, Schule (Ausbildung) und Gleichaltrigengruppen (Peers). Aufgrund der Ergebnisse des qualitativen Teils der Studie (vgl. Kap. 3.5.1) denke ich, dass in das Sinngebiet Gewalt eingebettete Handlungs- und Erlebensmuster besonders über diese Netzwerke Eingang in die Lebenswelt-Konstruktion der Jugendlichen finden. Folgende Abbildung verdeutlicht die hier vorgestellte Einbettung des Individuums über Netzwerke in die Gesellschaft:

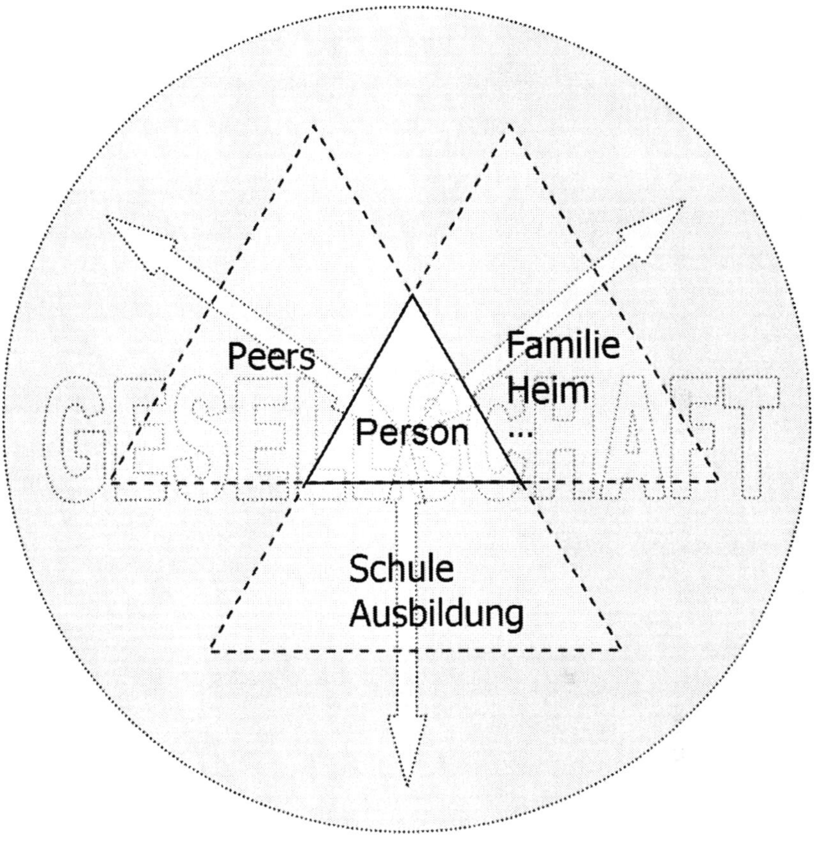

Abbildung 2: Netzwerkperspektive: Einbettung des Individuums in die Gesellschaft

Die folgenden Kapitel nähern sich in der Netzwerkperspektive Fragestellungen zur Prävention an. Ein Schwerpunkt der Betrachtung soll im Bereich der Schule gesetzt werden, da hier präventive und interventive Programme gut und breit zu planen sind.

4.3.1 Primäre Sozialisation: Das Netzwerk der Familie

Zwar zeigt die quantitative Erhebung der delinquenten Jugendlichen, dass die Haushaltszusammensetzung höchstens einen marginalen

Prädikator für Gewalttätigkeit darstellt (Kap. 2.5.10), doch gewinnen die familiären Verhältnisse in den Interviews eines grossen Teils der Jugendlichen eine grössere Bedeutung für das in der Öffentlichkeit verübte Gewalthandeln. In Kapitel 3.5.1 wurde zusammenfassend festgestellt, dass fast alle Gewalt ausübenden Jugendlichen von Verlusten und Belastungen im familiären Umfeld betroffen sind. Erstaunlich war hier die Vielzahl an Berichten von gestörten oder nicht vorhandenen Vaterbeziehungen, wogegen die Mutter eine eher stabilisierende Funktion im Familienverband einzunehmen scheint. Wassilis Kassis folgert im Rückgriff auf theoretische und empirische Erkenntnisse: "Wir fassen die Familie der heranwachsenden Kinder und Jugendlichen als ein zentrales Bezugssystem für deren soziale Entwicklung, ..., ihrer Aggressionsneigung, auf." (Kassis, 2003: 80) Die Ergebnisse der quantitativen Untersuchung von Kassis bestätigen die These, dass "die Erfahrungen von Jungen in ihren Familien eine bestimmende Wirkung haben" (ebd.: 238).

Auch Willhelm Heitmeyer stellt in der Bielefelder Rechtsextremismus-Studie (1992: 579) fest, dass nicht die formale Vollständigkeit der Familie ausschlaggebend für das Gewaltverhalten Jugendlicher sei, sondern die "innere" Qualität, d.h., hier: konfliktreiche und desintegrative soziale Beziehungen problematische Prädikatoren darstellten. In einer breit angelegten Studie haben Heitmeyer et al. (1998: 315ff.) ferner gezeigt, dass sich ein strenger und inkonsistenter Erziehungsstil der Eltern bzw. betreuenden Personen hoch signifikant auf das Gewaltverhalten Jugendlicher auswirkt (vgl. auch: Böttger, 1998: 126 ff.).[54] Schwind & Baumann (1990: 81) stellen in der Metastudie "Ursachen,

---

[54] Bei Böttger hingegen ist interessant (und bedenklich), dass auch in den gewaltlosen Kontrollgruppen bis zu zwei Drittel der Jugendlichen in ihrer Kindheit geschlagen worden sind. Böttger findet nur einen unterscheidenden Punkt: Die gewalttätigen Jugendlichen berichten auffallend oft, dass sie von den Eltern dazu aufgefordert wurden, in Konfliktsituationen Gewalt anzuwenden. Die für die vorliegende Studie analysierten Interviews lassen jedoch die Annahme einer solchen "generellen Gewaltakzeptanz" (Böttger, 1998: 131) der Erziehungsberechtigten nicht zu.

Prävention und Kontrolle von Gewalt" zusammenfassend fest: "Aggressive Interaktionsmuster der Eltern, punitive Erziehungsweisen oder die verdeckte Billigung von Aggressionen fördern die Gewaltbereitschaft der Kinder ... . Wer Gewalt in der Familie als erfolgreiches Konfliktlösungsmittel kennen gelernt hat, wird sie mit hoher Wahrscheinlichkeit auch später anwenden ... . Es sind enge Zusammenhänge zwischen Gewalterlebnissen in der Kindheit und der Entwicklung gewaltbefürwortender Einstellungen im Erwachsenenalter sowie sozialabweichendem Verhalten und Kriminalität, insbesondere Gewaltkriminalität, beobachtet worden."

Diese wenigen Verweise verdeutlichen die in der Literatur zugemessene Bedeutung der familiären Sozialisation für das Gewaltverhalten Jugendlicher. Angesichts dessen ist es erstaunlich, dass Präventionsprogramme wenig auf den familiären Kontext fokussieren. (Böttger, 1998: 388). Joachim Rumpf (1995: 5) folgert in einem Referat des Dreiländerkongresses zu Jugend, Bildung und Beruf von 1995: "Folglich muss jede Überlegung, die sich mit Prophylaxe, also mit vorbeugenden Strategien befasst, mit deren Hilfe Gewalt reduziert oder begrenzt werden kann, mit der Situation von und Hilfen für die Familien befassen." Die zentrale Frage, die sich hier, im Rahmen der Ausgangsfragestellung dieser Studie, stellt, ist, *weshalb* sich die Bedingungen in der familiären Sozialisation so gestalten, dass Jugendliche im Verlauf ihrer Entwicklung gewalttätig werden. Der theoretische Disput, ob nun gesellschaftlich-strukturelle Bedingungen wie Individualisierung und Desintegration für die Devianz Jugendlicher verantwortlich sind, oder die "zerrütteten Elternhäuser" (ebd.: 387), greift zu kurz, denn 'Gesellschaft' wirkt vor allem über die sozialen Netzwerke, hier: Familie, in die Subjekte hinein. Kurz: Die Familienstrukturen bilden die gesellschaftlichen Strukturen ab.[55]

---

[55] Interessante Zusammenhänge, die wir hier nicht weiter diskutieren können, tun sich an dieser Stelle auf, wenn wir die Psychodynamik der Familie als Verdichtung umfassender Machtstrukturen auffassen. (Vgl. Connell (2000: 36) im Rückgriff auf Wilhelm Reich).

Sekundärpräventive Programme oder sozialpädagogische Interventionen reichen jedoch nur selten "hinter die verschlossenen Türen der Elternhäuser" (ebd.: 388). Aus diesen Gründen scheint es langfristig angezeigt, sozial-politisch auf die gesellschaftlichen Ursachen einzuwirken, durch die in vielen Familien Bedingungen herrschen, welche – unter Einfluss anderer Faktoren – zur Gewalttätigkeit Jugendlicher beitragen.

Beispiele für solche sozialpolitischen Einflussnahmen sind angemessene Familienzulagen, eine Mutterschaftsversicherung, ausreichende familienexterne Betreuungsmöglichkeiten, Steuererleichterungen, befriedigende Wohnverhältnisse (Unterstützung einkommensschwacher Familien), Spiel- und Freizeitmöglichkeiten, Stipendien, Gleichberechtigung der Geschlechter auf dem Arbeitsmarkt, bessere Vereinbarkeit von Familie und Beruf, um nur einige zu nennen. Bouverat und Beseret (2002: 25) erachten Unterstützung und Schutz von benachteiligten Familien als eigentliche Grundlage erfolgreicher Präventionsarbeit: "Auch eine fortschrittlichere Familien- und Sozialpolitik könnte wesentlich zu einer besseren Lebenssituation der Familien und damit zu Gesundheit und Wohlergehen der Kinder beitragen."

Familien sind schliesslich Teil eines weitläufigen Netzwerkes, mit welchen Kinder und Jugendliche in beständiger Interaktion stehen. Eine gute Vernetzung dieser Lebenswelten (z.B. Schule, Gemeindepolitik, Vereine) im Sinne einer "Ökologie der menschlichen Entwicklung" (Bronfenbrenner & Lüscher, 1993) bildet die Grundlage für einen gelingenden Sozialisationsprozess auch in der Familie. Nach Rumpf (1995: 10) sollte die Vernetzung der verschiedenen Lebensbereiche folgende Funktionen übernehmen:

- Information und Meinungsbildung
- Verständnis füreinander
- Gegenseitige Beratung und Unterstützung

- Öffentliche Vertretung gemeinsamer Positionen
- Im Einzelfall die Koordination von Hilfsangeboten für Gefährdete

Rumpf plädiert dafür, dass z.B. in Gemeinden die Jugendämter die entsprechenden koordinatorischen Aufgaben übernehmen, sowie im Einzelfall Hilfe für die betroffenen Familien organisieren. In der Schweiz existieren bereits eine Vielzahl von 'Jugendkonzepten' mit einem in Teilbereichen ähnlichen Zugang (vgl. die von basis, dem Institut für Sozialplanung und Sozialforschung der Hochschule für Pädagogik und Soziale Arbeit beider Basel, erarbeiteten Jugendkonzepte für verschiedene Gemeinden (z.B.: Storni, Schmid & Drilling, 2001)). Storni, Schmid und Drilling plädieren als Pfeiler einer vernetzten Jugendhilfe für die Einführung von Schulsozialarbeit, Offener Jugendarbeit und Mobiler Jugendarbeit. "Eine zeitgemässe Jugendpolitik jedoch arbeitet zielorientiert, bezieht alle Beteiligten mit ein und fördert den gegenseitigen Austausch auf Basis eines gemeinsamen Konsens." (ebd.: 25)

Jugendgewalt im präventiven Sinn zu begegnen bedeutet schliesslich, frühzeitig bei Familien, die sich in akuten Krisensituationen befinden, zu intervenieren, bzw. Eltern schon früh, d.h. mit Kindern bereits im Vorschulalter, Unterstützung in der elterlichen Erziehungsarbeit anzubieten (Perrez, Abt, Aragon, Cina & Hilti, 2004).

Zu bestimmen sind in einem ersten Schritt die individuellen und familiären Risikofaktoren, die bei Kindern und Jugendlichen Verhaltensprobleme verursachen können. Im Folgenden werden, auch im Rückgriff auf die qualitativen Interviews (Kap. 3), einige der zentralen Risikofaktoren beschrieben:

Risikoverhalten von Eltern	Risikomerkmale des Kindes bzw. des Jugendlichen	Risikomerkmale von Familien
- Verschiedene Varianten der Kindesmisshandlung - Defizitäres Familienmanagement (Inkonsistentes Erziehungsverhalten, Strenge) - Substanzmissbrauch eines oder beider Elternteile	- Schulisch: Leistungsabfall mit zunehmendem problematischem Verhalten - Suchtmittelkonsum - Geringe Sozialkompetenzen des Kindes - Zugehörigkeit zu devianten Gruppen, Aggressives Verhalten - Häufige Krankheiten und Unfälle	- Chronische psychische Krankheit oder andere Krankheit eines Elternteils oder eines Geschwisters - Zerrüttete Familienverhältnisse - Chronische Belastungen der Familie (z.B. Armut) - Mangelnde soziale Integration der Familie - Emigration

Tabelle 24: Risikofaktoren für Verhaltensprobleme bei Kindern und Jugendlichen (ergänzt nach: Perrez et al. (2004: 2)

4.3.2 Peers: Das Netzwerk der Gleichaltrigengruppen

Das Jugendalter kennzeichnet sich durch eine starke Ausweitung von sozialen Beziehungen ausserhalb der Kernfamilie. Die sekundäre Sozialisation wird zwar massgeblich durch den Eintritt in die Institution Schule eingeleitet, jedoch sind es Peer-Gruppen, die auch unabhängig von den Vergesellschaftungsformen der Schule gebildet werden, welche mit dem Eintritt ins Jugendalter für das Individuum zunehmende Bedeutung gewinnen. Angesichts dessen ist es erstaunlich, dass der Lebensbereich der Peer-Gruppe bisher in der wissenschaftlichen Erforschung von Ursachen der Gewalttätigkeit im Vergleich zu Familie und Schule eher eine sekundäre Rolle gespielt hat (Hanke, 1998: 129). Erste Untersuchungen zeigen jedoch, dass Jugendliche, deren soziales Netzwerk stark auf Peers ausgerichtet ist, kaum höhere Devianzneigung zeigen (Kühnel & Matuschek, 1999: 268; Ohder, 1992).[56] Peer-

[56] Kühnel & Matuschek interpretieren ihre Daten aufgrund minimaler Signifikanzen anders. Keine signifikanten Unterschiede stellen die Autoren jedoch in

Gruppen können also nicht per se als Bedingung oder gar Ursache von Devianz angesehen werden. Nach Ottmar Hanke (1998: 128ff.) kommen den Peer-Gruppen im Jugendalter folgende spezifische Entwicklungsfunktionen für das Mitglied zu:

- Die Peer-Gruppe vermittelt Geborgenheit, Sicherheit, Orientierung und Stabilisierung. Funktionen, die gerade für Jugendliche von grosser Bedeutung sind, da durch in diesem Alter verstärkte Selbstreflexion Gefühle der Einsamkeit aufkommen können.

- Die Peer-Gruppe bietet einen sozialen Freiraum für neue Handlungsmuster, die ausserhalb der Gruppe z.T. mit zu hohem Risiko (z.B. Sanktionen) behaftet sind.

- Eine wichtige Funktion der Peer-Gruppe stellt die Unterstützung bei der Ablösung vom Elternhaus dar.

- Die Peer-Gruppe kann zur Identitätsfindung beitragen, indem sie Lebensstile und Rollenmuster anbietet.

Die für die qualitative Untersuchung (Kap. 3) befragten Jugendlichen messen der Peer-Gruppe während der Zeit ihrer Gewalttätigkeit ungeteilt einen hohen Stellenwert für die Freizeitgestaltung zu. Dies gilt für die weiblichen wie für die männlichen delinquierenden Jugendlichen, wie auch die Aktenanalyse gezeigt hat (vgl. Kap. 2.5.5). Deutlich wurde allerdings auch, dass gewaltaffine Peer-Gruppen zwar in gewalttätigen Aktionen als hoch solidarisch geschildert werden, nicht aber ein Ort der Geborgenheit und Akzeptanz zu bieten scheinen. Die Mehrzahl der befragten Jugendlichen hat sich zwischenzeitlich von den gewaltaffinen Peers distanziert, manche wurden mitunter in Situationen echter Bedürftigkeit im Stich gelassen (vgl. Jasmina, Kap. 3.6.7). Ein Mangel an gegenseitiger Akzeptanz in gewaltaffinen Peer-

der Ausübung physischer Gewalt zwischen familien- und peergruppenorientierten Jugendlichen fest (Kühnel & Matuschek, 1999: 268f.).

Gruppen wurde in anderen Studien ebenfalls festgestellt (ebd.: 169). Für gewaltaffine Peer-Gruppen scheinen sich, dies wird durch die vorliegende Studie bestätigt, oft ähnliche Rollenverteilungen und Gruppennormen abzuzeichnen:

- Eine Ideologie der Bruderschaft

- Verschiedene Kodices, die Hierarchien, Geschlechterbeziehungen oder das äussere Erscheinungsbild regeln

- Ein gruppenspezifisches, meist gewaltförmiges Konfliktmanagement

Die Analyse der Interviews unterstreicht diese Feststellungen. Die in Kapitel 3.5 beschriebene spezifische Solidarität in Gewalthandlungen, Kodices wie z.B. 'der Blick' (Kap. 3.4.4), und Gewalt in der Gruppe (vgl. Kap. 3.4.1b und 3.4.7b), widerspiegeln die individuellen Gewaltmuster in der Gruppe. Die oben angeführte Feststellung, dass die Peer-Gruppe gewissermassen eine Institution des Sinngebietes Gewalt ausbildet, kennzeichnet meines Erachtens diese Phänomene gesamthaft. Interessant ist in diesem Zusammenhang, dass für die Peer-Gruppe Gewalt die Funktion eines integrativen Mediums einnimmt. Innerhalb der Gruppe wird über Gewalt die Gruppenbeziehungsstruktur gestaltet, ausserhalb, in der Auseinandersetzung mit 'Gegnern', schafft Gewaltanwendung Solidaritätsgefühle und gegenseitige Respektbezeugung durch Gruppenmitglieder.
Die Interviews haben hingegen auch gezeigt, wie brüchig die Gruppenbindungen unter diesen Vorzeichen sind. Solidarität (negative Solidarität) kann in gewaltaffinen Peer-Gruppen häufig nur noch in Aktionen gewaltförmiger Auseinandersetzungen bezeugt werden. Entfällt dieses Moment, oder benötigt ein Gruppenmitglied Anteilnahme in einer persönlich schwierigen Situation, wird der Gemeinsinn der Gruppe von den betroffenen Jugendlichen radikal in Frage gestellt. Distanziert sich ein Gruppenmitglied – aus welchen Gründen auch immer – von gewalttätigen Auseinandersetzungen, verliert für

dieses die Peer-Gruppe oft stark an Bedeutung, Freizeitbeschäftigungen werden dann in anderen Bereichen und mit gewaltfernen Personen gesucht. Überhaupt haben die Interviews deutlich gemacht, dass gewaltaffine Peergruppen zeitlich eher kurzen Bestand haben. Solche Gruppen scheinen kaum ins Erwachsenenalter zu überdauern, d.h., gewaltaffine Peer-Gruppen sind ein typisches Jugendphänomen.
Unter Einschluss der Feststellungen zur primären Prävention (Kap. 4.2) lauten die Schlussfolgerungen für die Prävention von Jugendgewalt in Peer-Gruppen folgendermassen:[57]

- Gewalt als Sinngebiet ist im Leben aller an Gesellschaft Beteiligten bedeutsam, Jugendliche nicht ausgenommen. Präventive Programme sollten also nicht nur auf einzelne gewalttätige Jugendliche fokussieren, sondern insbesondere ihre Peer-Gruppen mit einbeziehen.

- Beziehungsstrukturen in gewaltaffinen Peer-Gruppen definieren sich stark über das Medium Gewalt. Gemeinschaftssinn (Solidarität) muss über andere Medien gestiftet werden, um die Gruppe zur Institution eines anderen Sinngebietes werden zu lassen. Akzeptierende Jugendarbeit kann dazu wichtige Impulse leisten.

- In der Gruppe sollte ein Reflexionsprozess in Gang gesetzt werden, der das Hinterfragen des Sinngebietes der Gewalt ermöglicht. Ein Ansatz wäre, die Legitimationen der Gewalt (Kap. 3.5, Tabelle 21) zur Diskussion zu stellen.

- Gewalttätiges Verhalten wird mitunter provoziert durch anonyme und verwahrloste Stadtbilder. Partizipation von Jugendlichen an Quartiers- und Stadtteilplanung weist über Sekundär- und Tertiärprävention hinaus (Kap. 4.2.2).

[57] Die folgenden Überlegungen basieren auf Hanke (1998: 175ff.).

- Jugendgewalt ist ein zeitlich eher eng umgrenztes Phänomen. Jugendliche sollten daher schon früh präventive Massnahmen erfahren. Not tun würde eine Art "Prä-Prävention", d.h., eine Prävention, die umfassender und vor den in den für Jugendgewalt typischen Altersjahren angelegten Präventionskampagnen stattfindet (Diskussionsergebnis eines Kolloquiums an der Universität Basel (Forschungs-Kolloquium, 14.06.2004)).

- Die Frage stellt sich, welche Mechanismen dazu beitragen, dass die Peer-Gruppe für gewaltaffine Jugendliche einmal von grösster, für die Freizeitgestaltung exklusiv bestimmender Bedeutung ist, unvermittelt aber einen enormen Bedeutungsverlust erfährt, bis hin zu radikaler Distanzierung (vgl. Kap. 3.7). Wissen über Prozesse der Distanzierung von gewaltaffinen Peer-Gruppen ist für Präventionsarbeit von grossem Nutzen.

Zusammenfassend schreibt Hanke (1998: 197): "Mit wachsenden Integrations- und Selbstentfaltungschancen nehmen durchweg auch Bereitschaften und Fähigkeiten zu sozialverträglichen Verhaltensweisen zu." Dies gilt nicht nur im Sinne von Partizipation an Funktionssystemen, z.B. Schule, Erwerbsleben und soziales Umfeld, sondern auch innerhalb der Gruppe, wo Selbstentfaltung und echte Akzeptanz durch Gruppenmitglieder prosoziale Verhaltensweisen fördern. Durch eine Zusammenarbeit der offenen Jugendarbeit mit anderen Lebensbereichen von Jugendlichen, wie Schule, Ausbildung und Elternhaus, können sich Jugendlichen auch andere Erfahrungsbereiche eröffnen, sie lernen mehr "Dimensionen menschlichen Verhaltens" (ebd.: 216) kennen. Eine so verstandene Vernetzung schliesst die Jugendlichen in die Kommunikationen und Kooperationen mit ein, lässt sie partizipieren und basiert auf demokratischen Grundlagen. Denn es kann nicht angehen, dass gewaltvermindernde pädagogische Ansätze sich Jugendlicher oder ihrer Cliquen 'bemächtigen' und strukturelle Gewalt reproduzieren (vgl. Kap. 4.2). In Anbetracht des Umstandes, dass gewaltbereite Jugendliche oft mit familiären und schulischen Problemen behaftet sind, und die Peer-Gruppen dadurch zusätzliche

Bedeutung als 'Beziehungsort' erfahren (für rechte Peer-Gruppen vgl.: Hafeneger, Jansen & Feick, 2001), sind differenzierte und vor allem vernetzte (sozial-)pädagogische Strategien notwendig, die nicht einseitig auf die Devianz der Jugendlichen fokussieren.

4.3.3 Das Netzwerk der Schule

Das Phänomen der Gewalt an Schulen hat in den letzten Jahren zu einer intensiven Forschungstätigkeit und der Entwicklung zahlreicher Präventions- und Interventionsprogramme in diesem Bereich geführt.[58] Diese Programme zeichnen sich vor allem durch den *additiven* Charakter der Form der Zusammenarbeit zwischen Schule und Sozialer Arbeit aus. Im additiven Modell findet eine Zusammenarbeit der Schule mit der Sozialen Arbeit nur punktuell statt, für Projekte an der Schule werden externe Fachkräfte zeitlich befristet eingeladen und die Schule definiert die Form des Zugangs zu den SchülerInnen. Angesichts von Untersuchungen, die zeigen, dass es bei LehrerInnen im Umgang mit schwierigen SchülerInnen oft zu Überforderungen kommt, auch weil weitere fachliche und zeitliche Ressourcen fehlen, stellt sich die Frage, ob das additive Modell der Bearbeitung des Themas Gewalt an Schulen gewachsen ist. Verschiedene Evaluationen von zeitlich begrenzten Schulprojekten kommen zum Schluss, dass eine lang andauernde Begleitung zentral für den Erfolg von Präventions- und Interventionsmassnahmen sei. Kritisiert wird ferner, dass die Re-Delegation von Verantwortung nach Abschluss des Projektes in vielen Fällen eine erneute Überforderung der Lehrpersonen zur Folge hat. Dieser Problematik zu begegnen, wurde in den letzten Jahren mit der Entwicklung von integrativen Modellen der Kooperation zwischen Schule und Sozialer Arbeit versucht. Die intensivste Form einer solchen Zusammenarbeit ist die Schulsozialarbeit, die eine längerfristige Integration von professionellen Methoden der Sozialen

---

[58] Die folgenden Ausführungen basieren auf dem Text "Gewalt in der Schule: Begründungen für integrative Kooperationsformen zwischen Sozialer Arbeit und Schulpädagogik und die Herleitung eines handlungstheoretischen Modells" von Matthias Drilling (2005).

Arbeit in die Schule anstrebt.[59] Im Folgenden zusammengefasst die wichtigsten Aspekte von Schulsozialarbeit:

- Niederschwelliges Angebot vor Ort
- Räumlich-organisatorische Trennung zwischen Schule und Sozialer Arbeit aufbrechen
- Fachqualifikationen der Sozialen Arbeit dauerhaft in der Schule ansiedeln
- Längerfristige Ergänzung zu der erzieherischen Wirkung der Schule insbesondere bei gefährdeten Kindern und Jugendlichen
- Tätigkeitsfelder: Individualhilfe, Soziale Gruppenarbeit, Projektarbeit, Gemeinwesenarbeit
- Fördert Kompetenzen zur interdisziplinären Zusammenarbeit

Drilling (2001: 95) folgert für die Schulsozialarbeit zusammenfassend: "Schulsozialarbeit setzt sich zum Ziel, Kinder und Jugendliche im Prozess des Erwachsenwerdens zu begleiten, sie bei einer für sie befriedigenden Lebensbewältigung zu unterstützen und ihre Kompetenzen zur Lösung von persönlichen und/oder sozialen Problemen zu fördern."
Wie bereits in Kapitel 4.2 beschrieben, ist Gewalt als Sinngebiet ein Phänomen, welches einer Vielzahl von Mitgliedern einer Gesellschaft zu Eigen ist und in verschiedenen Formen, bis hin zu struktureller Gewalt reproduziert wird. Ein zentrales Anliegen für Präventionsprogramme aus Sicht dieser Untersuchung ist es deshalb, möglichst viele, d.h. auch solche Personen, die nicht bereits als deviant festgestellt sind, an solchen Programmen teilhaben zu lassen. Das integrative Modell der Kooperation zwischen Schule und Sozialer Arbeit kommt

---

59 Vgl. dazu auch: Drilling (2001)

dieser Forderung nach, da ein niederschwelliges Angebot und die ständige Präsenz einer Fachperson im Schulhaus potentiell alle Schüler und Schülerinnen erreicht.

Das Potential des integrativen Modells der Schulsozialarbeit Erziehungs- und Sozialisationsprozesse kontinuierlich und multiperspektivisch anzugehen, entspricht den Schlussfolgerungen der im Kapitel 3.7 beschriebenen Prozessen der Identitätsbildung. Die Herausbildung einer Erarbeiteten, Balancierenden Identität, in welcher Gewalt als Interaktionsweise keine Geltung hat, ist ein langfristiger Prozess, der einer dauerhaften Unterstützung des sozialen Umfelds bedarf. Insbesondere Jugendliche, die in der Familie ein Beziehungsdefizit erleben, von der Peer-Gruppe wenig Unterstützung in Krisensituationen erhalten und kein Vertrauen in Lehrpersonen haben, können von einem niederschwelligen, kontinuierlichen Angebot der Sozialen Arbeit an Schulen profitieren (vgl. Drilling & Gautschin, 2001: 311).

Mit dem integrativen Modell der Zusammenarbeit zwischen Schule und Sozialer Arbeit entfernt sich die Rolle der Schulsozialarbeit von Interventionen als 'soziale Feuerwehr', die kurzfristig und notfallmässig Reparaturen an der Institution Schule vornehmen soll. Grundlegend für eine dauerhafte Kooperation ist ein interdisziplinäres Verständnis für die Bearbeitung der Gewaltthematik an Schulen. Der Gewalt als Sinngebiet, welches während eines lang andauernden Prozesses der Identitätsbildung internalisiert wird, kann nicht mit kurzfristigen Interventionen oder Sanktionen beigekommen werden. Das Verständnis von Gewalt als sozialisationsrelevanter Krise muss dazu führen, das "Thema hinter dem Thema der Gewalt" (Drilling, 2005: 7) zu suchen. Gewalt wird so zum Ankerthema für die Fachpersonen der Sozialen Arbeit in der Schule, um mit den betreffenden Jugendlichen in Kontakt zu treten und die 'Hintergrundthemen' zu bearbeiten. Geboten werden soll Unterstützung, um persönliche und soziale Ressourcen zu stärken und das Bewältigungsrepertoire der betroffenen Personen zu erweitern.

Die folgende Tabelle listet in Anlehnung an Drilling (2005: 10) die zentralen Merkmale persönlicher und sozialer Ressourcen auf (vgl. auch Kap. 3.7.1):

Persönliche Ressourcen	Soziale Ressourcen
- Hohes Selbstwertgefühl, Vertrauen in die eigene Person - Autonomiebestreben, welches auf internaler Kontrolle beruht - Kognitiver Stil, der reflexiv und komplex erscheint - Differenzierende Emotionen	- Unterstützungssystem - Insbesondere von Seiten der Eltern - Gleichaltrige; Peers, Freunde - Verwandte - Schule

Tabelle 25: Stärkung persönlicher und sozialer Ressourcen durch die Schulsozialarbeit

Neben dem Grundsatz der Ressourcenorientierung bestehen für die Schulsozialarbeit die Grundsätze Prävention, Beziehungsarbeit, Prozessorientierung, Methodenkompetenz und Systemorientierung (Drilling, 2001: 105). Insbesondere die Systemorientierung erachte ich als einen wichtigen Aspekt im Hinblick auf Gewalt-Präventionsarbeit, da das Sinngebiet der Gewalt als soziales Gebilde zu verstehen ist. In dieselbe Richtung zielend schreibt Drilling (2005: 111f.): "Doch gewalttätiges Verhalten eines Schülers lässt sich nicht auf eine Person reduzieren, und der Veränderungsprozess kann sich nicht ausschliesslich auf eine Auseinandersetzung mit dem Täter beschränken. Systemisches Arbeiten in der Schulsozialarbeit heisst, den gewalttätigen Schüler als Mitglied eines sozialen Systems zu betrachten, das je nachdem, wo es sich bewegt, unterschiedliche Rollen hat." Beispielhaft für die Existenz mehrerer solcher Rollen gibt Drilling eine mögliche Opferrolle in der Familie und gleichzeitig eine Täterrolle in der Peer-Gruppe an.

Die Stärkung persönlicher und sozialer Ressourcen durch die Schulsozialarbeit kann durch die Arbeit am Sinngebiet der Gewalt ergänzt werden. Mit der Beschreibung und dem Verständnis darüber, wie Individuen und Gruppen sich über dieses Sinngebiet definieren, wächst die Einsicht über die sozialen Zusammenhänge, die das Sinngebiet tragen. Wie in Kapitel 3.5 beschrieben, kommen den Netzwerken Peer-Gruppe, Familie und Schule dabei besondere Rollen zu.

Wenn Alfred Schütz (2003: 207f.) von einem "Sprung" oder "Schock" spricht, der nötig sei, um die Grenzen der geschlossenen Sinnprovinz zu durchbrechen, dann ist damit hinsichtlich einer Sozialen Arbeit an der Sinnprovinz der Gewalt gemeint, alternative Handlungs- und Erlebensmuster nicht nur den betroffenen Individuen, sondern allen Jugendlichen zu ermöglichen. Dazu gehören nicht nur die Stärkung der persönlichen Ressourcen, sondern auch Veränderungen im sozialen Umfeld der Jugendlichen; den Wohnquartieren, der Schule und der Familie.

4.4 Schluss: Familie – Peers – Schule, Prävention als integrale Netzwerkförderung

Präventionsstrategien zur Verhinderung von Jugendgewalt sollten neben der Bezugnahme auf Risikogruppen oder bereits delinquente Jugendliche darauf abzielen, gesamtgesellschaftliche Veränderungsprozesse, die auf die Re- oder Dekonstruktion des Sinngebietes der Gewalt abzielen, einzuleiten. Wenn wir mit Rommelspacher (1998) schliessen, dass die Gewalt aus der Mitte unserer Gesellschaften entspringt, werden sozialräumliche und systemische Betrachtungsweisen für die Entwicklung von Präventionskonzepten unumgänglich. Grundlegend für einen solchen Ansatz leistet das Konzept der strukturellen Gewalt von Galtung (1993) einen multi-perspektivischen Zugang zum Thema. Darin enthalten sind ökologische, soziale, personale und kulturelle Dimensionen struktureller Gewalt, die nur verschränkt, d. h. als ganzheitlicher Ansatz präventive Anstrengungen begründen können. Prävention im Hinblick auf spezifische soziale Gruppen oder Institutionen kann nur auf der Grundlage eines übergeordneten Prozesses der Errichtung einer Friedensethik dauerhaft funktionieren.

Partizipation, gewaltfreie Diskurse, demokratische Institutionen (Schule!), sozialräumliche Entwicklung, Integrationschancen und eine ausgebaute Familien- und Sozialpolitik sind Eckpfeiler einer gesellschaftlichen Entwicklung, die gewaltfreie Antworten auf veränderte Lebenslagen sucht.

Familie, Schule und Peers sind die bedeutendsten Netzwerke, in welchen die Sozialisation und Enkulturation von jungen Menschen stattfinden. Präventive und interventive Bemühungen sind strategisch sinnvoll auf diesen Säulen zu errichten. Dabei geht es nicht um die Frage nach Schuld an den Verhältnissen, sondern um das Verständnis, wie Prozesse der Identitätsbildung über diese Sozialisationsinstanzen stattfinden. Eine 'Ökologie der menschlichen Entwicklung' (Bronfenbrenner & Lüscher, 1993) kann nur gelingen, wenn in diesen Netzwerken gewaltfreie Diskurse und Partizipation Einzug halten.

Die Annahme eines gesellschaftlich vermittelten Sinngebietes der Gewalt führt zur Kritik an der Aufrechterhaltung von Legitimationen, die die Gewalt sozial anschlussfähig halten. Dass Gewalt eminent destruktive Wirkung entfaltet, daran besteht kein Zweifel. Die Frage stellt sich dann jedoch, weshalb eine sich als demokratisch verstehende Gesellschaft in verbreitetem Masse Gewalt als Sinngebiet installiert hält und reproduziert. Der Gewalt kommt hier eine besondere Ambiguität zu, indem Normalität über die Legitimationen der Gewalt dauerhaft hergestellt wird und gleichzeitig Gewalt jedoch distanziert und stigmatisiert wird. Der Gewalt kommt damit gesellschaftlich eine Janusgesichtigkeit zu, sie ist Manövriermasse sozialer Konstruktion. Die 'bösen Jungs und Mädchen' als isoliertes Phänomen widerspiegeln diese Ambiguität. Mit dem blossen Versuch der Eingliederung in die institutionale Ordnung kann es für die Präventions- und Interventionsarbeit nicht getan sein. Der Weg hin zu einer Erarbeiteten, Balancierenden Identität bedeutet mehr als die blosse Übernahme der Normen der institutionalen Ordnung.

5 Literaturverzeichnis

Abels, H. (2001). *Interaktion, Identität, Präsentation. Kleine Einführung in interpretative Theorien der Soziologie.* Wiesbaden: Westdeutscher Verlag.

Adler, F. (1975). *Sisters in Crime: The Rise of the New Female Criminal.* New York: McGraw-Hill.

Adorno, T. W. (1995). *Studien zum autoritären Charakter.* Frankfurt a.M.: Suhrkamp. [dt. EA: 1973].

Amann, A. (1983). *Lebenslage und Sozialarbeit: Elemente zu einer Soziologie von Hilfe und Kontrolle.* Berlin: Duncker & Humblot.

Arendt, H. (1970). *On violence.* New York: Harcourt, Brace & World.

Autrata, O. (2003). *Prävention von Jugendgewalt: nicht Repression, sondern verallgemeinerte Partizipation.* Opladen: Leske+Budrich.

Baum, D. (2001). Der soziale Raum als Risiko und Gefahrenquelle. In T. Freund & L. W. (Hrsg.), *Prävention.* Opladen: Leske+Budrich.

Beck, U. (1986). *Risikogesellschaft: auf dem Weg in eine andere Moderne.* Frankfurt a.M.: Suhrkamp.

Berger, P. L. & Luckmann, T. (1996). *Die gesellschaftliche Konstruktion der Wirklichkeit. Eine Theorie der Wissenssoziologie.* Frankfurt a.M.: Fischer Taschenbuch Verlag. [Dt. EA: 1969].

Blasi, A. (1988). Identity and the Development of the Self. In D. Lapsley & F. Power (Hrsg.), *Self, Ego and Identity: Integrative approaches,* (S. 226-243). New York: Springer.

Blick. (28.10.2003). Aus Langeweile gemordet?

Boehnke, K., Fuss, D. & Hagan, J. (Hrsg.). (2002). *Jugendgewalt und Rechtsextremismus: soziologische und psychologische Analysen in internationaler Perspektive.* Weinheim: Juventa.

Böhnisch, L. (1994). *Männliche Sozialisation. Bewältigungsprobleme männlicher Geschlechtsidentität im Lebenslauf.* Weinheim: Juventa Verlag.

Böhnisch, L. (1994a). *Gespaltene Normalität. Lebensbewältigung und Sozialpädagogik an den Grenzen der Wohlfahrtsgesellschaft.* Weinheim: Juventa.

Böttger, A. (1998). *Gewalt und Biographie: eine qualitative Analyse rekonstruierter Lebensgeschichten von 100 Jugendlichen.* Baden-Baden: Nomos Verlagsgesellschaft.

Boudon, R. & Bourricaud, F. (Hrsg.). (1982). *Causalité.* Paris: Presses Universitaires de France.

Bourdieu, P. (1977). Sur le pouvoir symbolique. *Annales ESC, 32/3,* S. 405-411.

Bourdieu, P. (1984). *Die feinen Unterschiede: Kritik der gesellschaftlichen Urteilskraft* (3., durchges. Aufl.). Frankfurt a.M.: Suhrkamp. [dt. EA: 1982].

Bourdieu, P. (1993). *Sozialer Sinn: Kritik der theoretischen Vernunft.* Frankfurt a.M.: Suhrkamp [dt. EA 1987].

Bouverat, J.-M. & Berset, V. (2002). Gewaltprävention. *Informationsbulletin der Zentralstelle für Familienfragen (ZSFF): Bundesamt für Sozialversicherung (BSV), 1/2002,* S. 24-26.

Brantingham, P. J. & Brantingham, P. L. (1982). Mobility, notoriety, and crime: A study of crime patterns in urban nodal points. *Journal of Environmental Systems, 11,* S. 89-99.

Brantingham, P. J. & Brantingham, P. L. (1984). *Patterns of Crime.* New York: Macmillan.

Bronfenbrenner, U. & Lüscher, K. (1993). *Die Ökologie der menschlichen Entwicklung: natürliche und geplante Experimente.* Frankfurt a. M.: Fischer Taschenbuch Verlag.

Butterwegge, C. (1996). *Rechtsextremismus, Rassismus und Gewalt. Erklärungsmodelle in der Diskussion.* Darmstadt: Primus Verlag.

Caplan, G. (1964). *Principles of Preventive Psychiatry.* New York: Basic Books.

Connell, R. W. & Müller, U. (2000). *Der gemachte Mann: Konstruktion und Krise von Männlichkeiten* (2. Aufl.). Opladen: Leske + Budrich.

Drilling, M. (2001). *Schulsozialarbeit: Antworten auf veränderte Lebenswelten* (3., aktualisierte Aufl.). Bern: Verlag Paul Haupt.

Drilling, M. (2005). Abschied von isolierten Lösungen schulischer Gewaltprävention: Perspektiven eines integrativen Kooperationsmodells zwischen Sozialer Arbeit und Schulpädagogik. In J. Küchenhoff, A. Hügli & U. Mäder (Hrsg.), *Gewalt. Ursachen, Formen, Prävention*. Giessen: Psychosozial Verlag.

Drilling, M. & Gautschin, D. (2001). Youth culture and adolescence: limits to autonomous socialisation and demands on youth welfare. In F. Andi & G. Irena (Hrsg.), *Transitions of youth citizenship in Europe: culture, subculture and identity*, (S. 305-320). Strasbourg: Council of Europe Publishing.

Dubet, F. (2002). Jugendgewalt und Stadt. In W. Heitmeyer & J. Hagan (Hrsg.), *Internationales Handbuch der Gewaltforschung*, (S. 1171-1191). Wiesbaden: Westdeutscher Verlag.

Eder, F. (1998). *Schule und Demokratie : Untersuchungen zum Stand der demokratischen Alltagskultur an Schulen: Forschungsbericht*. Innsbruck: Studien-Verlag.

Eisner, M. (1998). Konflikte und Integrationsprobleme. *Neue Kriminalpolitik, 4*, S. 11-13.

Eisner, M. & Manzoni, P. (1998). *Gewalt in der Schweiz: Studien zu Entwicklung, Wahrnehmung und staatlicher Reaktion*. Chur: Verlag Rüegger.

Eisner, M., Sack, F. & Forster, E. R. (1999). *Gewalttätige Jugend - ein Mythos?*, Nr. 4. Bern: Schweizerischer Nationalfonds.

Elephant Dossier für Lehrkräfte. (2003). *Internetseite*. [On-line]. Verfügbar: http://www.frenetic.ch/elephant/Elephant_Dossier_Lehrkraefte.pdf, abgefragt am: 24.11.2003

Erdheim, M. (1984). *Die gesellschaftliche Produktion von Unbewusstheit. Eine Einführung in den ethnopsychoanalytischen Prozess*. Frankfurt am Main: Suhrkamp.

Farrington, D. P. (1997). Human Development and criminal careers. In M. Maguire, R. Morgan & R. Reiner (Hrsg.), *The Oxford Handbook of Criminology* (2. Aufl.), (S. 361-408). Oxford: Clarendon Press.

Fiedler, H. S. (2003). *Jugend und Gewalt: sozialanthropologische Genese - personale Intervention - therapeutische Prävention*. München: Utz Verlag Wissenschaft.

Fillieule, R. (2001). *Sociologie de la délinquance*. Paris: Presses Universitaires de France.

Flick, U. (2000). *Qualitative Forschung: Theorie, Methoden, Anwendung in Psychologie und Sozialwissenschaften* (5. Aufl.). Reinbek b. Hamburg: Rowohlt Taschenbuch Verlag.

Forschungs-Kolloquium. (14.06.2004). Institut für Soziologie der Universität Basel.

Foucault, M. (1994). *Überwachen und Strafen: die Geburt des Gefängnisses*. Frankfurt a.M.: Suhrkamp. [dt. EA: 1976].

Foucault, M. (1999). *Wahnsinn und Gesellschaft. Eine Geschichte des Wahns im Zeitalter der Vernunft*. Frankfurt a.M.: Suhrkamp. [dt. EA: 1973].

Freud, S. & Mann, T. (1988). *Abriss der Psychoanalyse*. Frankfurt a.M.: Fischer Taschenbuch Verlag. [EA: 1938].

Frischknecht, J. (1991). *"Schweiz wir kommen": Die neuen Fröntler und Rassisten*. Zürich: Limmat.

Fromm, E. (1980). *Die Furcht vor der Freiheit* (12. Aufl.). Frankfurt a.M.: Europäische Verlagsanstalt. [dt. EA: 1945].

Fromm, E. (1986). *Sigmund Freuds Psychoanalyse - Grösse und Grenzen*. München: Deutscher Taschenbuch-Verlag. [EA: 1979].

Fromm, E. (1996). *Anatomie der menschlichen Destruktivität*. Reinbek: Rowohlt Taschenbuch. [dt. EA: 1976].

Fromme, J. (1999). *Selbstsozialisation, Kinderkultur und Mediennutzung*. Opladen: Leske + Budrich.

Galtung, J. (1971). Gewalt, Frieden und Friedensforschung. In D. Senghaas (Hrsg.), *Kritische Friedensforschung*, (S. 55-104). Frankfurt am Main: Suhrkamp.

Galtung, J. (1975). *Strukturelle Gewalt*. Reinbek bei Hamburg: Rowohlt.

Galtung, J. (1993). Friedensforschung in Deutschland. In J. Galtung, D. Kinkelbur & M. Nieder (Hrsg.), *Gewalt im Alltag und in der Weltpolitik*. Münster: Agenda Verlag.

Goffman, E. (1971). *Verhalten in sozialen Situationen. Strukturen und Regeln der Interaktion im öffentlichen Raum*. Gütersloh: Bertelsmann.

Goffman, E. (1980). *Rahmen-Analyse. Ein Versuch über die Organisation von Alltagserfahrungen*. Frankfurt a.M.: Suhrkamp Verlag.

Goffman, E. (1996). *Stigma: über Techniken der Bewältigung beschädigter Identität* (12. Aufl.). Frankfurt a.M.: Suhrkamp. [dt. EA: 1967].

Gottfredson, M. & Travis, H. (1990). *A General Theory of Crime*. Stanford, CA: Stanford University Press.

Griese, H. M. (2000). *Jugend(sub)kultur(en) und Gewalt: Analysen, Materialien, Kritik: soziologische und pädagogikkritische Beiträge*. Münster: Lit.

Gross, P. (1999). *Ich-Jagd: im Unabhängigkeitsjahrhundert: ein Essay*. Frankfurt a.M.: Suhrkamp.

Gruen, A. (1996). *Der Verrat am Selbst: die Angst vor Autonomie bei Mann und Frau* (10. Aufl.). München: Deutscher Taschenbuch Verlag.

Gugel, G. & Jäger, U. (2004). *Essentials der Friedenspädagogik*: Institut für Friedenspädagogik Tübingen. [On-line]. Verfügbar: http://www.friedenspaedagogik.de/themen/f_erzieh/ift_essentials_dt .pdf, abgefragt am: 1.06.04

Gutmann, R. & Rutschmann, M. (2002). *Das Frauenbild der Hooligans. Eine exemplarische Fallstudie*. Zürich: Universität Zürich; Lizentiatsarbeit (unveröffentlicht).

Habermas, J. (1997). *Theorie des kommunikativen Handelns*. Frankfurt a.M.: Suhrkamp. [EA: 1981].

Hafeneger, B., Jansen, M. M. & Feick, A. (2001). *Rechte Cliquen: Alltag einer neuen Jugendkultur*. Weinheim: Juventa.

Hanke, O. (1998). *Gewaltverhalten in der Gleichaltrigengruppe von männlichen Kindern und Jugendlichen: konzeptioneller Zugang - pädagogische Folgerungen*. Pfaffenweiler: Centaurus-Verlagsges.

Hausser, K. & Filipp, S.-H. (1983). *Identitätsentwicklung*. New York: Harper and Row.

Havighurst, R. J. (1950). *Developmental Tasks and Education*. New York: Longmans, Green and Co.

Heitmeyer, W. (1992). *Die Bielefelder Rechtsextremismus-Studie: erste Langzeituntersuchung zur politischen Sozialisation männlicher Jugendlicher.* Weinheim ; München: Juventa.

Heitmeyer, W. (1998). *Gewalt. Schattenseiten der Individualisierung bei Jugendlichen aus unterschiedlichen Milieus.* Weinheim: Juventa.

Heitmeyer, W. & Hogan, J. (Hrsg.). (2002). *Internationales Handbuch der Gewaltforschung.* Wiesbaden: Westdeutscher Verlag.

Heizmann, S. (2003). "Ihretwegen bin ich invalide!" – Einige methodologische Reflexionen über die Grenzen verbaler Datengewinnung und Datenauswertung und der Versuch, aus dem Erkenntnispotential ethnopsychoanalytischer Konzepte zu schöpfen. *Qualitative Social Research [On-line Journal], 4(2).*

Hitzler, R. (1999). *Hermeneutische Wissenssoziologie: Standpunkte zur Theorie der Interpretation.* Konstanz: UVK.

Hitzler, R., Bucher, T. & Niederbacher, A. (2001). *Leben in Szenen. Formen jugendlicher Vergemeinschaftung heute.* Leverkusen: Leske + Budrich.

Hobmair, H. (1997). *Psychologie* (2. Aufl.). Köln: Verlag H. Stam.

Hollstein, W. (1999). *Männerdämmerung: von Tätern, Opfern, Schurken und Helden.* Göttingen: Vandenhoeck und Ruprecht.

Holtappels, H. G., Heitmeyer, W., Melzer, W. & Tillmann, K.-J. (1999). *Forschung über Gewalt an Schulen: Erscheinungsformen und Ursachen, Konzepte und Prävention* (2., korrigierte Aufl.). Weinheim: Juventa.

Hondrich, K.-O. & Koch-Arzberger, C. (1992). *Solidarität in der modernen Gesellschaft.* Frankfurt a.M.: Fischer Taschenbuch.

Horkheimer, M. & Adorno, T. W. (2001). *Dialektik der Aufklärung: Philosophische Fragmente* (13. Aufl). Frankfurt a.M.: Fischer. [EA: 1947].

Hradil, S. & Schiener, J. (1999). *Soziale Ungleichheit in Deutschland* (7. Aufl.). Opladen: Leske + Budrich.

Hügli, A. (2005). Was verstehen wir unter Gewalt? Begriff und Erscheinungsformen der Gewalt. In J. Küchenhoff, A. Hügli & U. Mäder (Hrsg.), *Gewalt: Formen, Ursachen, Prävention,* (S. 19-42). Giessen: Psychosozial Verlag.

Hurrelmann, B. (1994). Kinder und Medien. In K. Merten, S. J. Schmidt & S. Weischenberg (Hrsg.), *Die Wirklichkeit der Medien eine Einführung in die Kommunikationswissenschaft,* (S. 377-407). Opladen: Westdeutscher Verlag.

Hurrelmann, K., Rixius, N., Schirp, H. & Böth, G. (1996). *Gegen Gewalt in der Schule: ein Handbuch für Elternhaus und Schule.* Weinheim ; Basel: Beltz Verlag.

Hurrelmann, K. & Ulich, D. (1991). *Neues Handbuch der Sozialisationsforschung.* Weinheim ; Basel: Beltz.

Jugendanwaltschaft. (2001). *Jahresbericht.* Basel-Stadt: Jugendanwaltschaft.

Kassis, W. (2003). *Wie kommt die Gewalt in die Jungen?: soziale und personale Faktoren der Gewaltentwicklung bei männlichen Jugendlichen im Schulkontext.* Bern: Haupt Verlag.

Kilian, H. (1971). *Das enteignete Bewusstsein. Zur dialektischen Sozialpsychologie.* Neuwied ; Berlin: Luchterhand.

Kohut, H. (1973). *Narzissmus: eine Theorie der psychoanalytischen Behandlung narzisstischer Persönlichkeitsstörungen.* Frankfurt a.M.: Suhrkamp.

Krafeld, F. J. (1996). *Die Praxis akzeptierender Jugendarbeit: Konzepte, Erfahrungen, Analysen aus der Arbeit mit rechten Jugendcliquen.* Opladen: Leske und Budrich.

Krappmann, L. (2000). *Soziologische Dimensionen der Identität: strukturelle Bedingungen für die Teilnahme an Interaktionsprozessen* (9. Aufl.). Stuttgart: Klett-Cotta.

Kube, E. & Steffen, W. (1990). Zwischengutachten der Arbeitsgruppe B. In H.-D. Schwind & J. Baumann (Hrsg.), *Ursachen, Prävention und Kontrolle von Gewalt : Analysen und Vorschläge der Unabhängigen Regierungskommission zur Verhinderung und Bekämpfung von Gewalt (Gewaltkommission), Bd. 1.* Berlin-West: Duncker und Humblot.

Küchenhoff, J., Hügli, A. & Mäder, U. (2005). Gewalt - Ursachen, Formen, Prävention. Giessen: Psychosozial-Verlag.

Kühnel, W. & Matuschek, I. (1999). Netzwerkanalysen zu Schule und Gewalt. In H. G. Holtappels, W. Heitmeyer, W. Melzer & K.-J. Tillmann (Hrsg.), *Forschung über Gewalt an Schulen: Erscheinungsformen und Ursachen, Konzepte und Prävention,* (S. 261-279). Weinheim ; München: Juventa.

Kutzner, S., Mäder, U. & Knöpfel, C. (2004). *Working poor in der Schweiz - Wege aus der Sozialhilfe: eine Untersuchung über Lebensverhältnisse und Lebensführung Sozialhilfe beziehender Erwerbstätiger.* Zürich: Rüegger.

Lagrange, H. (2001). *De l'affrontement à l'esquive: violences, délinquances et usages de drogues.* Paris: Syros.

Lamnek, S. (1995). *Qualitative Sozialforschung.* München ; Weinheim: Psychologie Verlags Union.

Lamnek, S. (2001). *Theorien abweichenden Verhaltens. Eine Einführung für Soziologen, Psychologen, Pädagogen, Juristen, Politologen, Kommunikationswissenschaftler und Sozialarbeiter.* München: Wilhelm Fink Verlag.

Luedtke, J. (2003). Zur "besonderen" Illegitimität von Jugendgewalt. In J. Mansel (Hrsg.), *Theoriedefizite in der Jugendforschung Standortbestimmung und Perspektiven,* (S. 157- 173). Weinheim: Juventa Verlag.

Luhmann, N. (1994). Inklusion und Exklusion. In H. Berding (Hrsg.), *Nationales Bewusstsein und kollektive Identität,* (S. 15-45). Frankfurt a.M.: Suhrkamp.

Mäder, U. (1999). *Für eine solidarische Gesellschaft: was tun gegen Armut, Arbeitslosigkeit, Ausgrenzung?* Zürich: Rotpunktverlag.

Mäder, U., Biedermann, F., Fischer, B. & Schmassmann, H. (1991). *Armut im Kanton Basel-Stadt,* Bd. 23. Basel: Social Strategies Publ.

Mansel, J. (2003). *Theoriedefizite in der Jugendforschung. Standortbestimmung und Perspektiven.* Weinheim: Juventa.

Marcia, J. E. (1980). Identity in adolescence. In J. Adelson (Hrsg.), *Handbook of adolescent psychology,* (S. 159-187). New York: John Wiley & Sons.

Matt, E. (1999). Jugend, Männlichkeit und Delinquenz. Junge Männer zwischen Männlichkeitsritualen und Autonomiebestrebungen. *Zeitschrift für Soziologie der Erziehung und Sozialisation, 19/3,* S. 259-276.

Matza, D. & Sykes, G. (1957). Techniques of Neutralization: A Theory of Delinquency. *American Sociological Review, 22,* S. 664-670.

McGinty, S. (1999). *Resilience, gender, and success at school.* New York: Peter Lang.

Messerschmidt, J. W. (1993). *Masculinities and Crime. Critique and Reconceptualization of Theory*. Lanham, MD: Rowman & Littlefield.

Miller, A. (1994). *Am Anfang war Erziehung*. Frankfurt a.M.: Suhrkamp.

Moffitt, T. (1993). Adolescence-limited and life-course persistent antisocial behavior: A developmental taxonomy. *Psychological Review, 100,* S. 674-701.

Müller, C. (2000). *Unus omnibus. Die Logik der Gewalt im Spannungsfeld von Recht und Gesellschaft*. Basel: Universität Basel: Dissertation (unveröffentlicht).

Müller, C. & Schmassmann, H. (2003). Gewalt. In E. Carigiet, U. Mäder & J.-M. Bonvin (Hrsg.), *Wörterbuch der Sozialpolitik,* (S. 130-131). Zürich: Rotpunktverlag.

Oerter, R. & Montada, L. (1998). *Entwicklungspsychologie: ein Lehrbuch*. Weinheim: Psychologie Verlags Union.

Ohder, C. (1992). *Gewalt durch Gruppen Jugendlicher: eine empirische Untersuchung am Beispiel Berlins*. Berlin: Hitit.

Perrez, M., Abt, U., Aragon, M., Cina, A. & Hilti, N. (2004). *Schlussbericht der kollektiven Expertise, Modul 3: Verbesserung der Eltern-Kind-Beziehung*. Bern: Bundesamt für Gesundheit (BAG).

Popitz, H. (1992). *Phänomene der Macht* (2. Aufl.). Tübingen: J. C. B. Mohr (Paul Siebeck).

Raithel, J. (2003). *Kriminalität und Gewalt im Jugendalter: Hell- und Dunkelbefunde im Vergleich*. Weinheim: Juventa.

Richter, H.-E. (2002). *Das Ende der Egomanie : die Krise des westlichen Bewusstseins*. Köln: Kiepenheuer & Witsch.

Rink, D. (2002). Beunruhigende Normalisierung: Zum Wandel von Jugendkulturen in der Bundesrepublik Deutschland. *Aus Politik und Zeitgeschichte, B5/2002.*

Rommelspacher, B. (1998). *Dominanzkultur. Texte zu Fremdheit und Macht*. Berlin: Orlanda Frauenverlag.

Rumpf, J. (1995). *Gewalt bei Kindern und Jugendlichen: Möglichkeiten der Prävention*. Waldshut-Tiengen: Dreiländerkongress 'Jugend, Bildung, Beruf': Trinationales Expertinnen- und Expertenseminar: Jugend und Gewalt: Landratsamt Waldshut.

Schmitt, R. (2001). Partizipation in Schule und Unterricht. *Aus Politik und Zeitgeschichte, B44*, S. 24-30.

Schmitt-Egner, P. (1993). Von der "Gewalt" zur "Selbstproduktion des Lebens". In J. Galtung, D. Kinkelbur & M. Nieder (Hrsg.), *Gewalt im Alltag und in der Weltpolitik*. Münster: Agenda Verlag.

Schneewind, K. A. & Weiss, J. (1998). Konsequenzen von Elternverlust für Kinder und Jugendliche. In R. Oerter & L. Montada (Hrsg.), *Entwicklungspsychologie: ein Lehrbuch*. Weinheim: Psychologie Verlags Union.

Scholz, R. W. (2003). *Mobilität und zukunftsfähige Stadtentwicklung: Freizeit in der Stadt Basel*. ETH-UNS Fallstudie.

Schröer, N. (1994). *Interpretative Sozialforschung. Auf dem Wege zu einer hermeneutischen Wissenssoziologie*. Opladen: Westdeutscher Verlag.

Schütz, A. (2003). *Theorie der Lebenswelt*. Konstanz: UVK-Verlagsgesellschaft.

Schütz, A. & Luckmann, T. (2003). *Strukturen der Lebenswelt*. Stuttgart: UTB. [EA: 1975].

Schwind, H.-D. & Baumann, J. (1990). *Ursachen, Prävention und Kontrolle von Gewalt: Analysen und Vorschläge der Unabhängigen Regierungskommission zur Verhinderung und Bekämpfung von Gewalt (Gewaltkommission)*, Bd. 1. Berlin-West: Duncker und Humblot.

Sofsky, W. (2001). *Traktat über die Gewalt*. Frankfurt a.M.: S. Fischer.

Statistisches Amt des Kantons Basel-Stadt. (2003a). *Internetseite*. [On-line]. Verfügbar: http://www.statistik.bs.ch/quartier_20_1.html, abgefragt am: 04.11.2003

Statistisches Amt des Kantons Basel-Stadt. (2003b). *Wohnbevölkerung nach Wohnquartier, Alter, Geschlecht und Nationalität am Ende des Jahres 2001.* (Aufbereitung durch Dorothea Saner).

Statistisches Amt des Kantons Basel-Stadt. (2003c). *Wohnbevölkerung nach Wohnquartier, sozioprofessioneller Kategorie, Geschlecht am Ende des Jahres 2001.* (Aufbereitung durch Dorothea Saner).

Storni, M., Schmid, M. & Drilling, M. (2001). *Jugendkonzept Spreitenbach.* Basel: basis, Hochschule für Soziale Arbeit beider Basel.

Strauss, A. L. & Corbin, J. (1996). *Grounded Theory: Grundlagen qualitativer Sozialforschung.* Weinheim: Beltz Psychologie Verlags Union.

Trotha, T. v. (Hrsg.). (1997). *Soziologie der Gewalt.* Opladen: Westdeutscher Verlag.

Türkeistudien, Z. f. (Hrsg.). (1994). *Ausländer in der Bundesrepublik Deutschland.* Opladen: Leske + Budrich.

Wälte, M. (2003). *Alleinerziehende Working poor und ihre Freizeit. Eine qualitative Studie.* Freiburg i. Ue.: Universität Freiburg: Lizentiatsarbeit (unveröffentlicht).

Weber, K. (2003). Gewalt und Medien, Gewalt durch Medien, Gewalt ohne Medien? In F. Rötzer (Hrsg.), *Virtuelle Welten - reale Gewalt,* (S. 36-43). Hannover: Verlag Heinz Heise.

Weber, M. & Winckelmann, J. F. (2002). *Wirtschaft und Gesellschaft: Grundriss der verstehenden Soziologie* (5. Aufl., Studienausg.). Tübingen: Mohr Siebeck.

Willems, H., Eckert, R., Hill, P. B. & Würtz, S. (1993). *Fremdenfeindliche Gewalt: Einstellungen, Täter, Konflikteskalation.* Opladen: Leske und Budrich.

Willke, H. (2001). *Steuerungstheorie: Grundzüge einer Theorie der Steuerung komplexer Sozialsysteme* (3. Aufl.). Stuttgart: Lucius und Lucius.

6 Tabellen- und Abbildungsverzeichnisse

6.1 Tabellenverzeichnis

Tabelle 1: Vergleich der Häufigkeit der Deliktsfälle nach Deliktsgruppen zwischen der Grundgesamtheit* und der Stichprobe** 24
Tabelle 2: Anzahl und Anteil (in Prozent) jugendlicher Delinquenter nach Stadtteiltyp* 30
Tabelle 3: Anzahl jugendlicher Delinquenter nach Deliktsgruppe und Art des Wohnortswechsels 31
Tabelle 4: Anzahl und Anteil (in Prozent) strafrechtlicher Gegenstände nach Strafgesetzbuch* 32
Tabelle 5: Anzahl strafrechtlicher Tatbestände nach Deliktsgruppe und Wohnort jugendlicher Straffälliger 33
Tabelle 6: Anzahl und Anteil (in Prozent) delinquenter Jugendlicher nach Art der Täterschaft 34
Tabelle 7: Anzahl delinquenter Jugendlicher nach Deliktsgruppe und Art des Tatvorgehens 36
Tabelle 8: Anteil (in Prozent) delinquenter Jugendlicher nach Geschlecht und Deliktsgruppe 36
Tabelle 9: Anzahl delinquenter Jugendlicher nach Alter und Deliktsgruppe 38
Tabelle 10: Zahl jugendlicher Delinquenter nach Geburtsort und Art des Wohnortswechsels 40
Tabelle 11: Anzahl jugendlicher Delinquenter nach Haushaltsform und Deliktsgruppe 41
Tabelle 12: Anzahl und Anteil (in Prozent) jugendlicher Delinquenter nach Zivilstand der Eltern 42
Tabelle 13: Anzahl und Anteil (in Prozent) jugendlicher Delinquenter nach Anzahl Geschwister 43
Tabelle 14: Anzahl jugendlicher Delinquenter nach Anzahl der Geschwister und Deliktsgruppe 44
Tabelle 15: Anzahl jugendlicher Delinquenter nach Staatsangehörigkeit und Deliktsgruppe 45
Tabelle 16: Anzahl und Anteil (in Prozent) jugendlicher Delinquenter nach Verfügung von Taschengeld 46
Tabelle 17: Anzahl jugendlicher Delinquenter nach Verfügbarkeit von Taschengeld und Deliktsgruppe 46
Tabelle 18: Anzahl und Anteil (in Prozent) jugendlicher Delinquenter nach Typ des Verbringens der Freizeit 47

Tabelle 19: Anzahl jugendlicher Delinquenter nach Berufsstellung des Vaters und Deliktsgruppe 49
Tabelle 20: Anzahl jugendlicher Delinquenter nach gesetzlichem Vertreter und Deliktsgruppe 50
Tabelle 26: Häufigkeit der Deliktsfälle nach Deliktsgruppen zwischen der Grundgesamtheit und der Stichprobe 240
Tabelle 27: Wohnort nach Stadtteilen, inkl. Riehen 241
Tabelle 28: Wohnortswechsel nach Deliktsgruppe 242
Tabelle 29: Häufigkeit Tatbestände StGB 242
Tabelle 30: Anzahl delinquenter Jugendlicher nach Deliktsgruppe und Deliktsort 243
Tabelle 31: Anzahl delinquenter Jugendlicher nach Täterschaft und Deliktsgruppe 244
Tabelle 32: Anzahl delinquenter Jugendlicher nach Täterschaft und Geschlecht 245
Tabelle 33: Anzahl delinquenter Jugendlicher nach Tatvorgehen und Deliktsgruppe 246
Tabelle 34: Anzahl delinquenter Jugendlicher nach Alter und Deliktsgruppe 247
Tabelle 35: Anzahl und Anteil (in Prozent) delinquenter Jugendlicher nach Geburtsort 248
Tabelle 36: Anzahl delinquenter Jugendlicher nach Geburtsort und Deliktsgruppe 248
Tabelle 37: Anzahl und Anteil (in Prozent) delinquenter Jugendlicher nach Haushaltszusammensetzung 249
Tabelle 38: Anzahl und Anteil (in Prozent) delinquenter Jugendlicher nach Staatsangehörigkeit 250
Tabelle 39: Anzahl delinquenter Jugendlicher nach Typ des Verbringens der Freizeit und Deliktsgruppe 251
Tabelle 40: Anzahl und Anteil (in Prozent) delinquenter Jugendlicher nach Berufsstellung des Vaters) 252
Tabelle 41: Anzahl und Anteil (in Prozent) delinquenter Jugendlicher nach Berufsstellung der Mutter 253
Tabelle 42: Anzahl und Anteil (in Prozent) delinquenter Jugendlicher nach gesetzlichem Vertreter 253

6.2 Abbildungsverzeichnis

Abbildung 1: Induktive und deduktive Methoden der Entwicklung von Präventions- und Interventionskonzepten (Abbildung nach: Holtappels (1999: 362)) 200
Abbildung 2: Netzwerkperspektive: Einbettung des Individuums in die Gesellschaft 211

7 Anhang

Rohdaten-Tabellen zu Kapitel 2.

Tabelle 26: Häufigkeit der Deliktsfälle nach Deliktsgruppen zwischen der Grundgesamtheit und der Stichprobe

Deliktsgruppe	Grundgesamtheit	Stichprobe
Eigentums-/Vermögensdelikte	73,7%	43,0%
Delikte physischer Gewalt	*6,6%*	*21,1%*
- Gewaltdelikte gegen Personen	4,9%	19,0%
- Gewaltdelikte zwecks Geldbeschaffung	0,9%	1,4%
- Gemeingefährliche Delikte	0,9%	0,7%
Delikte psychischer Gewalt (Delikte gegen die Freiheit)	6,2%	9,2%
Delikte der Sexualgewalt (Sittlichkeitsdelikte mit Gewaltanwendung)	1,1%	3,5%
Übrige Delikte	12,4%	2,1%
Keine Angabe		21,1%
Total	100% (N=467)	100% (N=142)

Tabelle 27: Wohnort nach Stadtteilen, inkl. Riehen

Stadtteil	Anzahl jugendlicher Delinquenter	Anteil jugendlicher Delinquenter
Ausserhalb Basel-Stadt	9	6,3%
Altstadt Grossbasel	3	2,1%
Vorstädte	2	1,4%
Am Ring	2	1,4%
Breite	3	2,1%
St. Alban	11	7,7%
Gundeldingen	22	15,5%
Bruderholz	0	0
Bachletten	1	0,7%
Gotthelf	2	1,4%
Iselin	16	11,3%
St. Johann	15	10,6%
Altstadt Kleinbasel	0	0
Clara	4	2,8%
Wettstein	2	1,4%
Hirzbrunnen	6	4,2%
Rosental	2	1,4%
Matthäus	6	4,2%
Klybeck	14	9,9%
Kleinhüningen	5	3,5%
Riehen	17	12,0%
Total	142	100%

Tabelle 28: Wohnortswechsel nach Deliktsgruppe

	Art des Wohnortswechsels					
	Keiner	Lokal*	Regional*	National*	K. A.	Total
Deliktsgruppe						
Eigentums-/Vermögensdelikte	12	10	12	10	17	61
Gewaltdelikte gegen Personen	9	4	3	9	2	27
Delikte gegen die Freiheit	6	1	--	2	4	13
Sittlichkeitsdelikte mit Gewaltanwendung	5	--	--	--	--	5
Übrige Delikte	6	--	--	--	--	6
Keine Angabe	5	2	6	8	9	30
Total	43	17	21	29	32	142

Tabelle 29: Häufigkeit Tatbestände StGB

Deliktsgruppe	**Anzahl strafrechtlicher Gegenstände**	**Anteil strafrechtlicher Gegenstände**
Eigentums-/Vermögensdelikte	61	43,0%
Gewaltdelikte gegen Personen	27	19,0%
Gewaltdelikte zwecks Geldbeschaffung	2	1,4%
Gemeingefährliche Delikte	1	0,7%
Delikte gegen die Freiheit	13	9,2%
Sittlichkeitsdelikte mit Gewaltanwendung	5	3,5%
Übrige Delikte	3	2,1%
Keine Angabe	30	21,1%
Total	142	100%

Tabelle 30: Anzahl delinquenter Jugendlicher nach Deliktsgruppe und Deliktsort

	Deliktsgruppe					
	E/V*	GP*	DF*	SG*	K. A.	Total
Deliktsort						
Ausserhalb Basel	4	3	--	--	6	13
Altstadt Grossbasel	8	1	--	--	1	10
Vorstädte	2	8	--	--	3	13
Am Ring	--	--	--	3	1	4
Breite	--	--	--	--	--	--
St. Alban	11	1	3	1	5	21
Gundeldingen	4	1	--	--	--	5
Bruderholz	--	--	--	--	1	1
Bachletten	--	--	--	--	--	--
Gotthelf	--	--	1	--	--	1
Iselin	--	1	--	1	3	5
St. Johann	5	2	--	--	--	7
Altstadt Kleinbasel	12	2	--	--	--	14
Clara	--	--	1	--	--	1
Wettstein	1	--	1	--	--	2
Hirzbrunnen	3	2	1	--	--	6
Rosental	--	--	--	--	--	--
Matthäus	2	--	--	--	1	3
Klybeck	--	--	--	--	3	3
Kleinhüningen	--	1	--	--	2	3
Riehen	--	3	2	--	2	7
Keine Angabe	9	2	4	--	2	17
Total	61	27	13	5	30	136

*Deliktsgruppe

- E/V=Eigentums-/Vermögensdelikte
- GP=Gewaltdelikte gegen Personen
- DF=Delikte gegen die Freiheit
- SG=Sittlichkeitsdelikte mit Gewaltanwendung

In Tabelle 30 wurden Fälle in geringer Anzahl nicht einbezogen (übrige Delikte, gemeingefährliche Delikte, Gewaltdelikte zwecks Geldbeschaffung), dies führt zur Reduzierung um 6 Fälle auf eine Stichprobengrösse von N=136.

Tabelle 31: Anzahl delinquenter Jugendlicher nach Täterschaft und Deliktsgruppe

	Deliktsgruppe					
	E/V*	GP*	DF*	SG*	K. A.	Total
Täterschaft						
Einzeln	10	10	3	1	10	34
Dyade (Peers)	21	6	6	--	8	41
Dyade (bei Gelegenheit)	1	--	--	--	1	2
Gruppe (Peers)	20	9	--	4	11	44
Gruppe (bei Gelegenheit)	--	--	--	--	--	--
Keine Angabe	9	2	4	--	--	15
Total	61	27	13	5	30	136

* Deliktsgruppe

- E/V=Eigentums-/Vermögensdelikte
- GP=Gewaltdelikte gegen Personen
- DF=Delikte gegen die Freiheit
- SG=Sittlichkeitsdelikte mit Gewaltanwendung

In Tabelle 31 wurden Fälle in geringer Anzahl nicht einbezogen (übrige Delikte, gemeingefährliche Delikte, Gewaltdelikte zwecks Geldbeschaffung), dies führt zur Reduzierung um 6 Fälle auf eine Stichprobengrösse von N=136.

Tabelle 32: Anzahl delinquenter Jugendlicher nach Täterschaft und Geschlecht

	Geschlecht	
	Männlich	**Weiblich**
Täterschaft		
Einzeln	30	5
Dyade (Peers)	34	13
Dyade (bei Gelegenheit)	2	--
Gruppe (Peers)	34	6
Gruppe (bei Gelegenheit)	1	--
Keine Angabe	16	1
Total	117	25

Tabelle 33: Anzahl delinquenter Jugendlicher nach Tatvorgehen und Deliktsgruppe

	Deliktsgruppe					
	E/V*	GP*	DF*	SG*	K. A.	Total
Tatvorgehen						
Geplant	34	8	3	4	11	60
Spontan	12	5	2	--	17	36
Weder noch (tendenziell geplant)	4	12	4	1	2	23
Keine Angabe	11	2	4			17
	--	--	--	--	--	--
Total	61	27	13	5	30	136

* Deliktsgruppe

- E/V=Eigentums-/Vermögensdelikte
- GP=Gewaltdelikte gegen Personen
- DF=Delikte gegen die Freiheit
- SG=Sittlichkeitsdelikte mit Gewaltanwendung

In Tabelle 33 wurden Fälle in geringer Anzahl nicht einbezogen (übrige Delikte, gemeingefährliche Delikte, Gewaltdelikte zwecks Geldbeschaffung), dies führt zur Reduzierung um 6 Fälle auf eine Stichprobengrösse von N=136.

Tabelle 34: Anzahl delinquenter Jugendlicher nach Alter und Deliktsgruppe

	Alter in Lebensjahren									
	10	11	12	13	14	15	16	17	18	Total
Deliktsgruppe										
E/V*	4	2	7	10	11	8	7	7	5	61
GP*	1	--	1	1	4	6	7	3	4	27
DF*	--	--	1	3	--	2	2	3	2	13
SG*	--	--	1	2	--	--	1	1	--	5
Keine Angabe	1	3	--	1	6	6	6	4	3	30
Total	6	5	10	17	21	22	23	18	14	136

* Deliktsgruppe

- E/V=Eigentums-/Vermögensdelikte
- GP=Gewaltdelikte gegen Personen
- DF=Delikte gegen die Freiheit
- SG=Sittlichkeitsdelikte mit Gewaltanwendung

In Tabelle 34 wurden Fälle in geringer Anzahl nicht einbezogen (übrige Delikte, gemeingefährliche Delikte, Gewaltdelikte zwecks Geldbeschaffung), dies führt zur Reduzierung um 6 Fälle auf eine Stichprobengrösse von N=136.

Tabelle 35: Anzahl und Anteil (in Prozent) delinquenter Jugendlicher nach Geburtsort

Geburtsort	Anzahl jugendlicher Delinquenter	Anteil jugendlicher Delinquenter
In der Schweiz geboren	97	68,3%
Im Ausland geboren	45	31,7%
Total	142	100,0%

Tabelle 36: Anzahl delinquenter Jugendlicher nach Geburtsort und Deliktsgruppe

	Deliktsgruppe					
	E/V*	GP*	DF*	SG*	K. A.	Total
Geburtsort						
In der Schweiz geboren	45	15	10	5	20	95
Im Ausland geboren	16	12	3	--	10	41
Total	61	27	13	5	30	136

* Deliktsgruppe

- E/V=Eigentums-/Vermögensdelikte
- GP=Gewaltdelikte gegen Personen
- DF=Delikte gegen die Freiheit
- SG=Sittlichkeitsdelikte mit Gewaltanwendung

In Tabelle 36 wurden Fälle in geringer Anzahl nicht einbezogen (übrige Delikte, gemeingefährliche Delikte, Gewaltdelikte zwecks Geldbeschaffung), dies führt zur Reduzierung um 6 Fälle auf eine Stichprobengrösse von N=136.

Tabelle 37: Anzahl und Anteil (in Prozent) delinquenter Jugendlicher nach Haushaltszusammensetzung

Haushaltszusammensetzung	**Anzahl jugendlicher Delinquenter**	**Anteil jugendlicher Delinquenter**
Jugendlicher lebt mit/in		
Vater und Mutter	65	45,8%
Vater allein	11	7.7%
Mutter allein	29	20,4%
Institution	9	6,3%
Sonstiges	5	3,5%
K.A.	23	16,2%
		0,7%
Total	142	100,0%

Tabelle 38: Anzahl und Anteil (in Prozent) delinquenter Jugendlicher nach Staatsangehörigkeit

Staatsangehörigkeit	Anzahl jugendlicher Delinquenter	Anteil jugendlicher Delinquenter
Belgien	1	0,7%
Bosnien-Herzegowina	2	1,4%
Deutschland	3	2,1%
Frankreich	1	0,7%
Italien	13	9,2%
Serbien-Montenegro	13	9,2%
Kroatien	4	2,8%
Mazedonien	8	5,6%
Portugal	2	1,4%
Schweiz	54	38,0%
Slowakei	1	0,7%
Spanien	3	2,1%
Türkei	20	14,1%
Übriges Europa	1	0,7%
Maghreb (Tunesien, Algerien, Marok-ko)	7	4,9%
Karibik	5	3,5%%
Asien	3	2,1%
Vereinigte Staaten	1	0,7%
Total	142	100,0%

Tabelle 39: Anzahl delinquenter Jugendlicher nach Typ des Verbringens der Freizeit und Deliktsgruppe

	Deliktsgruppe					
	E/V*	GP*	DF*	SG*	K. A.	Total
Verbringt Freizeit meist						
Allein	15	3	3	--	3	24
Dyade	5	4	1	--	3	13
Gruppe	23	18	5	5	12	63
Weiss nicht	--	--	--		1	1
Keine Angabe	18	2	4	--	11	35
Total	61	27	13	5	30	136

* Deliktsgruppe

- E/V=Eigentums-/Vermögensdelikte
- GP=Gewaltdelikte gegen Personen
- DF=Delikte gegen die Freiheit
- SG=Sittlichkeitsdelikte mit Gewaltanwendung

In Tabelle 39 wurden Fälle in geringer Anzahl nicht einbezogen (übrige Delikte, gemeingefährliche Delikte, Gewaltdelikte zwecks Geldbeschaffung), dies führt zur Reduzierung um 6 Fälle auf eine Stichprobengrösse von N=136.

Tabelle 40: Anzahl und Anteil (in Prozent) delinquenter Jugendlicher nach Berufsstellung des Vaters)

Berufsstellung des Vaters	Anzahl jugendlicher Delinquenter	Anteil jugendlicher Delinquenter
Selbständigerwerbende	11	7,7%
Höhere Angestellte	9	6,3%
Angestellte	34	23,9%
Arbeiter	22	15,5%
Hilfsarbeiter	5	3,5%
IV-Rentner	12	8,5%
Sonstiges	1	0,7%
Weiss nicht	1	0,7%
Keine Angabe	47	33,1%
Total	142	100%

Tabelle 41: Anzahl und Anteil (in Prozent) delinquenter Jugendlicher nach Berufsstellung der Mutter

Berufsstellung der Mutter	**Anzahl jugendlicher Delinquenter**	**Anteil jugendlicher Delinquenter**
Selbständigerwerbende	5	3,5%
Höhere Angestellte	3	2,1%
Angestellte	41	28,9%
Arbeiterinnen	2	1,4%
Hilfsarbeiterinnen	11	7,7%
IV-Rentnerinnen	7	4,9%
Hausfrauen	35	24,6%
Sozialhilfebeziehende Mütter	4	2,8%
Keine Angabe	34	23,9%
Total	142	100,0%

Tabelle 42: Anzahl und Anteil (in Prozent) delinquenter Jugendlicher nach gesetzlichem Vertreter

Gesetzlicher Vertreter	**Anzahl jugendlicher Delinquenter**	**Anteil jugendlicher Delinquenter**
Eltern	68	47,9%
Vater	11	7,7%
Mutter	30	21,1%
Vormund	5	3,5%
Sonstige	2	1,4%
Keine Angabe	26	18,3%
Total	142	100,0%